U0515846

海上絲綢之路基本文獻叢書

郡縣時代之安南

黎正甫 著

文物出版社

圖書在版編目（CIP）數據

郡縣時代之安南 / 黎正甫著. -- 北京 : 文物出版社, 2022.7
（海上絲綢之路基本文獻叢書）
ISBN 978-7-5010-7624-6

Ⅰ. ①郡… Ⅱ. ①黎… Ⅲ. ①越南－古代史 Ⅳ. ① K333.2

中國版本圖書館 CIP 數據核字（2022）第 086679 號

海上絲綢之路基本文獻叢書
郡縣時代之安南

著　　者：黎正甫
策　　劃：盛世博閱（北京）文化有限責任公司

封面設計：鞏榮彪
責任編輯：劉永海
責任印製：蘇　林

出版發行：文物出版社
社　　址：北京市東城區東直門内北小街 2 號樓
郵　　編：100007
網　　址：http://www.wenwu.com
經　　銷：新華書店
印　　刷：北京旺都印務有限公司
開　　本：787mm×1092mm　1/16
印　　張：19.125
版　　次：2022 年 7 月第 1 版
印　　次：2022 年 7 月第 1 次印刷
書　　號：ISBN 978-7-5010-7624-6
定　　價：98.00 圓

本書版權獨家所有，非經授權，不得複製翻印

總緒

海上絲綢之路，一般意義上是指從秦漢至鴉片戰争前中國與世界進行政治、經濟、文化交流的海上通道，主要分爲經由黄海、東海的海路最終抵達日本列島及朝鮮半島的東海航綫和以徐聞、合浦、廣州、泉州爲起點通往東南亞及印度洋地區的南海航綫。

在中國古代文獻中，最早、最詳細記載『海上絲綢之路』航綫的是東漢班固的《漢書·地理志》，詳細記載了西漢黄門譯長率領應募者入海『齎黄金雜繒而往』之事，書中所出現的地理記載與東南亞地區相關，并與實際的地理狀况基本相符。

東漢後，中國進入魏晉南北朝長達三百多年的分裂割據時期，絲路上的交往也走向低谷。這一時期的絲路交往，以法顯的西行最爲著名。法顯作爲從陸路西行到印度，再由海路回國的第一人，根據親身經歷所寫的《佛國記》（又稱《法顯傳》）一書，詳細介紹了古代中亞和印度、巴基斯坦、斯里蘭卡等地的歷史及風土人情，是瞭解和研究海陸絲綢之路的珍貴歷史資料。

隨着隋唐的統一，中國經濟重心的南移，中國與西方交通以海路爲主，海上絲綢之路進入大發展時期。廣州成爲唐朝最大的海外貿易中心，朝廷設立市舶司，專門管理海外貿易。唐代著名的地理學家賈耽（七三〇～八〇五年）的《皇華四達記》記載了從廣州通往阿拉伯地區的海上交通『廣州通夷道』，詳述了從廣州港出發，經越南、馬來半島、蘇門答臘半島至印度、錫蘭，直至波斯灣沿岸各國的航綫及沿途地區的方位、名稱、島礁、山川、民俗等。譯經大師義净西行求法，將沿途見聞寫成著作《大唐西域求法高僧傳》，詳細記載了海上絲綢之路的發展變化，是我們瞭解絲綢之路不可多得的第一手資料。

宋代的造船技術和航海技術顯著提高，指南針廣泛應用於航海，中國商船的遠航能力大大提升。北宋徐兢的《宣和奉使高麗圖經》詳細記述了船舶製造、海洋地理和往來航綫，是研究宋代海外交通史、中朝友好關係史、中朝經濟文化交流史的重要文獻。南宋趙汝適《諸蕃志》記載，南海有五十三個國家和地區與南宋通商貿易，形成了通往日本、高麗、東南亞、印度、波斯、阿拉伯等地的『海上絲綢之路』。宋代爲了加强商貿往來，於北宋神宗元豐三年（一〇八〇年）頒佈了中國歷史上第一部海洋貿易管理條例《廣州市舶條法》，并稱爲宋代貿易管理的制度範本。

元朝在經濟上採用重商主義政策，鼓勵海外貿易，中國與歐洲的聯繫與交往非常頻繁，其中馬可·波羅、伊本·白圖泰等歐洲旅行家來到中國，留下了大量的旅行記，記録元代海上絲綢之路的盛况。元代的汪大淵兩次出海，撰寫出《島夷志略》一書，記録了二百多個國名和地名，其中不少首次見於中國著録，涉及的地理範圍東至菲律賓群島，西至非洲。這些都反映了元朝時中西經濟文化交流的豐富内容。

明、清政府先後多次實施海禁政策，海上絲綢之路的貿易逐漸衰落。但是從明永樂三年至明宣德八年的二十八年裏，鄭和率船隊七下西洋，先後到達的國家多達三十多個，在進行經貿交流的同時，也極大地促進了中外文化的交流，這些都詳見於《西洋蕃國志》《星槎勝覽》《瀛涯勝覽》等典籍中。

關於海上絲綢之路的文獻記述，除上述官員、學者、求法或傳教高僧以及旅行者的著作外，自《漢書》之後，歷代正史大都列有《地理志》《四夷傳》《西域傳》《外國傳》《蠻夷傳》《屬國傳》等篇章，加上唐宋以來衆多的典制類文獻、地方史志文獻，集中反映了歷代王朝對於周邊部族、政權以及西方世界的認識，都是關於海上絲綢之路的原始史料性文獻。

海上絲綢之路概念的形成，經歷了一個演變的過程。十九世紀七十年代德國地理學家費迪南・馮・李希霍芬（Ferdinad Von Richthofen，一八三三～一九〇五），在其《中國：親身旅行和研究成果》第三卷中首次把輸出中國絲綢的東西陸路稱爲『絲綢之路』。有『歐洲漢學泰斗』之稱的法國漢學家沙畹（Édouard Chavannes，一八六五～一九一八），在其一九〇三年著作的《西突厥史料》中提出『絲路有海陸兩道』，蘊涵了海上絲綢之路最初提法。迄今發現最早正式提出『海上絲綢之路』一詞的是日本考古學家三杉隆敏，他在一九六七年出版《中國瓷器之旅：探索海上的絲綢之路》中首次使用『海上絲綢之路』一詞；一九七九年三杉隆敏又出版了《海上絲綢之路》一書，其立意和出發點局限在東西方之間的陶瓷貿易與交流史。

二十世紀八十年代以來，在海外交通史研究中，『海上絲綢之路』一詞逐漸成爲中外學術界廣泛接受的概念。根據姚楠等人研究，饒宗頤先生是華人中最早提出『海上絲綢之路』的人，他的《海道之絲路與昆侖舶》正式提出『海上絲路』的稱謂。選堂先生評價海上絲綢之路是外交、貿易和文化交流作用的通道。此後，大陸學者馮蔚然在一九七八年編寫的《航運史話》中，使用『海上絲綢之路』一詞，這是迄今學界查到的中國大陸最早使用『海上絲綢之路』的人，更多地限於航海活動領域的考察。一九八〇年北京大學陳炎教授提出『海上絲綢之路』研究，并於一九八一年發表《略論海上絲綢之路》一文。他對海上絲綢之路的理解超越以往，且帶有濃厚的愛國主義思想。陳炎教授之後，從事研究海上絲綢之路的學者越來越多，尤其沿海港口城市向聯合國申請海上絲綢之路非物質文化遺産活動，將海上絲綢之路研究推向新高潮。另外，國家把建設『絲綢之路經濟帶』和『二十一世紀海上絲綢之路』作爲對外發展方針，將這一學術課題提升爲國家願景的高度，使海上絲綢之路形成超越學術進入政經層面的熱潮。

與海上絲綢之路學的萬千氣象相對應，海上絲綢之路文獻的整理工作仍顯滯後，遠遠跟不上突飛猛進的研究進展。二〇一八年厦門大學、中山大學等單位聯合發起『海上絲綢之路文獻集成』專案，尚在醖釀當中。我們不揣淺陋，深入調查，廣泛搜集，將有關海上絲綢之路的原始史料文獻和研究文獻，分爲風俗物産、雜史筆記、海防海事、典章檔案等六個類别，彙編成《海上絲綢之路歷史文化叢書》，於二〇二〇年影印出版。此輯面市以來，深受各大圖書館及相關研究者好評。爲讓更多的讀者親近古籍文獻，我們遴選出前編中的菁華，彙編成《海上絲綢之路基本文獻叢書》，以單行本影印出版，以饗讀者，以期爲讀者展現出一幅幅中外經濟文化交流的精美畫卷，爲海上絲綢之路的研究提供歷史借鑒，爲『二十一世紀海上絲綢之路』倡議構想的實踐做好歷史的詮釋和注脚，從而達到『以史爲鑒』『古爲今用』的目的。

凡例

一、本編注重史料的珍稀性，從《海上絲綢之路歷史文化叢書》中遴選出菁華，擬出版百册單行本。

二、本編所選之文獻，其編纂的年代下限至一九四九年。

三、本編排序無嚴格定式，所選之文獻篇幅以二百餘頁爲宜，以便讀者閱讀使用。

四、本編所選文獻，每種前皆注明版本、著者。

五、本編文獻皆爲影印，原始文本掃描之後經過修復處理，仍存原式，少數文獻由於原始底本欠佳，略有模糊之處，不影響閲讀使用。

六、本編原始底本非一時一地之出版物，原書裝幀、開本多有不同，本書彙編之後，統一爲十六開右翻本。

目録

郡縣時代之安南

郡縣時代之安南

黎正甫 著

民國三十四年商務印書館排印本

郡縣時代之安南

黎正甫著

商務印書館印行

導言

余前撰「中暹關係史」，今述安南，何不題名「中越關係史」，蓋情形不同也。安南自秦時卽爲中國之領土，有似親切之肢體，血脈所共通，非僅爲兩國間之關係而已。安南自立，無異割裂中國之肢體，實不得已也，痛心之至也。以是余對其稱藩時代之關係略而不論，但舉述其郡縣時代之故實，蓋較親切而有意義也。安南之名始於唐高宗調露元年（六七九）改交州都督爲安南都護，而越南之名則起於清嘉慶七年（一八〇二），阮福映要求改國號，余甯捨新而用舊，題是篇曰：「郡縣時代之安南」，冀以喚起吾人之反省，此一方之土地人民與祖國共生命者已歷千餘載，何以後來分離，卒至淪喪乎？

自宋代以後，歷史記載，將安南列於外夷之部，竊以爲不當。蓋安南自立，頗似今日加拿大自治領，安南歷代效忠於中國，亦如加拿大之效忠於英帝國，自宋初至清末九百餘年，其情形皆如此。其間於明永樂時一度復內屬，再爲內地郡縣者二十年。至清光緒十一年（一八八五）安南始淪於法，迄今不過五十餘年耳。胡可蔑視其民，輕薄其地，而摒諸外夷耶？余願國人對於安南之觀念有所糾正，故特重郡縣時代之史實，冀使讀者於懷古心情中，追憶往昔祖國之南疆，固不限於滇粵之邊境。滇粵之南，沿海沃壤，自秦時歸屬，華化已深，與內地郡縣無復分判矣。

安南自古爲中國之領土，乃我等祖宗遺產之一部，其與中國之關係自甚密切。論種族，其士民與浙閩粵等省之士民同其源流。自秦漢置郡縣，歷代中原之人，南徙於此方者甚衆，仕宦之居留，及避亂於其地者亦不少。其人民多有氏姓，與中國氏姓譜相通。安南稱藩後之歷朝國王，曰吳氏、丁氏、黎氏、李氏、陳氏、莫氏、阮氏等，其先世亦多自中國徙去。論文化，則其語言文字教育多與中國相同，昔時安南士人皆誦習中國書，講究詞章之學，明禮義之辨，科舉應試，皆取法中土，直至明清猶頒科舉曆法於其國。論政治，則秦漢之時，其地與兩粵同屬一行政區，以後雖劃分爲二，而交廣猶相依爲唇齒，至藩屬時代，其國政制亦皆仿自中國。論經濟，自古貢獻犀象珠貝香料等珍玩之物，擅魚鹽之利，爲海南諸國貿易之中心，海船所聚集。唐時交州曾奪廣州之海外貿易，至宋代以後，外國商船始捨交州而趨廣州，安南向以產米著稱，可濟嶺南民食之不足。論交通，則中國入交之陸道有二：一由雲南之蒙自，一由廣西之邕甯，水路由紅河可達雲南，其與沿海各省均有航線可通。且有鐵路以通雲南廣西二省，而二省之出入口貿易，頗多經由安南，故安南實爲中國西南邊省出海之要途。又其地與廣東廣西雲南三省境界相接，犬牙相錯，在郡縣時代頗有出入，自治以後，因邊界問題屢起糾紛，然對外，安南猶可爲中國之藩籬。自清末失之，藩籬撤而門戶開，外力由是侵入。抗戰後，滇越鐵路爲西南出海之唯一通路，自日本軍隊在安南登陸，此通路斷絕，乃有滇緬公路之建築，可見安南之於中國西南國防關係甚大也。此等關係，至近世商業競爭，在帝國主義侵略下，益見其重要。此亦足使吾人追念先賢經營交趾之識力深遠也。安南旣爲中國領土之一部，其關係之深切，不言而喻，毋待繁說。故余但述前人如何經營其地、及如何失守之，非爲崇功責過，乃在推求因果，凡有事邊疆者，或可藉此取法前人之美，而祛其弊，斯吾旨也。

篇中前七章卽本此目的探索史跡，凡史事之眞確者輯而貫之，以明源本，其有疑問者，則加以考訂，非敢好奇立異，自炫創獲也。後兩章專敍安南在郡縣時代之地理沿革。歷朝州郡之建置略有不同，地名代有改易，郡縣之增設，或省廢，尤以梁陳以後之變革爲甚。欲明其方位之所在，古今之變易，鈎稽考訂，實爲複雜而煩難之事也。漢時兩廣安南之地同隸交趾刺史部，三國吳時始分立廣州，故並述之，以明其關係。惟安南兩度自立，脫離祖國已近千年，地名方位，歷代記載並多失之，故余於此考訂，不厭其詳。

近來國人對於邊疆頗爲重視，國家方致力於邊疆之建設，及教育之普及，關於邊疆問題之著述日漸增多。今之安南雖不在中國境內，然在古代實爲中國之南疆，吾先民不惜犧牲汗血，耗費鉅資，以經營建設，廣播教化於其地，今安南雖淪亡，而先民之手澤遺跡猶可於其民其土見之。余之爲是篇也，或可供獻國內研究邊疆之學人一種參考，若謂此乃余對邊疆問題之一種研究，則吾豈敢。

又此稿草成於流寓遵義之時，曾請教於國立浙江大學教授陳樂素，繆彥威（鉞）兩位先生，多所指正。本年秋來粵，任教於國立中山大學，授課之暇，復檢出此稿修正，並請教於研究院歷史學部主任朱謙之教授，亦荷勉勵，且願爲介紹出版。謹誌於此，以表謝忱。

中華民國三十三年二月二十五日黎正甫自識於坪石管埠。

郡縣時代之安南目次

郡縣時代之安南

第一章　秦皇漢武之經營

一　秦攻百越

南方交趾，尚書堯典，韓非子十過篇，及大戴禮五帝德，皆謂堯舜時即撫治其地。惟文字簡略，其書之眞僞亦有問題，雖所記爲先秦之事，恐難完全使人相信，故今述交趾，但從秦代開始。

秦始皇二十六年（公元前二二一）滅六國，統一中原，稱始皇帝。其時秦所領有，「東至海暨朝鮮，西至臨洮羌中，南至北嚮戶，北據河爲塞，並陰山至遼東。」（史記卷六秦始皇本紀）按臨洮在今甘肅省內，羌中在今青海省內，北嚮戶即吳都賦所謂「開北戶以嚮日」之意（史記集解裴駰注）。言其地在日之南，漢名日南郡（前漢書卷二八下地理志），指今安南地方。其實，在始皇尚未平南越以前，其勢力南僅達於五嶺之間。史記卷一一八淮南王安傳云：「又使尉佗踰五嶺，攻百越。」是百越之地在五嶺之外也。秦始皇原有囊括天下之雄心，二十六年北嚮戶雖尙未隸版圖，然其已決定欲略取之矣。故二十八年瑯琊台刻石，亦有「南盡北戶」一語，北戶亦即北嚮戶也。後取其地置象郡

所謂五嶺，注史者有不同之說，第一嶺曰大庾，亦稱塞上，秦時名橫浦，在今江西省大庾縣及廣東省南雄縣分界處（參閱史記卷一一三索隱，王先謙漢書補注卷九五）。讀史方輿紀要卷一百云：

五嶺之首，曰大庾嶺，在南雄府北六十里，與江西分險。

第二嶺曰桂陽，亦曰騎田，秦時名陽山。史記索隱：

姚氏案地理志云：桂陽有陽山縣，今此縣上流百餘里有騎田嶺，當是陽山關。

按在今湖南省郴縣與宜章縣之間。第三嶺曰都龐，亦作部龍，水經注卷三九鍾水條云：

都山即部龍之嶠，五嶺之第三嶺也。

清乾隆三十九年，紀昀等校刊，改部龍爲都龐，謂「近刻訛作部」。按其實不訛，都山即部山，在今湖南省藍山縣境。第四嶺有臨賀毗渚、白芒等名，在今湖南省江華縣南，仍名萌渚及白芒。第五嶺有始安、越嶺、越城、臨源、零陵諸名，所指之嶺非一，在今廣西省北部興安縣之北。讀史方輿紀要卷一百六云：

越城嶺在桂林府興安縣北三里，一名臨源嶺，亦曰始安嶠。通典：五嶺以次而西，其第五嶺曰越城嶺，在始安郡北，零陵郡南，蓋自衡山以南，東窮於海，皆一山之限耳。

故五嶺皆在南嶺山系中。

百越之地處五嶺以南，秦始皇二十六年，分天下以爲三十六郡，據裴駰集解所舉三十六郡名（史記卷六），南海、桂林、象三郡不在其中，後八年始攻取其地。淮南子卷十八人間訓云：

又利越之犀角象齒翡翠珠璣，乃使尉屠睢發卒五十萬爲五軍，一軍塞鐔城之嶺，一軍守九疑之塞，一軍處番禺之都，一軍守南野之界，一軍結餘干之水，三年不解甲弛弩，使監祿無以轉餉，又以卒鑿渠，而通糧道，以與越人戰。

史記卷一一二主父偃傳，及漢書卷六四嚴助傳嚴安傳所載略同 可見淮南子之言可信，又可知秦之攻越曾作數年之準備，遣發大軍達五十萬，分爲五路。「一軍塞鐔城之嶺」，按鐔城縣名，前漢書地理志上作鐔成，屬武陵郡，在今湖南省靖縣西南。鐔城之嶺，即第五嶺始安越城嶺，由此而入桂林。「一軍守九疑之塞」，按九疑在湖南省江華縣境，由此經第四嶺萌渚或臨賀嶺，以通廣西省之賀縣。「一軍處番禺之都」，按即從湖南省越第三嶺部嶺，而入廣東省，沿連州江南下，直達番禺。「一軍守南野之界」，按南野縣本秦置，漢屬豫章郡，其故城在今江西省南康縣西南，此一軍即戍守於第 嶺大庾嶺，爲江西省與廣東省分界處。故秦所遣五路大軍中之西路，各從五嶺之 嶺進兵。其另「一軍結餘干之水」，按餘干縣今仍名，在江西省鄱陽湖南，餘干之水或即餘干縣東南之上饒江，源出江西省東部玉山縣境。秦軍一路集結於此，可以威脅今浙江省南部及福建省。秦始皇二十六年所置三十六郡，據史記集解，閩中郡亦不在其內，是其攻略閩越當在二十六年以後也。法人鄂盧梭（L. Aurousseau）以爲攻閩越一路軍佔領其地後，卽沿海邊通道南行，入今廣東省，經潮安而達揭陽，援助進攻南越之軍隊，故廣州記所載五嶺無都龐嶺，而以揭陽嶺代之（秦代初平南越考譯本四六頁）。其言似頗有理由。

史記卷六始皇本紀云：

始皇三十三年（公元前二一四）發諸嘗逋亡人贅壻賈人略取陸梁地，爲桂林象郡南海，以適遣戍。

按尉屠睢擊越，當在此年之前。淮南子謂：「三年不解甲弛弩，使監祿無以轉餉，又以卒鑿渠，而通糧道。」工程浩大，準備已久，故知秦平南越雖在始皇三十三年，而其發動侵略則早在五六年前。換言之，秦始皇二十六年兼併六國後，卽開始進行南越之攻略矣。

秦軍初勝而後敗，淮南子卷一八人間訓云：

與越人戰，殺西嘔君譯吁宋，而越人皆入叢薄中，與禽獸處，莫肯爲秦虜，相置桀駿以爲將，而夜攻秦人，大破之，殺尉屠睢，伏屍流血數十萬，乃發適戍以備之。

又史記卷一一二主父偃傳云：

又使尉佗屠睢將樓船之士，南攻百越，使監祿鑿渠運糧，深入越。越人遁逃，曠日持久，糧食絕乏。越人擊之，秦兵大敗。秦乃使尉佗將卒以戍越。

秦軍雖敗，所佔越地似未全失，故增兵往戍。此次領兵往戍之將帥爲尉佗，即後來稱南越王之趙佗。但淮南子記尉屠睢擊越，無佗之名。前漢書卷六四上嚴助傳，卷六四下嚴安傳皆言尉屠睢擊越，而不及尉佗。惟史記主父偃傳並言之，「又使尉佗屠睢將樓船之士，南攻百越。」因此殿本史記附考證云：

臣照案：淮南子人間訓曰：「秦皇利越之犀角象齒翡翠珠璣，乃使尉屠睢發卒五十萬爲五軍」，則此「佗」字疑衍。

鄂盧梭秦代初平南越考第三章注亦以此爲衍文。但余以爲此「佗」字似非衍，蓋史記卷一一八淮南王安傳云：

又使尉佗踰五嶺攻百越，尉佗知中國勞極，止王不來，使人上書，求女無夫家者三萬人，以爲士卒衣補，秦皇帝可其萬五千人。

觀此，可知趙佗與屠睢似同時受命攻越。又有人以爲命趙佗攻越及佗上書求女事，在秦始皇逝世之一年，因其後文又曰：

於是百姓離心瓦解，欲爲亂者十家而七，客謂高皇帝（劉邦）曰：「時可矣」。高皇帝曰：「待之，聖人當起東南間。」不一年，陳勝吳廣發矣。

案其實，此文乃追記前事，將非同時發生之事并爲一談。秦末百姓思爲亂者久矣，非始於陳勝吳廣起兵之前一年也。遣徐市發童男女入海求仙事在始皇二十八年（見史記卷六），而淮南王安傳中乃與遣尉佗擊越事並述，可見其非陳勝等起兵前容語高帝時之事也。秦皇遣五十萬士卒攻越分五軍，當不止一人統率，大抵尉屠雎任嚣趙佗等分統之，蓋三人皆稱尉，當時郡尉掌一郡兵事，且得傳檄發兵。惟尉屠雎奉命後，即先率一路軍與越人戰，而尉佗則止王不來，原不欲勞民也。及尉屠雎敗死，再命趙佗入戍越，是時尉佗不得不往，以爭取勝利也。

二　平越前後

淮南子載尉屠雎擊越，「殺西嘔君譯吁宋」。高誘注：「西嘔，越人，譯吁宋，西甌君名也。」案嘔與甌同，王先謙漢書補注卷九五，宋祁曰：「甌，集韻於口反。」在音韻上與越相近，是西嘔即西越也。南越王趙佗上漢文帝書有曰：

蠻夷中間，其東閩越千人，衆號稱王，其西甌駱裸國亦稱王（史記卷一一三）。

西嘔在南越之西，又作西于，漢書補注引沈欽韓曰：「淮南人間訓有西嘔君，閩學傳斬西于王，即西甌也。」其地當今安南之北圻與中圻。史記卷四三趙世家云：

剪髮文身，錯臂左衽，甌越之民也。

正義曰：「按屬南越，故言甌越也。輿地志云：交趾周時為駱越，秦時曰西甌，文身斷髮避龍，則西甌駱又在番禺之西。南越及甌駱皆芊姓也。世本云：越，芊姓也，與楚同祖是也。」史記卷四十楚世家載：楚子雄與兵伐揚越。此「揚越」蓋即「於越」之異稱，竹書紀年謂：

越王勾踐號「於越子」。春秋定公十四年（前四九六）「五月於越敗吳于檇李」。史記卷四一云：

越王勾踐，其先禹之苗裔，……封於會稽，……以奉守禹之祀，文身斷髮。

會稽在今浙江省紹興縣，爲越國之都城，此越國於何時建立不可考。若據世本，越與楚同祖，可知此國係從楚國分立。至越王勾踐時嘗稱霸。勾踐死（前四六五）後，國勢衰弱，僅保有今浙江一省，最後爲楚國所滅（前三三三）。史記卷四一云：「而越以此散，諸族子爭立，或爲王，或爲君，濱於江南海上。」此言「或爲王，或爲君」者，即越國亡後，越民族被驅南徙，於今福建廣東及安南北部，建立多數小國也，故秦時稱嶺南之地爲百越。其中較強大者，有東甌越，在今浙江南部溫州一帶，閩越在今福州一帶，南越在今廣州一帶，西甌駱越在今廣西南部及安南北部與中部，此多數越國皆由浙江之越民分散所建立，故其關係自甚密切也。據史記楚世家稱會稽之於越爲揚越，史記卷一一三南越尉佗傳：「秦時已併天下，略定揚越」，則又以南越爲揚越，可見南越與於越爲同源矣。又觀東甌與西甌對稱，佩文韻府卷二六，閩越亦稱閩甌，今福建北部有建甌縣，浙江南部有甌江，又史記卷一一四云：

閩越王無諸及越東王搖者，其先皆越王勾踐之後也，姓騶氏。

集解云：「徐廣曰：騶一作駱。」據此，閩越王與東越王皆勾踐之後裔，皆以駱爲姓氏，與古代安南人之稱駱越或甌駱，以駱或雒爲號，名爲雒民者，其關係亦必甚密切。又古代記載，統以越人爲斷髮文身，此蓋後來雕題交趾之說所由起也。故安南民族與古代浙江福建廣東等省之越人爲同種，當可相信。古時浙江之「於越」，亦稱「大越」，會稽嘗稱「大越城」。廣東至今猶稱「粤」，粤與越同。安南人亦常自稱爲「大越民族」，稱其國爲「大越國」，或「大瞿越國」，此亦足示其民族來源之所自矣。

鄂盧梭據世本之說，越與楚同姓，遂以爲在中國南海沿岸建立越國之越人，出於公元前十一世紀之楚國，其發源地在湖南湖北兩省揚子江流域宜昌洞庭湖之間，此楚越兩國國境似未逾南嶺以南，惟到公元前三三三年越亡後，始逾嶺遷徙至南海沿岸。此與安南載籍所保存之一種傳說相符，據說安南人最古之國名「文郎國」，其境西接巴蜀，北抵洞庭，此即公元前十一世紀出現於歷史之楚國也。以後楚國之一同姓君長，沿長江而下，佔領浙江，建立越國，而安南人又爲此越民族之分支（秦代初平南越考附錄）。可見安南民族爲中華民族之一支，爲法國東方學者所承認也。秦時名西甌，其君名譯吁宋，爲尉屠睢所殺，滅其地，置象郡。史記卷一一三南越尉佗傳云：

秦時，已幷天下，略定揚越，置桂林南海象郡，以謫徙民，與越雜處十三年。

集解：「徐廣曰：秦幷天下，至二世元年十三年，幷天下八歲乃平越地，至二世元年六年耳。」由此可知秦征南越，在始皇二十六年（前二二一）已開始，八年後（前二一四）乃平之，開置三郡，並謫徙民與越雜處，蓋越人粗野，故秦徙中原之人於此，使有以化之也。

秦雖在其地設郡縣，仍以土會治之。秦幷東粤，以其地爲閩中郡，而無諸與搖君其地如故（前漢書卷九五閩粵傳）。以此例彼，則知秦在今安南地方所置象郡亦必如是。水經注卷三七引交州外域記曰：

交趾昔未有郡縣之時，土地有雒田，其田從潮水上下，民墾食其田，因名爲雒民，設雒王雒侯，主諸郡縣多爲雒將，雒將銅印青綬。

又史記卷一一三索隱引廣州記文略相同，惟雒作駱，即西甌駱，並云：

諸縣自名爲駱將，銅印青綬，卽今之令。

案蠻夷中無此制，郡縣制始於秦，銅印青綬，乃秦命官所授者也。前漢書卷十九百官公卿表上云：

縣令長皆秦官長，治其縣。萬戶以上爲令，秩千石至六百石。減萬戶爲長，秩五百石至三百石。皆有丞尉，秩四百石至二百石，是爲長吏。漢制：凡吏秩比二千石以上皆銀印青綬，比五百石以上皆銅印黑綬，比二百石以上皆銅印黃綬。

漢承秦制，秦時象郡諸縣如內郡縣，今云「銅印青綬」，殆表其秩千石至六百石之間也。

三　安陽王國

及秦始皇歿，天下叛秦，其在越南地方之象郡亦發生變亂。水經注卷三七引交州外域記曰：

　　後蜀王子將兵三萬來討雒王雒侯，服諸雒將，蜀王子因稱爲安陽王。後南越王尉佗舉衆攻安陽王。

安陽王國建立於何年，史無明文，據交州外域記，安陽王爲南越尉佗所攻，則安陽王國之建立，當在南越建國之前。又按秦始皇在位時，天下未有叛亂，及其死後，中國於是大亂，羣雄蠭起，諸郡守尉如南海郡任囂等，各謀自立，則蜀王子進攻象郡亦當在此時。故安陽王國建立之年，應位之於秦始皇崩與南越建國之間。

蜀王子未建立安陽王國之前，余以爲當有一部落爲其進攻象郡之根據地。此根據地當在象郡之北。大越史記外紀卷一云：

　　安陽王在位五十年，王諱泮，舊史云：姓蜀，巴蜀人也。

舊史云姓蜀，固不可信，然其爲「蜀王子」，中國史書亦皆言之，則其爲巴蜀人無疑。按周顯王時有蜀王，華陽國志卷三蜀志云：

　　周顯王之世，蜀王有褒漢之地，因獵谷中，與秦惠王遇，惠王以金一笥遺蜀王。王報珍玩之物，物化爲土，惠王怒，羣臣賀曰：「天奉我矣，王將得蜀土地。」

史記卷五秦本紀云：

　　秦惠文王元後九年（據張儀傳似在元前十年前），遣張儀司馬錯救苴巴，遂伐蜀，滅之。

自此以後，至三國時止，其間未聞有蜀王國。然則此蜀王子何來？余疑安陽王卽司馬錯所滅蜀國之後也。華陽國志卷三蜀志又云：

周愼王五年（公元前三一六）秋，秦大夫張儀司馬錯都尉墨等從石牛道伐蜀，蜀王自於葭萌拒之，敗績，王遯走至武陽，爲秦軍所害。其傅相及太子退至逢鄉，死於白鹿山，開明氏遂亡，凡王蜀十二世。

此言蜀王及太子皆已死，然蜀王或尚有他子率衆南逃，至今日貴州省境內立國，仍自稱蜀王，以示其不忘故國也。

周赧王元年（公元前三一四）…以張若爲蜀國守，戎伯尙強，乃移秦民萬家實之（華陽國志卷三蜀志）。

此戎伯當爲蜀中土人，秦初得其地，蜀人尙有不附者，觀司馬錯屢次伐蜀可以知之。其不臣服者則多向南遷移。華陽國志卷三蜀志又云：

周赧王七年（公元前三〇八）司馬錯率巴蜀衆十萬，大舶船萬艘，米六百萬斛，浮江伐楚，取商於之地爲黔中郡。

又史記卷五秦本紀云：

昭王二十七年（公元前二七〇），又使司馬錯發隴西，因蜀攻楚黔中，拔之。

此殆卽因蜀王後裔在黔中，或蜀人之敗退者，與秦人聯合抗秦，故伐之歟？又史記（卷十五）六國表：

昭王三十年（公元前二六七）蜀守若（張若）伐取巫郡及江南爲黔中郡。三十一年楚人反我江南。

張守節正義曰：「黔中郡反歸楚」，是黔中地反秦不止一次也。黔中郡在今貴州省東北部，秦之勢力始終未達到貴州省西部，蜀王後裔或在其間保持有一部落，而蜀王子卽由此部落中產生者。其稱安陽王雖不過數年，然其爲部落之酋長，則必已多年矣。故大越史記外紀謂其在位五十年，當包括其在自己部落中稱王之時代而言，猶之秦始皇在位三十七年，乃包括其未統一中國稱始皇帝以前爲秦王時而言也。因秦滅蜀，故蜀王子與秦爲世仇。當秦始皇崩，天下騷亂，蜀王子反秦，乘機攻取象郡，建立安陽王國，亦意中事也。

大越史記外紀卷一載：

辛卯，秦始皇三十七年（公元前二一〇）秦始皇崩於沙丘。任囂趙佗帥師來侵，佗駐軍北江僊遊山，與王戰，佗敗走。時囂將舟師在小江染病，以軍付佗 佗退守武寧山，通使講和，王喜，乃分平江，以北佗治之，以南王治之。佗遣子仲始求婚王女媚珠，許之。

大抵安陽王乘秦之亂攻取象郡，故任囂趙佗率師伐之，卽始皇三十七年之大戰也。惟此戰不克，趙佗遂與之講和，遣子求婚安陽王女，然趙佗終不忘此已失之象郡，而時圖恢復之。關於趙佗遣子求婚安陽王女，有一段神話故事，水經注卷三七引交州外域記云：

南越王尉佗舉衆攻安陽王。安陽王有神人名皐通，下輔佐，爲安陽王治神弩一張，一發殺三百人。南越王知不可戰，卻軍住武寧縣。按晉太康記，縣屬交趾。越遣太子名始，降服安陽王，稱臣事之。安陽王不知通神人，遇之無道，通便去，語王曰：「能持此弩王天下，不能持此弩者亡天下。」通去。安陽王有女名曰媚珠，見始端正，珠與始交通。始問珠，令取父弩視之。始見弩便盜，以鋸截弩訖，便逃歸報南越王。南越進兵攻之，安陽王發弩，弩折遂敗。安陽王下船，逕出於海。

此段故事雖帶神話性質，似不足爲信，然除去其神話一部分，由此故事可知趙佗曾兩次進攻安陽王。大越史記外紀卷一云：

癸巳，秦二世胡亥二年（公元前二〇八）南海尉趙佗復來侵，安陽王敗走，自溺死，蜀亡。

據此，南越擊併象郡，是在公元前二〇八年。史記卷一一三云：

秦已破滅，佗擊併桂林象郡，自立爲南越武王。

按秦二世皇帝三年（公元前二〇七）章邯敗於鉅鹿，降於項羽，秦之國運遂不可挽救矣。故趙佗自立爲南越王，當在公元前二〇七與二〇六年之間。

由前面所引交州外域記及大越史記外紀，可知南越王趙佗與安陽王曾作猛烈之戰爭，兩次出兵始攻破之，分其地爲交趾九眞二郡，令二使典主（史記索隱引廣州記）。故安陽王攻取象郡最多不過四年，秦有其地亦僅五年耳。蓋秦始皇三十三年（公元前二一四）平越，至三十七年（公元前二一〇）秦始皇崩，共五年。安陽王國大概建立於此時，至漢元年（公元前二〇六）僅四年。

四　秦之衰亡

至秦二世皇帝立（公元前二一〇），天下不堪秦之暴政，陳勝吳廣劉邦項羽等羣起革命，時任囂病危，召趙佗告之曰：

> 中國擾亂，豪傑叛秦相立，南海僻遠，吾恐盜兵侵地至此，吾欲興兵絕新道（秦所闢通越之道），自備待諸侯變，會病甚。且番禺負山險，阻南海，東西數千里，頗有中國人相輔，此亦一州之主也，可以立國郡中（史記卷一一三南越尉佗傳）。

任囂死後，趙佗爲南海尉，絕五嶺間通中國道，聚兵自守，誅秦所置吏，代以其黨人，治之甚有文理。當秦末亂時，旅越之中國人得與越人和睦共處，不致減少，而越人相攻擊之俗益止，實佗撫治之功也。

秦之所以速亡，其原因固係於窮奢極侈，亦與力事邊疆有關。蓋秦始皇以武力滅六國，爲時不久，未有休息，即又從事南征北伐，略取四夷，發展過速，而未顧及民生。同時以三十萬人，北擊胡，以五十萬人南略南越，使天下疲勞。史記卷一一二主父偃傳云：

秦禍北搆於胡，南挂於越，宿兵無用之地，進而不得退，行十餘年，丁男被甲，丁女轉輸，苦不聊生，自經於道樹，死者相望。

因此，人民咸思叛亂。且邊將旣擁重兵，中樞虛弱，一旦有亂，在內不能鎭壓，而在外握兵權之將領，其桀黠者則據地自立，其疑忌者則附逆以求自利。故主父偃傳又曰：

乃使邊境之民，靡敝愁苦，而有離心。將吏相疑而外市，故尉佗章邯得以成其私也。夫秦政之所以不行者，權分乎二子。

雖然，以秦始皇之雄才大略，首先統一中國，爲中國民族開疆拓地，爲中國版圖粗立規模，雖國祚短促，要其功不可沒也。且其統一大業甫創成，卽能注意邊疆，最先略取今之越南，收入版圖。乃後代帝王不能守而棄之者，當有愧於秦皇矣。

五　趙佗割據

秦末，中國大亂，羣雄並起，互相攻伐，故尉佗得據南越，獨霸一方，與中國隔絕，而自立爲王。漢高祖五年（公元前二〇一）滅項羽，中國復統一，乃開始注意南越。當其卽皇帝位之日，詔立番君吳芮爲長沙王，詔曰：

故衡山王吳芮與子二人，兄子一人，從百粵之兵以佐諸侯誅暴秦，有大功。諸侯立以爲王，項羽侵奪之地，謂之番君。其以長沙豫章象郡桂林南海立番君芮爲長沙王。（前

漢書卷一高帝紀下）

按其實，當時象郡桂林南海三郡，趙佗據之，長沙王之勢力不能達。趙佗久處蠻夷，漸忘本性，倔強傲慢，不肯臣服，漢以天下初定，不欲勞民遠征（史記卷九七陸賈傳），遂採羈縻之策以籠絡之。高祖十一年（公元前一九六）五月詔立趙佗爲南越王，與剖符通使，和輯百越，因命陸賈往授璽綬。陸賈至南越，尉佗「魋結箕倨」以見，陸賈善辭令，因說之曰：

足下中國人，親戚昆弟墳墓在眞定，今足下反天性，棄冠帶，欲以區區之越，與天子抗衡爲敵國，禍且及身矣。……漢誠聞之，掘燒王先人冢，夷滅宗族，使一偏將將十萬衆臨越，則越殺王降漢，如反覆手耳（前漢書卷四三陸賈傳）。

尉佗聞言，迺蹶然起坐謝陸賈，受封稱臣，奉漢約。然趙佗君其地如故。觀其欲與漢高比，又對陸賈言，「吾不起中國，故王此，使我居中國，何渠不若漢？」可知其倔強之性矣。

漢惠帝時嘗厚賜之，及高后臨朝，有司請禁南越關市鐵器，趙佗疑此爲長沙王詭計，欲倚中國擊滅南越，於是復叛。高后五年（公元前一八三），趙佗自稱爲南越武帝，七年發兵攻長沙，南境苦之。高后遣將軍隆慮侯周竈將兵擊之。大軍至今湖南省郴縣與宜章縣之間，會暑濕，士卒大疫，兵不能逾陽山嶺，次年秋七月高后崩，即罷兵。南越與中國又不通往來，自尊於其境內。史記卷一一三南越尉佗傳云：

佗因此以兵威邊，財物賂遺閩越西甌駱役屬焉，東西萬餘里，迺乘黃屋，左纛稱制，與

中國侔，

按同傳先曾言：佗於秦亡後擊併桂林象郡，自立爲南越王，當公元前二〇七年之時，至此南越建國已二十餘年，根基已固，何以高后崩，中國罷兵，佗卽「因此以兵威邊，以財物賂遺閩越甌駱？」余以爲史記所言「因此」二字，實堪注意。南越王尉佗於高祖十一年臣服中國，同時閩越西甌諸王亦必隨之臣服中國，自是以後，彼等震於漢大國之聲威，對於南越或漸懷貳心。例如後來漢武帝建元七年（公元前一三五）閩越王郢興兵南擊粵，粵使人上書曰：「兩粵俱爲藩臣，毋擅興兵，相攻擊。」（前漢書卷九五）斯時南越臣服於漢，與高后五年前臣服於漢之情形相同，閩越與南越並稱藩臣，則西甌亦當如是矣。及公元前一八三年，趙佗稱帝，二年後高后遣兵往討，閩越西甌聞之，當謀自保，暫取中立觀望態度，而不肯完全附從南越，叛離中國，以免兵禍，此亦意中事也。不料高后崩罷征，南越王爲鞏固其地位，「因此」復以兵威邊，財物賂遺閩越西甌，役屬於己，使叛中國。鄂盧梭秦代初平南越考謂：史記此文乃追記，其事應在公元前一八三年趙佗稱帝之時，余不以爲然也。

高后時，趙佗聞其父母墳墓已壞削，兄弟宗族被誅死，嘗致隆慮侯書，求親昆弟，請罷長沙將兵擊越之兩將軍。及孝文帝立，對於四夷不加威武，但諭以盛德，其賜趙佗書云：

乃者，聞王遺將軍隆慮侯書，求親昆弟，請罷長沙兩將軍。朕以王書，罷將軍博陽侯，親昆弟在眞定者，已遣人存問，修治先人冢。前日聞王發兵於邊，爲寇災不止，當其時，長沙苦之，南郡尤甚，雖王之國庸獨利乎？必多殺士卒，傷良將吏，寡人之妻，孤人之子，獨人父母，得一亡十，朕不忍爲也。朕欲定地犬牙相入者，以問吏，吏曰：高皇帝所以介長沙土也，朕不得擅變焉。吏曰：得王之地不足以爲大，得王之財不足以爲富，服領以南，王自治之。雖然，王之號爲帝，兩帝並立，亡一乘之使以通其道，是爭也。爭而不讓，仁者不爲也，願與王分棄前患，終今以來，通使如故。故使賈馳諭告王朕意，王亦受之，毋爲寇災矣。上褚五十衣，中褚三十衣，下褚二十衣遺王。願王聽樂娛憂，存問鄰國。

漢文帝惟以恩義結之，不施威力，而趙佗亦自恐懼，知文帝之賢，以爲「兩雄不俱立，兩賢不並世，」遂自動去帝制，黃屋左纛，願奉明詔，長爲藩臣，奉貢職。因爲書上漢文帝，自稱蠻夷大長老夫臣佗，貢獻白璧翠鳥犀角等珍物。自此以後通使不絕。至漢武帝建元四年（公元前一三七）佗卒，蓋已百餘歲矣，在南越近八十載。（據史記集解皇甫謐曰：「越王趙佗以建元四年卒，爾時漢興七十年，佗蓋百餘歲矣。」又趙佗上漢文帝書有曰：「老夫處粵四十九年」，佗上書最早當在陸賈使越之年。陸賈於何年至越，史未明說，若以趙佗參加第一次伐越之役，最遲在秦始皇三十三年算起，至漢文帝十三年（公元前一六七）恰爲四十九年，加上由文帝十三年至武帝建元四年趙佗死之三十年，共爲八十年，若第一次伐越在秦始皇二十六年，則其在越時期爲八十五年。）

前漢書卷九五西南夷兩粵朝鮮傳云：

先王（趙佗）言：事天子毋失禮　要之，不可以怵好語入見，入見則不得復歸，亡國之勢也。

由此可見趙佗對於漢天子之態度，一方面懼中國加兵，故事漢天子毋失禮，一方面又恐被拘留不得歸，故不願入朝，是其對於中國完全懷畏懼與過慮之心，雖遣使入朝，稱臣奉貢，而其居國竊帝號如故。及其孫趙胡立，漸有內向之心，且欲親自入覲，而爲其大臣所諫阻。若呂嘉者，曾相三王，在位久而權重，且得人心，宗族官貴爲長吏者七十餘人，男盡尙王女，女盡嫁王子弟宗室，一旦內屬，其在國中當不能專擅自如矣，故極力阻王內屬。然南越與中國爲鄰，王其地者既是中國人，自不能任其在化外專尊，而與祖國對抗。且文景以後，國內乂安，得暇治邊事。至漢武帝雄才大略，堪比秦皇，即位後漸展鴻圖，遂積極進行南越之經營。

六　漢武帝之遠略

漢武帝元光五年（公元前一二九）策諸儒制曰：

蓋聞上古至治，畫衣冠，異章服，而民不犯，陰陽和，五穀登，六畜蕃，甘露降，風雨時，嘉禾興，朱草生，山不童，澤不涸，麟鳳在郊藪，龜龍游於沼，河洛出圖書，父不喪子，兄不哭弟，北發渠搜（師古曰渠搜，遠夷之國也），南撫交趾，舟車所至，人迹

所及，吱行喙息，咸得其宜，朕甚嘉之，今何道而臻此？（前漢書卷五八公孫弘傳）

讀此制文，可見漢武帝有志實現上古至治及大一統之理想政治，欲使北至渠搜遠夷，南至交趾蠻方，凡有人迹車轍之地，皆受其統治，各得其宜，是武帝於此時已決定開拓邊疆之政策矣。

前漢書卷八五公孫弘卜式兒寬列傳贊有曰：

是時漢興六十餘載，海內艾安，府庫充實，而四夷未賓，制度多闕，上方欲用文武，求之如弗及。

此寥寥數語，已將武帝初期之政治狀況，與其對內外之政策概述無遺。又前漢書卷六四下賈捐之傳云：

元狩六年（公元前一一七）太倉之粟紅腐而不可食，都內之錢貫朽而不可校。

可見其時府庫之充實。以其富餘經營邊事，固無害於民生，而有利於萬世。當時所務者，對內爲釐訂制度，振興文物，對外使四夷賓服，域外向化。欲實現此二者，則不可無賢才，蓋推廣教化，須用碩學純儒，開拓邊疆，則有賴謀臣勇將，文武之才皆不可缺，故武帝卽位之初，卽詔舉「賢良方正之士」（前漢書卷六武帝紀）。所謂「求之如弗及」，誠亟亟矣。是時所欲賓服之四夷，卽東置蒼海，北築朔方，及通西域與西南夷，而於已向化之百越，自更在其積極經營之中。當武帝開邊之政策施行時，有不少淺見者諫阻，時武帝年尙少，亦不敢一意孤行，而徵詢大臣之意見。

前漢書卷六四上嚴助傳載：

建元三年（公元前一三八），閩越舉兵圍東甌，東甌告急於漢。時武帝年未滿二十，以問太尉田蚡，蚡以爲越人相攻擊，其常事，又數反覆，不足煩中國往救也，自秦時棄不屬。於是助詰蚡曰：「特患力不能救，德不能覆，誠能，何故棄之？且秦舉咸陽而棄之，何但越也？今小國以窮困來告急，天子不振，尙安所愬，又何以子萬國乎？」

由此段辯論，可見嚴助之見識遠超乎田蚡之上，惟蚡以舅尊居高位，其言雖不合，漢武猶重之，曰：「太尉不足以計，吾新即位，不欲出虎符發兵郡國。」一方面又贊可嚴助之意見，結果遂遣嚴助以節發會稽兵往救東甌，漢兵未至，閩越懼而撤兵，東甌得救，依中國心愈切，乃請舉國徙中國，處其衆於江淮之間，東甌最先內屬（前漢書卷九五兩粵傳），是中國不勞而得其地，撫其民，蓋嚴助之功也。

三年後，閩越復興兵擊南越，南越受漢天子約，不敢擅發兵抗拒，遣人上書報告，請中國處理。中國既併東甌，亦欲藉此攻取閩、越。漸次兼併，乃漢之策略，故大發兵，以王恢及韓安國統率，分二路進討，王恢一軍出今江西省進，而韓安國一軍則由今浙江省進（前漢書卷六武帝紀），時淮南王安上書諫，其書甚長，略曰：

越方外之地，劗髮文身之民也，不可以冠帶之國法度理也。自三代之盛，胡越不與受正朔，非彊弗能服，威弗能制也，以爲不居之地，不牧之民，不足以煩中國也。……天下賴宗廟之靈，方內大寧，戴白之老不見兵革，民得夫婦相守，父子相保，陛下之德也。越人名爲藩臣，貢酎之奉不輸大內，一卒之用不給上事，自相攻擊，而陛下發兵救之，是反以中國而勞蠻夷也，且越人愚戇輕薄，負約反覆，其不用天子之法度，非一日之積也。壹不奉詔，舉兵誅之，臣恐後兵革無時得息也。……臣聞越甲卒不下數十萬，所以入之五倍迺足，輓車奉饟者不在其中，南方暑濕，近夏癉熱，疾癘多作，兵未血刃而病死者什二三，雖舉越國而虜之，不足以償所亡。……（前漢書卷六四上嚴助傳）

淮南王安之言，爲中國人民之安逸計，固甚得也，惜爲個人身家計，而未爲中國全民族着想，不免見識淺陋耳。然同其見解者不乏其人，如諫孝文之吏，與孝武時之田蚡，公孫弘，主父偃，以及後來元帝時之賈捐之等皆是也。若遇庸懦苟安之主，必善其言矣，惟英明如漢武者雖嘉其意，不用其言。是役也，「不挫一兵之鋒，不用一卒之死，而閩王伏辜，南越被澤，威震暴王，義存危國」。特遣中大夫嚴助往南越諭意，然南越臣民反覺脣亡齒寒，大受驚動矣。

時不但經營南越，又東置蒼海，北築朔方之郡，遣使通西南夷，公孫弘屢諫，以爲「罷敝中國，以奉無用之地」，請罷之，又盛毀西南夷無所用，武帝皆不聽，且令能言之朱買臣等與之辯，提出其利害十條，而弘無以應（前漢書卷五八公孫弘傳）。是漢武帝之遠見果決，爲中國民族之利益深謀，非迂儒所知，亦非迂儒所能阻止也。

七　南越內屬

南越王趙胡死後，其子嬰齊立，嬰齊嘗入宿衛，居長安十餘年，取邯鄲樛氏女，生子興及其嗣位，卽藏其先武帝（趙佗）璽，去僭號，立樛氏爲后。后旣爲中國人，當然思念故國。及嬰齊死，其子興嗣立，樛氏尊爲太后，自能左右其子，遂一意爲內屬之計。漢亦利用樛氏之關係，冀不費一兵一卒，而使南越入版圖。嬰齊之娶樛氏爲妻，卽所謂「南越與漢和親」也（前漢書卷六四下終軍傳）。後又特遣樛氏所私，安國少季往使南越，以誘此寡婦 思漢之心益切。故漢之謀越，已非一日，觀其進行步驟，似皆預爲佈置者也。史記卷一一三載：

元鼎四年（前一一九）漢使安國少季往諭王王太后以入朝，比內諸侯；令辯士諫大夫終軍等宣其辭，勇士魏臣等輔其缺（漢書作決，師古曰：助令決策也），衞尉路博德將兵屯桂陽待使者，王年少，太后中國人也，嘗與安國少季通，其使復私焉。國人頗知之，多不附太后，太后恐亂起，亦欲倚漢威，數勸王及羣臣求內屬，卽因使者上書，請比內諸侯，三歲一朝，除邊關，於是天子許之，賜其丞相呂嘉銀印，及內史中尉太傅印，餘得自置，除其故黥劓刑，用漢法，比內諸侯，使者皆留塡撫之。王王太后飭治行裝，重齎爲入朝具。其相呂嘉……數諫止王，王弗聽，有畔心，數稱病，不見漢使者。使者皆注意嘉，勢未能誅。王王太后亦恐嘉等先事發，乃置酒介漢使者權，謀誅嘉等，……力又不能。天子聞嘉不聽，王王太后孤弱，不能制，使者怯無決，又以為王王太后已附漢，獨呂嘉為亂，不足以興兵，……於是天子遣韓千秋與王太后弟樛樂將二千人往，入越境，呂嘉等乃遂反。……攻殺王王太后及漢使者，遣人告蒼梧秦王及其諸郡縣，立明王長男越妻子術陽侯建德為王。

後韓千秋等兵至，亦為越兵所擊滅，於是漢發罪人及江淮以南樓船十萬師分由水陸四路往討。元鼎五年秋，衛尉路博德為伏波將軍，出桂陽，下匯水（漢書作湟水即今連州江），主爵都尉楊僕為樓船將軍，出豫章，下橫浦（今大庾嶺），故歸義侯二人為戈船下厲將軍，出零陵，或下離水（今桂江），或抵蒼梧，使馳義侯因巴蜀罪人，發夜郎兵，下牂牁江（今盤江），咸會番禺。

路博德等於元鼎六年（前一一一）冬破南越。此四路軍所經路線，以今名言之，即一路由江西大庾嶺入廣東，沿北江直下，一路由湖南桂陽入粵，沿連州江而下，一路由湖南零陵經興安渠，取道廣西桂林桂江入西江東下，一路為巴蜀罪人發自四川省，經貴州會夜郎兵，沿盤江而下。以大庾嶺一路為最便捷，故楊僕之師先至，其次為伏波將軍一路，又其次為桂江一道，惟馳義侯一路最遠，且因故且蘭反，道阻不通，所以夜郎兵未至。

南越立國，自趙佗至術陽侯凡五世，共九十三年而亡。路博德既破越，乃移軍往交趾，討其未降者。水經注卷三七引交州外域記曰：

越王令二使者典主交趾九眞二郡民，後漢遣伏波將軍路博德討越王，路將軍到合浦，越王令二使者齎牛百頭，酒千鍾，及二郡民戶口簿，詣路將軍，乃拜二使者爲交趾九眞太守，諸雒將主民如故。

於是將南越之地分置南海蒼梧鬱林合浦交趾九眞日南儋耳珠崖九郡（漢書卷六武帝本紀）。同年定西南夷，次年擊平東越，皆置郡縣，至是百越之地皆入版圖，以後歷代守任皆中國人除授。

元封五年（前一〇六），置交趾部刺史，前漢書卷二八地理志注引胡廣記曰：「漢既定南越之地，置交趾刺史，別於諸州，令持節治蒼梧。」部刺史之職掌奉詔條察州，秩六百石（漢書卷十九百官公卿表）。交趾部雖不稱州，但在十三部刺史之內，前漢書地理志序論上已明言之。唐杜佑通典於州郡序目中亦云：

漢興，……開越攘胡，土宇彌廣，改雍曰涼，梁曰益，又置徐州，復禹舊號，南置交趾，北有朔方，凡爲十三部刺史。

惟交趾朔方皆非禹貢及職方所固有，乃新闢之土地，故應劭漢官儀曰：「交朔獨不稱州。」西漢時十三部刺史皆不稱州，而稱部，蓋行政上無州制也。其所以稱州者，乃沿襲載籍舊名，交朔之不稱州，以舊籍無此名也。然何以新增此二部，蓋胡越二者久爲漢患，武帝平之，費力甚大，且此二地爲南北重鎮，故對之特別注意也。

八　罷棄珠厓

南越雖分置郡縣，猶仍夷俗。自漢武帝以後，越民頑暴，郡吏駕馭乏術，屢征屢叛，前漢書卷六四下賈捐之傳云：

其民暴惡，自以阻絕，數犯禁吏，吏亦酷之，率數年一反殺吏，漢輒發兵擊定之。自初爲郡，至昭帝始元元年二十餘年間，凡六反叛，至其五年罷儋耳郡，幷屬珠厓，至宣帝神爵三年，珠厓三縣復反，反後七年甘露元年九縣反，輒發兵擊定之，元帝初元元年珠厓又反，發兵擊之，諸縣吏叛，連年不定，上與有司議大發軍。

當暴衆叛亂之際，若以和平方法處理失效，則惟有以武力戡亂。但事平之後，宜察其所以致亂原因而治之，苟能對症下藥，癥結可去，則百蠻方無不可以統治之理，珠厓之叛，實緣郡吏貪污，前漢書卷二八下地理志云：

自合浦徐聞南入海，得大洲，東西南北方千里，武帝元封元年略以爲儋耳珠厓郡，……

自初爲郡，縣吏卒中國人，多侵陵之，故率數歲一反。

後漢書卷一一六南蠻傳亦云：

武帝末，珠厓太守，會稽孫幸，調廣幅布獻之，蠻不堪役，遂攻郡殺幸，幸子豹合率善人還，復破之，自領郡事，討擊餘黨，連年乃平。豹遣使封還印綬，上書言狀。制詔即以豹爲珠厓太守，威政大行，獻命歲至。中國貪其珍賂，漸相侵侮，故率數歲一反。

又三國志吳志卷八薛綜傳云。

在九甸之外，長吏之選，類不精覈。漢時法寬，多自放恣，故數反違法。珠厓之廢，起於長吏，覩其好髮，髡取爲髲。

地方政治如此不良，是其致亂之因。然珠厓內屬，爲郡已久，如今背叛，廷議發兵討亂，固應如此。乃賈捐之建議不當擊，「長蠻夷之亂，虧先帝功德」，而元帝以經義詰之，正中其懷，於是捐之發揮其謬見，謂堯舜禹三聖之德，地方不過數千里，欲與聲教則治之，不欲與者不強治也。詆駱越之人與禽獸無異，不足以置郡縣，「棄之不足惜，不擊不損威」。又以爲「非冠帶之國，禹貢所及，春秋所治，皆可且無以爲。」（師古曰：爲猶用也。）遂請棄珠厓。時大臣中如御史大夫陳萬年等以爲當擊，或有云可守者，乃丞相于定國是賈捐之議，元帝遂採納其意見，詔棄珠厓！於是自武帝以來多年之經營，耗資三萬萬，死士卒萬餘人（賈捐之傳），辛苦得來者，竟棄於一書生之清議，豈不謬哉？

邱濬大學衍義補卷一五三云：

案捐之謂：非冠裳之國，禹貢所及，春秋所治，皆勿以爲。臣竊以爲，凡今日境土，非祖宗所有者，則可用捐之之策，若夫祖宗初得天下，即入版圖者，其可以與人乎？況本中國膏腴之地，要害之塞，昔人所謂一寸山河一寸金者哉？非至於甚不得已，而存亡安危之決在此，不可輕言棄也。

珠厓郡自武帝元鼎六年開置，至元帝初元三年已有六十餘年之久，卽勿論前人經營所費之人力財力，而其爲祖宗所有者亦不可棄。珠厓郡卽今廣東省之海南島，其在今日軍事上之價值與經濟交通之價値，洵可謂一寸山河一寸金矣。自抗戰後，日本佔之，以控制華南及越南，並威脅南洋，愈見當日漢武帝經營此郡之眼光之遠大。

九　日南與越裳

漢武帝所置九郡中，交趾九眞日南三郡皆在今越南境內，交趾郡在今東京一帶，九眞郡在今淸化省，日南約在廣平廣治二省境。日南郡之區域頗廣，北至橫山，南至伐勒拉角（Cap Varella）。其地在古代似爲南洋羣島蠻夷賈船轉運貨物之聚散處，爲中國南海交通必經之地。梁書卷五四海南諸國傳總敍云：

海南諸國大抵在交州南及西南大海洲上，相去近者三五千里，遠者二三萬里，其西與西域諸國接。漢元鼎中遣伏波將軍路博德開百越，置日南郡，其徼外諸國，自武帝以來皆朝貢。

又漢書卷二八下地理志云：

平帝元始中（元後二年）王莽輔政，欲耀威德，厚遺黃支王，令遣使獻生犀牛。自黃支船行可八月到皮宗，船行可二月到日南象林界，云黃支之南有已程不國，漢之譯使自此還矣。

應劭曰：「黃支在日南之南，去京師三萬里。」日人藤田豐八考證謂：黃支卽西域記之建志補羅，爲達羅毗荼國（Dravida）之都城，在南印度海口（何健民譯中國古代交通叢考九九至一一五頁）。是漢使之足跡已遠至印度，而日南乃當時中國與南海各國及印度交通之樞紐也。

黃支國獻犀牛之前一年（元始元年），有越裳氏重譯獻白雉一，黑雉二（前漢書卷十二），師古注曰：「越裳南方遠國也。」其國究在何處不得而知，或謂卽宋以後之占城，或謂今柬埔寨，亦有謂不在今越南境內者。唐馬縞中華古今注卷上云：「緣扶南林邑海際，期年而至其國（越裳）。」張星烺先生據此斷定越裳不在今安南南境，其言曰：「各家記載，皆謂其國三年不迅風疾雨，海不波溢，安南在赤道之下，斷無三年不風不雨，海不波溢之理，其指一高燥平原尤爲明瞭。裳者袴也，越裳者衣過其袴之謂也。赤道之民終年裸體，必無此長衣之制，有此長衣者，必溫帶下開化之國也。」張先生又引鮑梯氏（Bauthier）之言謂：近世發現之古代亞述利亞石碑，見其所刻人皆服長衣，下垂及地，與漢文越裳二字之義相合，越裳使者或爲迦爾底（Chaldaca）之使者也（中西交通史料匯編第一册二七頁及六四頁）。惟越裳國是否衣過其袴，抑爲譯音，旣不可考，則以越裳爲迦爾底國，恐言之過矣。余以爲與其信唐代之中華古今注，及其他後代之記載，則不如依據後漢書南蠻傳之爲善也。後漢書卷一一六南蠻傳云：「交趾之南有越裳國。」又揚雄交州箴云：「交州荒裔，水與天際，越裳是南，荒國之外。」據此則越裳爲荒外之國，在交州之南。前漢交州南境達於今越南之伐勒拉角，已如前述，其南則爲南圻及柬埔寨，故謂越裳國卽今之柬埔寨，殆近是矣。而晉書卷十五地理志謂：「九德郡，吳置，周時越裳地，」則顯然誤也。

相傳周公居攝六年，越裳以三象重譯而獻白雉（後漢書卷一一六南蠻傳），漢平帝時，王莽輔政，自比於周公，「欲有所爲，微見風采，黨與承其指意，而顯奏之，莽稽首涕泣，固推讓焉。上以惑太后，下用示信於衆庶，始風益州令塞外蠻夷獻白雉，元始元年正月莽白太后下詔，以白雉薦宗廟。……於是羣臣乃盛陳莽功德，致周成白雉之瑞，千載同符聖王之法，臣有大功，則生有美號，故周公及身在，而記號於周。莽有定國安漢家之大功，宜賜號曰：安漢公，益戶疇爵邑。」（前漢書卷九九上王莽傳）是所謂越裳獻白雉，乃詐僞也。其時本無所謂越裳，乃王莽旣自比於周公，不可不致白雉之瑞，故指一地而強合之耳。資治通鑑卷三五孝平皇帝元始元年，胡三省註：「越裳之地不在益州塞外，莽自以輔幼主，欲以致遠人，功德比周公惑衆，故爲此耳。」

後王莽受漢禪，改國號曰新，始建國元年（公元九年）徙罪人於交趾。及其末年，中國大亂，羣雄蠭起，稱帝者數人。於是交州諸郡，乃閉境自守，以觀其變。

第二章　後漢之交州

一　馬援南征

公元二五年（建武元年）東漢光武中興，漸次擊平亂事，建武五年（公元二九）征南將軍岑彭屯兵津鄉，其地扼荆揚之咽喉，喻告諸蠻夷降者，奏封其君長。岑彭素與交趾牧鄧讓厚善，與讓書，陳國家威德。又遣偏將軍屈充移檄江南，班行詔命。於是鄧讓會同江夏、武陵、長沙、桂陽、零陵、蒼梧、交趾，七郡守相，遣使貢獻，悉封爲列侯（後漢書卷四七岑彭傳）。交趾太守錫光教民夷以禮義，著有成績。光武又以任延爲九眞太守，教其地人民耕種嫁娶，與錫光齊名，因此嶺南皆被華風。此東漢初年之交趾也。但不久卽有徵側之叛亂。

建武十三年（三七）蘇定爲交趾太守，越史謂其貪苛。徵側者，交趾麊冷縣駱將之女，嫁爲朱鳶縣人詩索妻，性甚雄勇，所爲多不法，蘇定以法繩之，徵側怨怒，遂於建武十六年（四〇）與其妹徵貳同反，攻陷郡縣，九眞日南合浦蠻俚皆響應之，凡略六十五城，自立爲王，都麊冷。水經注卷三七云：「側爲人有勇膽，將詩起賊。」然則徵側偕其夫同叛，夫不如妻，故詩索之名爲徵側所掩。時交趾刺史及諸太守僅能自保，光武乃詔長沙合浦交趾，具車船，修道橋，通障谿，儲糧穀，命馬援等率師征討之。後漢書卷五四馬援傳云：

璽書拜援伏波將軍，以扶樂侯劉隆爲副，督樓船將軍段志等南擊交趾，軍至合浦，而志病卒，詔援并將其軍，遂緣海而進，隨山刊道千餘里，十八年春軍至浪泊上，與賊戰，破之，斬首數千級，降者萬餘人，援追徵側等至禁谿，數敗之，賊遂散走，……十九年正月斬徵側徵貳，傳首洛陽，封援爲新息侯。

案水經注卷三七云：「後漢遣伏波將軍馬援將兵討側詩，走入金溪究，三歲乃得。」金溪究即禁谿，據此，馬援斬徵側當在建武二十年矣，是與馬援傳所言異也。後漢書世祖本紀亦云十九年，與傳相合，惟本紀言十九年四月，又與傳之正月異，未知孰是。資治通鑑卷四三注引考異曰：「蓋紀之所書者，援奏破側貳及傳側貳首至雒之時也。沈懷遠南越志云：徵側奔入金溪穴中，二年乃得之，援傳近是，今從之。」故水經注之三年當爲二年之譌。水經注又曰：「爾時西蜀並遣兵討側詩。」然則此次征交趾，非僅馬援一路軍矣。馬援傳又云：

援將樓船大小二千餘艘，戰士二萬餘人，擊九眞賊徵側餘黨都陽等，自無功至居風，斬獲五千餘人，嶠南悉平。……援所過輒爲郡縣，治城郭，穿渠灌漑，以利其民，條奏越律與漢律駁者十餘事，與越人申明舊制，以約束之，自後駱越奉行馬將軍故事。

地方既定，須以文教撫治之，馬援於軍事之後，繼以善政，故能得蠻夷之心。又梁書卷五四海南諸國傳謂：馬援於林邑之南界步道二百餘里處，植兩銅柱，以表漢界。水經注卷三六引林邑記曰：「建武十九年馬援樹兩銅柱於象林南界，與西屠國分漢之南疆也。」又兪益期牋曰：「馬文淵立兩銅柱於林邑，岸北有遺兵十餘家不反，居壽冷岸南，而對銅柱，悉姓馬，自爲婚姻，今有二百戶，交州以其流寓，號曰馬流。言語飲食尙與華同。山川移易，銅柱今復在海中，正賴此民以識故處也。」可見馬援軍隊曾南至象林，而漢之疆界已達象林之南。

建武二十年（四四）秋，馬援率師北返，有迎勞之者，援慨然曰：「方今匈奴烏桓尙擾北邊，欲自請擊之，男兒要當死於邊野，以馬革裹屍還葬耳。何能臥床上，在兒女子手中耶？」（資治通鑑卷四三漢紀三五）馬援出征交趾，與妻子生訣，既平南夷，復念北狄，其勤勞國事有如此。而其言甚壯，更足以振懦夫而勵忠忱也。乃援卒後爲人搆陷，因載還交趾薏苡一車而被譖，以爲所載皆明珠文犀寶物，致光武怒，追收其新息侯印綬，妻孥惶懼，不敢以喪還舊塋，藁葬城西，賓客故人莫敢弔會，死者含寃，悲夫！

二　日南蠻叛

後漢時，除馬援軍隊有一部分留居交州外，人民之南徙者頗衆，後漢書卷六四梁竦傳云：「少習孟氏易，弱冠能教授，後坐兄松事，與弟恭俱徙九眞。」梁松於明帝永平四年（六一）冬下獄死，故梁竦之徙九眞，當在此時也。章帝建初八年（八三）梁竦又爲諸竇所陷，死獄中，其家屬復徙九眞。人民因罪被徙於此方者當更多，並有遠徙至日南者。當時學者王充嘗記載其事，論衡卷十一談天篇云：「日南之郡去雒且萬里，徙民還者問之，言日中之時，所居之地，未能在日南也。」惟日南蠻夷常有叛亂未服者，和帝永元十二年（一〇〇）夏四月，日南象林蠻夷二千餘人，寇掠百姓，燔燒官寺，郡縣發兵討擊，斬其渠帥，餘衆乃降。於是置象林將兵長史，以防其患（後漢書卷一一六南蠻傳）。長史之職兼領郡丞，續漢百官志，云：「每郡置太守一人，二千石，丞一人，郡當邊戍者，丞爲長史。」劉昭補注引古今注曰：「建武六年三月令郡太守諸侯相病，丞長史行事，十四年罷邊郡太守丞，長史領丞職。」此象林長史則又兼掌兵權。

安帝永初元年（一〇七）「九眞徼外夜郎蠻夷舉土內屬開境千八百四十里。」（南蠻西南夷傳）案夜郎不在九眞徼外，前漢書卷九五西南夷傳：「南夷君長以十數，夜郎最大。」注云：「師古曰：後爲縣，屬牂牁郡。」傳又曰：「夜郎者，臨牂柯江。」史地家多以牂柯江卽今貴州境內之盤江，是夜郎當在貴州省內。大抵永初元年，九眞徼外蠻夷與夜郎蠻夷同時內屬，故並言之。又「延光元年（一二三）九眞徼外蠻夷貢獻內屬」，此當指日南郡蠻夷。延光三年（一二五）「日南徼外蠻復來內屬」，此言其叛後復來內屬也。

順帝永和元年（一三六）象林蠻夷又叛，明年夏象林蠻區憐等數千人攻象林縣，燒城寺，殺長吏。此等蠻夷當爲占種，卽後來建立林邑國之民族是也。漢時交趾刺史所轄雖置郡縣，而語各異，重譯乃通，人如禽獸，長幼無別，項髻徒跣，以布貫頭。且叛服靡常，時寇掠百姓，燔燒城寺，攻殺長吏，郡縣發兵討擊，則遁走深林，無如之何（後漢書卷一一六）。此次象林蠻叛，蓋占人反抗漢人之統治也。其屢次叛變，叛衆多至數千人，其必爲有組織之反抗可知矣。交趾刺史樊演發交趾九眞二郡兵二萬餘人討之，兵士憚遠役，，秋七月二郡兵反，攻圍其府，雖擊破反者，而蠻勢轉盛。會侍御史賈昌使日南，卽與州郡幷力討之不尅，反爲所攻圍，歲餘兵穀不繼，順帝以爲憂，召公卿百官議，問以方略，僉議遣大將發荊揚兗豫兵四萬人往討之。獨中郎李固持異議，其言曰：

若荊揚無事，發之可也。今二州盜賊磐結，不散，武陵南郡蠻夷未輯，長沙桂陽數被徵發，如復擾動，必更生患，其不可一也。又兗豫之人，卒被徵發，遠赴萬里，無有還期，詔書迫促，以致叛亡，其不可二也。南州水土溫暑，加有瘴氣，致死亡者十必四五，其不可三也。遠涉萬里，士卒疲勞，比至嶺南，不復堪鬬，其不可四也。軍行三十里爲程，而去日南九千餘里，三百日乃到，計人稟五升，用米六十萬斛，不計將吏驢馬之食，但負甲自致，費便若此，其不可五也。設軍到所在，死亡必衆，旣不足禦敵，當復更發，此爲刻割心腹以補四支，其不可六也。九眞日南相去千里，發其吏民猶尙不堪，何況乃苦四州之卒，以赴萬里之艱哉？其不可七也。前中郎將尹就討益州叛羌，益州諺曰：「虜來尙可，尹來殺我。」後就徵還，以兵付刺史張喬，喬因其將吏，旬月之間，破殄寇虜，此發將無益之效，州郡可任之驗也，宜更選有勇略仁惠堪任將帥，以爲刺史太守，悉使其住交趾。今日南兵單無穀，守既不足，戰又不能，可一切徙其吏民北依交趾，事靜之後，乃命歸本。還募蠻夷，使自相攻，轉輸金帛以爲其資；有能反間致頭首者，許以封侯列土之賞。故并州刺史長沙祝良，性多勇決，又南陽張喬前在益州有破虜之功，皆可任用。……宜即拜良等便道之官。（後漢書卷一一六南蠻西南夷傳）

李固審度內外情勢，顧慮周密，其駁議發兵，皆爲至言，決非淮南王安及賈捐之等所可比，蓋當武帝元帝時，國內清平，倉庫充實，而反對出兵，討伐叛蠻，是苟安也。且淮南王安及賈捐之等所持理由爲「不彊治」，「非冠帶之國」，「得之不足爲郡縣，棄之不足惜」，此皆迂論也。惟當順帝之時，國勢漸衰，中官權重，此李固所謂「腹心之疾」也（資治通鑑卷五一漢紀四三）。且其時州郡不安，荆揚多事，發其兵遠征，必使全國騷然，故李固諫阻，以免國本動搖。然李固亦重視邊郡，不主張棄置，且體察蠻夷叛變之因，貢獻安撫之策，薦舉賢能，任爲將吏，其見識實較淮南王安及賈捐之等遠勝矣。故順帝從其言，卒收大效。拜祝良爲九眞太守張喬爲交趾刺史。張喬赴任，開示誘慰，叛蠻皆降散。祝良到九眞，單車入賊中，設方略，招以威信，請降者數萬人　皆爲良築起府寺，由是嶺外復平。雖誘導之功歸於能吏，而薦舉之者，其功亦不可沒也。李固建議「徙其吏民，北依交趾，事靜之後，乃命歸本，還募蠻夷，使自相攻，轉輸金帛以爲其資，有能反間致頭首者，許以封侯列土之賞。」此乃使蠻夷同化，及所謂「以夷制夷」之策略也。中國但施金錢爵賞，結以恩信，既省兵力，又無轉輸之煩，是中國不勞而外夷向化，誠計之得也。

建康元年（一四四）順帝卒，沖帝嗣位。是年冬十月日南蠻夷攻燒城邑，交趾刺史夏方招誘降之。時沖帝年僅二歲，由梁太后臨朝聽政，美夏方之功，遷爲桂陽太守。招撫蠻夷既賴賢明仁惠之官吏，倘賢吏遷調，後任不得其人，則蠻夷之心猶未服，必復起叛亂，故「桓帝永壽三年（一五七）居風令貪暴無度，縣人朱達等及蠻夷相聚，攻殺縣令，衆至四五千人，進攻九眞，九眞太守兒式戰死，詔賜錢六十萬，拜子二人爲郎。遣九眞都尉魏朗討破之，斬首二千級。渠帥猶屯據日南，衆轉強盛。延熹三年（一六〇）詔復拜夏方爲交趾刺史，方威惠素著，日南宿賊聞之，二萬餘人相率詣方降。」由此可見能吏之可貴，武力不足恃也。然賢惠之官吏不可多得，端在位當者之能愼選簡拔耳。

三　交趾與海外之交通

後漢海道交通愈便利，章帝時交趾七郡貢獻皆從海道（後漢書卷六三鄭弘傳），南海諸國頻從海外來貿易。

順帝永建六年（一三一）日南徼外葉調王便遣使貢獻，帝賜調便金印紫綬（後漢書卷一一六）。

後漢書注：「劉攽曰：倭國名葉調，其王名便，此作調便，衍一調字也。」近人考證葉調國，有謂在今之錫蘭島，又有謂在今爪哇（可參閱法人費瑯著「葉調斯調與爪哇」一文，載在馮承鈞西域南海史地考證譯叢續編），皆不在今越南境內，惟其時南海諸國多從日南海道來貢獻，足見日南在當時中外交通上地位之重要。

至桓帝延熹九年（一六六），大秦王安敦遣使自日南徼外獻象牙犀瑇瑁，始乃一通焉（後漢書卷一一八西域傳）。

案大秦王安敦，即羅馬皇帝奧肋略安敦（Marcus Aurelius Antoninus 161—180），約在公元一五〇年，希臘人拖雷美（Claudius Ptolemy）作地理書，記東方事，推測由南印度之柯利角（Cape Cory），至秦尼國（Chinoe）海口喀梯喀拉（Cattigara），海程共隔一百七十七度。又謂「由金丑孫（Golden Chersonese）至喀梯喀拉之道里數目，馬利奴斯未得詳記，惟云亞利山德嘗記金丑孫以東之地皆向南。過此再航行二十日可抵紫巴城(Zaba)，再航行向南向左多日，抵喀梯喀拉。馬利奴斯所言道里不免過多。」此所謂秦尼即指中國，法國拉克伯里(Terriende Lacouperie）謂：「中國古代交趾之讀音，爲交梯(Kiao-ti)，拖雷美之喀梯喀拉，即交趾國。」又柴巴港即占婆之轉音，即今古城也（張星烺中西交通史料匯編第一冊五二至五三頁）。可見交趾海口於東漢時已成爲中西交通之要港，中國藉此以納外夷之貢獻。

四　漢末之情形

延熹五年（一六二）長沙零陵賊入桂陽蒼梧南海，交趾刺史及蒼梧太守望風逃奔，遣御史中丞盛脩督州郡募兵討之不能克（後漢書卷七桓帝紀）。桂陽郡在今湖南省南部，陽縣地，由此而南經藍山，入廣東省，沿連州江可直下番禺，又由桂陽西南越臨賀嶺，即廣西省賀縣，更南經信都至蒼梧，當時零陵賊即遵此兩路分擣蒼梧南海。時交趾部刺史治廣信（今蒼梧），聞賊至，望風奔逃，可見賊勢甚盛，於交州治安大受影響。

靈帝建甯三年（一七〇）烏滸蠻爲亂，鬱林太守谷永以恩信招降其衆十餘萬，皆內屬，受冠帶，開置七縣，萬震曰：「烏滸之地，在廣州之南，交州之北。」又杜佑曰：「烏滸地在今南海郡之西南，安南府北，朔甯郡管。」（資治通鑑卷五六漢紀四八注引），朔甯即今北甯，據此烏滸蠻所居之地，當在今廣東廣西兩省與越南交界處，防城思樂諒山一帶地方，此適爲鬱林合浦交趾三郡之邊區。而劉昫謂：「貴州鬱平縣，漢鬱林廣鬱縣地，古西甌駱越所居，谷永招降烏滸，開置七縣，即此也。」（見同前）案其言甚誤，後漢書卷一一六南蠻傳云：「光和元年（一七八）交趾合浦烏滸蠻反叛，招誘九眞日南合數萬人攻沒郡縣。」此云「交趾合浦烏滸蠻」，可證其地不在今之貴州矣。

後漢書卷一〇一朱儁傳云：

再遷除蘭陵令，政有異能，爲東海相所表。會交趾部羣賊並起，牧守輭弱不能禁，又交趾賊梁龍等萬餘人，與南海太守孔芝反叛，攻破郡縣。光和元年即拜儁交趾刺史，令過本郡，簡募家兵及所調（注家兵童僕之屬，調謂調發之），合五千人，分從兩道而入。旣到州界，按甲不前，先遣使詣郡，觀賊虛實，宣揚威德，以震動其心。旣而，與七郡兵俱進逼之，遂斬梁龍，降者數萬人，旬月盡定。

但以武力征服之，如無良政以善其後，亦徒然耳。故朱儁以功封侯，被徵諫議大夫，後其地又陷於亂。蓋交趾多產珍品，而郡守貪汚，有以激成之也。又卷六一賈琮傳云：

交趾土多珍產，明璣翠羽犀象瑇瑁異香美木之屬，莫不自出，前後刺史率多無淸行，上承權貴，下積私路，財計盈給，輒復求見遷代，故吏民怨叛。中平元年交趾屯兵反，執刺史及合浦太守來達，自稱柱天將軍。靈帝特敕三府精選能吏，有司舉琮爲交趾刺史。琮到部訊其反狀，咸言賦斂過重，百姓莫不空單，京師遙遠，告寃無所，民不聊生，故聚爲盜賊。琮即移書告示，各使安其資業，招撫荒散，蠲復徭役，誅斬渠帥，爲大害者。簡選良吏，試守諸縣，歲間蕩定，百姓以安。巷路爲之歌曰：「賈父來晚，使我先反，今見淸平，吏不敢飯。」

可見蠻夷叛服，全繫於郡吏之賢否，更足以證明吏治之重要，靈帝特敕三府精選能吏，蓋鑒於前代郡守張喬祝良及夏方之政績勝於發雄師十萬也。有司舉賈琮，而琮亦不負衆望，到郡後，即能査訊反狀，知民疾苦，而爲興革損益，不一年州境安謐，人民歌頌，誠良吏也。賈琮在任凡三年，政績斐然，爲十三州最，遂徵拜爲議郎。

至靈帝晚年，內有宦官弄權，外有黃巾賊作亂，天下騷擾不堪。中平五年（一八八）太常劉焉目覩王室多故，乃有所建議（後漢書卷一〇五劉焉傳云：

時靈帝政化衰缺，四方兵寇，焉以爲刺史威輕，既不能禁，且用非其人，輒增暴亂，乃建議改置牧伯，鎮安方夏，清選重臣，以居其任。焉乃陰求爲交趾，以避時難，議未即行。

後劉焉因侍中董扶之私言，謂京師將亂，益州分野，有天子氣，焉信之，乃更求益州牧（後漢書卷一一二下董扶傳）。由此可知當時中原亂離，惟南方交趾可稱淨土，爲避亂者所趨焉。時交趾太守士燮，蒼梧廣信人，體氣寬厚，謙恭下士，中國士人之避亂者多往依之。交趾郡內平靜，惟其他郡邑則不然，蓋蠻俗逾異，夷性難制，而郡吏貪暴，恣惡虐民，故易致叛亂。吳志卷八薛綜傳云：

南海黃蓋爲日南太守，下車以供設不豐，撾殺主簿，仍見驅逐，九眞太守儋萌爲妻父周京作主人，并請大吏，酒酣作樂，功曹番歆起舞屬京，京不肯起，歆猶迫彊，萌忿杖歆，亡於郡內，歆弟苗帥衆攻府，毒矢射萌，萌至物故。交趾太守士燮遣兵致討，卒不能克。又故刺史會稽朱符多以鄉人虞褒劉彥之徒分作長吏，侵虐百姓，彊賦於民，黃魚一枚，收稻一斛。因此百姓怨叛，山賊並出，攻州突郡。朱符走入海，流離喪亡。

案朱符於靈帝末年爲交州刺史，朱符之前，丁宮爲刺史。三國志吳志卷四士燮傳云：

（士燮）後舉茂才，除巫令，遷交趾太守。弟壹初爲郡督郵，刺史丁宮徵還京都，壹侍送勤恪，宮感之，臨別謂曰：刺史若待罪，三事當相辟也。後宮爲司徒辟壹，比至，宮已免，黃琬代爲司徒，甚禮遇壹。董卓作亂，壹亡歸鄉里。交趾刺史朱符爲夷賊所殺，州郡擾亂，燮乃表壹爲合浦太守，次弟徐聞令䵋領九眞太守，䵋弟武領海南太守。

丁宮於靈帝中平四年（一八七）五月爲司空，次年七月爲司徒（後漢書卷八靈帝本紀），其爲交趾刺史，蓋繼賈琮之後。賈琮於中平元年（一八三）爲刺史，在任凡三年，其被徵還應在中平三年，則丁宮爲交趾刺史亦當在中平三年也。朱符是繼丁宮之後爲交趾刺史，獻帝於中平六年（一八九）九月即皇帝位，黃琬爲司徒即在此時，而董卓作亂在初平二年（一九一），朱符即於此時被殺。

朱符死後，漢遣南陽張津爲交州刺史，張津嘗獻交趾士燮益智子粽以餉曹操（說郛卷八七晉稽含南方草木狀）。自董卓被誅後，建安元年（一九六）曹操迎獻帝東還，都許昌，挾天子以號令諸侯，張津之爲交州刺史蓋由曹操所遣也，張津在交州好鬼神事，營著絳白頭（頭巾也），鼓琴燒香，讀道書，云可以助化（資治通鑑卷六六漢紀五八），足見其迷信之深。彼又與荊州牧劉表不和，後漢書卷一〇四劉表傳云：

建安三年，長沙太守張羨率零陵桂陽三郡畔表，表遣兵攻圍，破羨平之，於是開土遂廣，南接五嶺，北據漢川，地方數千里，帶甲十餘萬。

荊州境內[illegible]平，劉表遂伸其勢力於嶺南，故與張津發生衝突，自不能免。三國志吳志卷八薛綜傳云：

次得南陽張津，與荊州牧劉表爲隙。兵弱敵強，歲歲興軍，諸將厭患，去留自在，津小檢攝，威武不足，爲所凌侮，遂至殺歿。

張津爲其將區景所殺，劉表卽遣零陵賴恭代津。獻帝聞之，斥劉表逆命，而賜士燮璽書曰：

交州絕域，南帶江海，上恩不宣，下義壅隔，知逆賊劉表，又遣賴恭闚看南土，今以燮爲綏南中郎將，董督七郡，領交阯太守如故（三國志吳志卷四士燮傳）。

當時獻帝居許昌，毫無權力，一切政令皆由曹操出，而曹操之勢力南未達江漢，大江以南孫權據其東，劉表據其西，交州遠隔，道路阻塞，然士燮猶不廢貢職，遣使奉貢至京師，因詔士燮安遠將軍，封龍度亭侯。

賴恭爲交州刺史亦無政績可稱，吳志卷八薛綜傳云：

後得零陵賴恭，先輩謹仁，不曉時事。表又遣長沙吳巨爲蒼梧太守。巨武夫輕悍，不爲恭服，所取相怨恨，逐出恭。

賴恭被逐，走還零陵，吳巨遂專橫於其地。

孫權既威行江東，今江蘇浙江福建江西四省皆受其統治，雖荊州爲劉表所據，尙有海道可通交州，勢必與劉表爭衡。建安十五年（二一〇）孫權以步騭爲交州刺史，統兵一萬取南海，吳志卷七步騭傳云：

建安十五年出領鄱陽太守，歲中徙交州刺史，立武中郎將。劉表所置蒼梧太守吳巨，陰懷異心，外附內違，騭降意懷誘，請與相見，因斬徇之，聲威大震。

水經注卷三七引王氏交廣春秋曰：

建安十六年吳遣臨淮步騭爲交州刺史，將武吏四百人之交州，道路不通，蒼梧太守吳巨擁衆五千，騭有疑於巨，巨迎之於零陵，遂得進州。巨既納騭，而後有悔，騭以兵少，恐不存立，巨有都督區景勇略與巨同，士爲用，騭惡之，陰使人請巨，巨往告景，勿詣騭，騭請不已，景又往，乃於廳事前中庭俱斬，以首徇衆。

據此，可知步騭至交州，循遵陸路，先由湖南至蒼梧，以計殺吳巨後，乃合其衆二萬人沿西江東下取南海。吳巨部將蒼梧人衡毅錢博，逆步騭於蒼梧高要峽口，兩軍交戰，毅與其部衆被擊敗，投水死，步騭遂進據南海。步騭到南海後，觀土地形勢及尉佗舊治處，負山帶海，乃曰：「斯誠海島膏腴之地，宜爲都邑。」建安二十二年（二一七）遷州治於番禺，築立城郭，由是番禺愈興盛，成爲南方一大都會。

交趾太守士燮與其兄弟，相率供命，益州大姓雍闓，與士燮相聞，亦求附於吳。步騭承制，遣使宣恩撫納（吳志卷七步騭傳）。建安末（二二〇）孫權遣呂岱爲交州刺史，步騭率交州義士萬人出長沙會攻劉備，劉備敗績，步騭討平零陵桂陽諸蠻，於是交州荊州之地盡爲吳士燮屢以珠貝犀象及香果之珍美者貢獻於吳，孫權亦厚加賞賜，封其爲龍編侯，其弟士壹亦封侯。士燮學問優博，達於從政，處漢末紛擾之世，保全一方，疆場寧謐，民皆樂業，羇旅之徒皆蒙其慶。陳國袁徽與尚書令荀彧書，力贊之曰：「雖竇融保河西，曷以加之。」（吳志卷四士燮傳）越史略卷一竟稱之爲「士王」，意者其有王之尊威乎？然漢與吳但封以侯爵，其職不過交趾太守，一郡之長而已。當建安初，豪強割據，中央力弱不能制，如劉表爲荊州牧，竟敢郊天祀地，袁紹袁術兼領數州，即欲順天意而稱帝。交州物產富饒，僻處南陲，去朝廷愈遠，據其地者，當然更可爲所欲爲矣。士燮爲交趾太守，乘此擴張勢力，乃是絕好機會。於是令其三位兄弟分領合浦九眞南海三郡，以鞏固其地位，其權力幾及交趾全州之半，欲自立爲王亦無不可。故士燮傳謂：「其雄長一州，威尊無上，出入鳴鐘磬，備具威儀，當時富貴，威震百蠻，尉佗不足踰也。」可見其威勢顯赫，位埒王者。惟自建安十五年以後，交州屬吳，士燮之尊威大削，遣子入質，事吳惟謹。而吳亦因士燮在交州，歷年既久，勢力深厚，故加侯爵以羇縻之，至於中央勢力則已完全不能達矣。

五　林邑獨立

當獻帝初，董卓擅朝政，王室衰弱，天子被挾制，中央權力既難建立，更不能號令邊郡，故其時交趾境內成爲獨立狀態，郡守各謀保境安民。至於日南郡南本爲蠻夷占種所居，以前屢起叛亂，至此朝廷鞭長莫及，適予占種以獨立之良機。水經注卷三六温水條云：

初平（一九〇至一九三）之亂，人懷異心，象林功曹姓區，有子名達（一作連）攻其縣殺令，自號爲王。值世亂離，林邑遂立。

自是以後，林邑獨立爲國，脫離中國版圖。

林邑之名，由漢日南郡象林縣之名得來，而象林之名，又從秦之象郡得來。日南郡所屬五縣，最南者即爲象林，占種據之而自立，後來即以象林爲其都城，省其名而稱爲林邑。昔占種所據之地，在日南郡南，當今越南中圻南部衙莊及潘郎兩地之間，其勢漸北侵，蠶食日南，而成一獨立國。法人費瑯（Gabriel Ferrand）謂：「考當時人民有區憐區連，地名，區粟，此區粟或爲漢西捲縣之譯名，地在今之順化，又占種居宅之一部，有名西區者，區字凡數見，疑皆指古之占種也。」（馮承鈞譯崑崙及南海古代航行考九七頁）案占種爲甌駱民族之一種，區爲甌省，西區即西甌也。自秦始皇得其地置象郡，後南越王趙佗擊併安陽王國，漢武帝又滅之，收入爲直屬版圖，大抵占種之強頑者，於此時被迫南遷，遂與漢族爲仇。且漢時郡吏多不得其人，貪暴苛求，實爲致亂之因。水經注卷三六云：

晉書地道記曰：朱吾縣屬日南郡，去郡二百里。此縣民漢時不堪二千石長吏調求，引（入）屈都乾爲國，林邑記曰屈都夷也。

又太平御覽卷七九引交州以南外國傳云：

從西屠南去百餘里，到波遼，十餘國皆在海邊。

又曰：

從波遼國南去，乘船可三千里，到屈都乾國，地有人民可二千餘家，皆曰朱吾縣民叛居其中。

朱吾縣與象林縣同屬日南郡，朱吾縣民不堪苛政，遠至三千里外，另闢新地，建立屈都乾國，則象林縣民起而叛亂，建立林邑國，亦無足怪矣。

此外東漢之軍隊不如西漢，平時未經訓練，一旦國家有事，不能作戰，自建武七年（三一）罷一輕車騎士材官樓船士及軍假吏，令還復民伍。」（後漢書卷一下光武帝紀）兵力日漸頹弱，不可依恃。故續漢百官志注引應劭漢官曰：

自郡國罷材官騎士之後，官無警備，實啓寇心，一方有難，三面救之，發興雷震，煙蒸電激，一切取辦，黔首囂然。不及講其射御，用其戒誓，一旦驅之，以卽強敵，猶鳩鵲捕鷹鸇，豚羊弋豺虎，是以每戰常負，王旅不振。

東漢學者王符（潛夫論五勸將第二十一）亦慨言當時將兵之無用云：

今觀諸將既無決斷合變之奇，復無明賞必罰之信，然其士民又甚貧困，器械不簡習，將恩不素結，卒然有急，則吏以暴發虐其士，士以所拙遇敵巧，此爲吏驅怨以禦讎，士卒縛手以待寇也。夫將不能禦其士，士不能用其兵，此二者與無兵等。

昔路博德楊僕平南越，馬援征交趾，皆用樓船兵，自罷樓船士後，缺少利於水戰之軍隊，進兵交趾，卽難取勝。故象林蠻屢叛，而漢人不能以武力平亂，祇能招安，遂致蠻夷坐大，亂事擴展，而無法收拾。

費瑯所著崑崙及南海古代航行考云：

觀其（漢人）路地，祇能南至伐勒拉角，而三郡（交趾、九眞、日南）內有叛亂二事，似其地之土人已有種族之自覺心，雖屢敗，而其志不屈，中國史書雖言其人爲射獵不知耕種之蠻夷，吾人頗疑其語焉不實。土人之叛或在象林，或在日南徼外，可見其南必爲一獨立國，其血統與象林之人同也。………

漢時象林之土著與象林南方之鄰國爲同種，其能構成一種國民，似由一種共同印度化有以致之。最初印度傳佈文化人之來此，應在紀元前三四世紀時。

案近世在安南淸化省之福康（Vo Can）村發現之梵文占婆碑，史家多認爲三世紀之遺物，碑上有 Cri Mara 之名，據馬伯樂（Maspero）考證，謂此人似爲二世紀時之人，殆卽一九二年自號林邑王之區連，而費瑯氏則認爲更早，可視爲一三七年之區憐，或一百年象林蠻之渠帥（崑崙及南海古代航行考一〇二頁），然亦有謂此碑之成立，至早在四世紀之末者（大印度協會學報（J. G. I. S.）六卷五三至五五頁），是此古物之時代頗難確定也。惟吾人已知漢武帝時中國與印度已有交通，平帝時漢使之足跡嘗遠達印度南部之黃支（Kanchi）國，自黃支國起航，可八月到皮宗，由皮宗船行可二月到日南象林界（前漢書卷二八下地理志）。故從黃支國到日南海程約須十月，可知公元前二世紀至紀元初，象林與印度間已有船舶往來，日南象林土著於此時或以前受印度文化之影響，非不可能也。

至於漢族略地至此而止者，大概因其地距內郡過遠，兵糧接濟均極困難，其南人煙稀少，土地荒僻，無所利益。觀前漢三郡戶口，交趾郡最多，戶九萬二千四百四十，口七十四萬六千二百三十七，九眞郡戶三萬五千七百四十三，口十六萬六千一十三，日南郡戶萬五千四百六十，口六萬九千四百八十五（前漢書卷二八下地理志）。至後漢時雖有增益，日南郡亦僅有戶萬八千二百六十三，口十萬六百七十六而已（後漢書卷三三郡國志）。其南人口當更爲稀少，縱使其地已受印度化，而其文化程度甚低，中國人且以獸類擬之，欲勞中國而事遠征，得其地不足以爲富，非當時中國人所願爲也。珠崖距京師較近，尙罷之，況邊遠之地不易守乎？西漢自元帝以後，東漢自順帝以後，君主寡決策，臣下多阻議，故屢議發兵討交趾日南叛蠻皆未果，專採誘導懷柔之策者皆以此也。

六　交趾改州

自王莽改定十二州，交趾改稱交州後，至建武十八年（四二）罷州牧置刺史（後漢書卷一下光武帝紀）。唐章懷太子李賢注云：

武帝元封五年初置部刺史，奉詔條察州，秩六百石，員十三人，成帝綏和三年更名牧，秩二千石。哀帝建平二年復爲刺史，元壽二年復爲牧。經王莽變革，至建武元年復置牧，今改置刺史。

漢代州制屢經變革，故史書或稱交趾，或稱交州，名稱不一，續漢百官志記建武十八年復爲刺史，十二人各主一州，郡國凡九十八，交州部七。又郡國志云：「右交州刺史部郡七，縣五十六。」十三部中各州皆有改動，惟并州與交州不變，仍依王莽所定名稱。蓋交州僻處南陲，與揚荆益諸州皆有山嶺間隔，自成一區域，故無改革之必要。但因交趾刺史部之名沿用已久，雖改爲交州，而在習慣上仍有用「交趾」者。

晉書卷十五地理下交州條云：

元封中……置交趾刺史以督之，……順帝永和九年交趾太守周敞求立爲州，朝議不許，改拜敞爲交趾刺史。

如晉書地理志所載，交趾至順帝時似尚未成立爲州，此顯然不符事實。蓋當武帝元封五年初置刺史部十三州，交趾雖無州名，然在十三州部之內。太平寰宇記卷一七〇引南越志云：「順帝永和二年周敞爲交州刺史。」可證交趾已早立爲州，若未有州，則不能有刺史之官。且周敞已於永和二年（一三七）任刺史，亦無須乎七年後始求立爲州也。又查順帝永和祇有六年（一三六至一四二），次年正月改爲漢安元年（一四二），漢安三年四月又改元建康（一四四），故永和九年實爲建康元年也。是年順帝卒，冲帝嗣位，據冲帝本紀所載，於是年「冬十月，日南蠻夷攻燒城邑，交趾刺史夏方招誘降之。」然則此時之交趾刺史非周敞，而是夏方，足見晉書地理志所言之誤矣。

晉書地理志又云：

建安八年張津爲刺史，士燮爲交趾太守，共表立爲州，乃拜津爲交州牧。

又苗恭交廣記云：

建安二年南陽張津爲刺史，交趾太守士燮表言：「伏見十二州皆稱曰州，而交獨爲交趾刺史，何天恩不平乎？若普天之下可爲十二州者，獨不可爲十三州？」詔報聽許，拜津交州牧，加以九錫，彤弓彤矢，禮樂征伐，威震南夏，與中州方伯齊同，自津始也（藝文類聚卷六州部）。

案交趾早已立爲州，前已言之，後漢書卷六一賈琮傳謂琮爲交州刺史，「在事三年，爲十三州最，徵拜議郞。」可見交趾在十三州之內，賈琮爲刺史，是在靈帝中平元年（一八四），足證立交趾爲州，不始於建安八年（二〇三）也。顧頡剛兩漢州制考云：

張津士燮表立爲州，晉書說是建安八年，交廣記說是建安二年，已相衝突。交廣記其表文有：「若普天之下，可爲十二州者，獨不可爲十三州」之語，這尤不合事實，無論司隸校尉亦領一州，東漢時明有十三州。而且獻帝興平元年（前於改元建安二年）分涼州河西四郡（金城、酒泉、敦煌、張掖）爲雍州，見於帝紀，是當時實有十四州，就算把交趾除開，還有十三州，何得云十二？

且九錫之典禮重大，非有王莽曹操之地位與野心者，不能得之，張津之職位不過刺史，又無大功績，朝廷斷無加以九錫彤弓彤矢之理。顧頡剛先生又以爲靈帝中平五年（一八八）劉焉請改置牧伯，選重臣居其任，凡未任重臣之州官當仍稱刺史，而交州是其一。約在建安初年交州刺史張津曾援例請改爲牧，當時朝廷爲羈縻遠方，而答應之，或朝廷雖未允，而彼竊牧號以自娛，因而有張津表立爲州之傳說。

刺史在西漢時本無固定治所，其職權爲監察彈劾，並無州行政權與領兵權。迨後中央政府漸將兵權交與刺史，尤其在邊境諸州及有蠻夷擾亂之處，常有刺史領兵或統諸郡兵征討之事，自是以後，刺史已由監察官而演成行政領兵之官。劉焉之議，不過請求在法律上予以承認而已，交州刺史張津請改州牧亦然，在要求正式畀予行政與掌兵之權，而治所亦確定在蒼梧矣。

建安十八年（二一三）春正月庚寅復禹貢九州（後漢書卷九獻帝紀）章懷太子李賢注引獻帝春秋曰：

時省幽并州，以其郡國并於冀州，省司隸校尉及涼州，以其郡國并爲雍州，省交州并荊州益州，於是有兗豫青徐荊揚冀益雍也。

又續漢書百官志五劉昭注引獻帝起居注云：

省交州以其郡屬荊州，荊州得交州之蒼梧、南海、九眞、交趾、日南，與其舊所部南陽、章陵、南郡、江夏、武陵、長沙、零陵、桂陽凡十三郡。益州本部郡有廣漢、漢中、巴郡、犍爲、蜀郡、牂牁、越嶲、益州、永昌、犍爲屬國、蜀郡屬國、廣漢屬國、今幷得交州之鬱林合浦，凡十四郡。

案曹操於建安九年（二〇四）八月平冀州，自領冀州牧，時或說曹操宜復古置九州，則冀州所制者廣大，天下服矣。曹操將從之，以荀彧諫謂「天下大定，乃議古制。」遂寢九州之議（三國志魏志卷十荀彧傳）。至建安十八年始實行。蓋是時幽幷及關中諸郡皆已削平，操自爲張本，欲盡以爲將來王畿之地故也，復九州正爲禪代地也（趙翼二十二史劄記卷七）。然其實自赤壁之戰以後，三國鼎足之勢形成，大江以南及益州之地皆非曹操之勢力所能及，而交州荊州全歸於吳，何嘗省幷？故曹操復九州之制，徒爲具文而已。

第三章　六朝州境內外大勢

一　三國爭衡

漢末黃巾賊爲亂，中央勢力薄弱，羣雄割據，曹操秉政，陰謀篡立，於建安十三年（二〇八）自稱丞相，及赤壁之戰敗績，孫權穩據江左，劉備則與吳分荊州，進得益州，三國鼎足之勢以成。

公元二二〇年，曹丕篡漢，改元黃初，次年十一月策封孫權爲吳王，以大將軍使持節督交州，領荊州牧事。三國志吳志卷二裴松之注引江表傳曰：

是歲，魏文帝遣使求雀頭、香、大貝、明珠、象牙、犀角，玳瑁、孔雀、翡翠、鬬鴨、長鳴雞，羣臣奏曰：「荊揚二州，貢有常典，魏所求珍玩之物，非禮也，宜勿與。」權曰：「……方有恃於西北，江表元元，恃主爲命，非我愛子邪？彼所求者，於我瓦石耳。孤何惜焉。彼在諒闇之中，而所求若此，寧可與言禮哉？皆具以與之。」

此等珍玩之物皆交州出產，而孫權視同瓦石，可見其領有交州後，所取給於交州者甚豐。是年（二二一）劉備稱帝於蜀，雖其領地遠隔交州，然亦貪慕其地，物產富饒。蜀志卷十三李恢傳章武元年（二二一）庲降都督鄧方卒，……遂以恢爲庲降都督，使持節領交州刺史，住平夷縣。

平夷縣即今雲南省霑益東之平彝縣等地，距交州尙遠，祇能遙領而已。

魏黃初三年（二二二）九月，曹丕遣使至吳，欲孫權令子登入侍，又欲與盟誓，孫權皆辭讓不受，於是魏發五軍征吳。吳志卷二孫權傳云：

時揚越蠻夷多未平集，內難未弭，故權卑辭上書，求自改厲，若罪在難除，必不見置，當奉還土地民人，乞寄命交州，以終餘年。

曹丕復書仍以遣子入質爲要挾，孫權遂改元黃武，臨江拒守，然猶與魏往來，至後年乃絕。

蜀章武三年（二二三）劉先主逝世，後主劉禪嗣位，改元建興，其時南中諸夷叛蜀親吳，蜀志卷十一張裔傳云：

先是益州郡殺太守正昂，耆率雍闓恩信著於南土，使命周旋，遠通孫權，乃以裔爲益州太守，逕往至郡，闓遂趑趄不賓，假鬼教曰：張府君如瓠壺，外雖澤而內實麤，不足殺，令縛與吳，於是遂送裔於權。

雍闓旣歸附吳，吳以闓爲永昌太守，闓又使孟獲扇諸夷叛，牂牁太守朱褒，越巂夷王高定皆叛應之，是當時吳國之勢力已由交州侵入雲南，與蜀在西南發生衝突。

建興三年（二二五）春三月丞相亮（諸葛亮）南征四郡，四郡皆平，改益州郡爲建寧郡，分建寧永昌郡爲雲南郡，又分建寧牂牁爲興古郡（蜀志卷二劉後主傳）。

至是蜀所領地與吳領交州蒼梧鬱林等郡接境。

一一　呂岱平交州

三國志吳志卷十五呂岱傳云：

延康元年（二二〇）代步騭爲交州刺史，到州高涼賊帥錢博乞降，岱因承制，以博爲高涼西部都尉。又鬱林夷賊攻圍郡縣，岱討破之。是時桂陽賊王金合衆於南海界上，首亂爲害，權又詔岱討之，生縛金，傳送詣都斬首，獲生凡萬餘人，遷安南將軍假節封都鄉侯。

交州之鬱林南海等郡既平，呂岱乃注意交趾等郡，會其時交趾太守士燮卒，吳遂乘機剷除「士王」之勢力。吳志卷四士燮傳云：

燮在郡四十餘歲，黃武五年（二二五）年九十卒，權以交趾懸遠，乃分合浦以北爲廣州，呂岱爲刺史，交趾以南爲交州，戴良爲刺史。又遣陳時代燮爲交趾太守，岱留南海，良與時俱前。行到合浦，而燮子徽自署交趾太守，發宗兵拒良，良留合浦。交趾桓鄰，燮舉吏也，叩頭諫徽使迎良，徽怒笞殺鄰，鄰兄治子發，又合宗兵擊徽，徽閉門城守，治等攻之，數月不能下，乃約和親，各罷兵還。而呂岱被詔誅徽，自廣州將兵，晝夜馳入，過合浦與良俱前。壹子中郎將匡與岱有舊，岱署匡，師友從事，先移書交趾，告喩禍福，又遣匡見徽，說令服罪，雖失郡守，保無他憂。岱尋匡後至，徽兄祇弟幹頌等六人肉袒奉迎岱，謝令復服，前至郡下，明旦早施帳幔，請徽兄弟以次入，賓客滿坐，岱起擁節，讀詔書，數徽罪過，左右因反縛以出，卽皆伏誅，傳首詣武昌。壹黈匡後出，權原其罪，及燮質子廞，皆免爲庶人。

三國志注：「孫盛曰：士徽兄弟肉袒推心委命，岱因滅之，以要功利，君子是以知孫權不能遠略，而呂氏之祚不延者也。」案呂岱殺戮降者，未免殘忍，然因士燮在交趾四十餘年，勢力深固，孫權欲一舉而掃滅之，以免後患，則非如此又不能根絕也。吳志卷十五呂岱傳曰：

交趾太守士燮卒，權以燮子徽爲安遠將軍，領九眞太守，以校尉陳時代燮。岱表分海南三郡爲交州，以將軍戴良爲刺史，海東四郡爲廣州，岱自爲刺史，遣良與時南入，而徽不承命，舉兵戍海口，以拒良等，岱於是上書請討徽罪，督兵三千人晨夜浮海往，或謂岱曰：「徽藉累世之恩，爲一州所附，未易輕也。」岱答曰：「今徽雖懷逆計，未虞吾之卒至，若我潛軍輕舉，掩其無備，破之必也。稽留不速，使得生心，嬰城固守，七郡百蠻，雲合響應，雖有智者誰能圖之。」遂行過合浦，與良俱進，徽聞岱至，果大震怖，不知所出，卽率兄弟六人肉袒迎岱，岱皆斬送其首。徽大將甘醴桓治等率吏民攻岱，岱奮擊大破之。進封番禺侯，於是除廣州，復爲交州如故。

觀此孫權原無誅滅士燮一門之意，且以其子士徽爲九眞太守，乃士徽欲效其父所爲，獨霸交趾，拒外力侵入，故呂岱有討徽罪之請，率三千人速進，而剋交趾。士徽兄弟以無備而投降，則其心必不誠，待一七郡百蠻，雲合響應」，難免復叛，則非呂岱少數軍隊所能應變。故呂岱斬之，以防其後來滋蔓難圖，若以盡忠爲國而言，似不能盡責呂岱之殘虐，蓋深入蠻方，勢有所不得已也。

三　遣使南宣國化

孫權時，嘗耀兵海外，遣使南宣國化，呂岱傳曰：

岱既定交州，復進討九眞，斬獲以萬數，又遣從事南宣國化，暨徼外扶南林邑明堂諸王各遣使奉貢，權嘉其功，進拜鎭南將軍。

又遣朱應康泰等，出使海南諸國，亦當在此時，梁書卷五四海南諸國傳總敍云：

海南諸國大抵在交州南及西南大海洲上，相去近者三五千里，遠者二三萬里，其西與西域諸國接，……及吳孫權時，遣宣化從事朱應康泰通焉，其所經及傳聞，則有百數十國，因立記傳。

朱應康泰等使扶南事不載於三國志，其使海南諸國當在呂岱平定交州之後，梁書卷五四中天竺傳云：

吳時扶南王范旃遣親人蘇物使其國，從扶南發投拘利口，循海大灣中，正西北入，歷灣邊數國，可一年餘，到天竺江口，逆水行七千里乃至焉。天竺王驚曰：海濱極遠，猶有此人，卽呼令觀視國內，仍差陳宋等二人，以月支馬四匹報旃，遣物等還，積四年方至，其時吳遣中郎康泰使扶南，及見陳宋等，具問天竺土俗，云佛道所興國也。

因中印使者在扶南會面，互問土俗，得明兩國之情形，遂使中印間之交通，日見頻繁。據近人考證，康泰等當日之行程，曾抵恆河口，及斯調洲（今錫蘭島）。又梁書卷五四扶南國傳云：

吳時遣中郎康泰宣化從事朱應使於尋國，國人猶裸，唯婦人著貫頭。泰應謂曰：「國中實佳，但人褻露可怪耳。」尋始令國內男子著橫幅，橫幅今干縵也，大家乃截錦爲之，貧者乃用布。

據此，則康泰朱應使扶南，當扶南國王范尋之時。惟范尋卽位之時爲吳末晉初，南齊書卷五八蠻傳扶南條：

王槃況死，國人立其大將范師蔓，蔓病，姊子旃慕立，殺蔓子金生，十餘年，蔓少子長，襲殺旃，以刃鑱旃腹曰：「汝昔殺我兄，今爲父兄報汝。」旃大將范尋又殺長，國人立以爲王，是吳晉時也。

案吳最後之帝爲歸命侯孫皓，在位十七年（二六四至二八〇），國勢漸衰，交州曾一度爲晉所奪，後雖經陶璜克復，而其聲威總不及孫權時。且孫皓乃一暴主，祖宗遺業尚不保，安有志向海外發展，故康泰朱應宣化海南諸國，乃孫權所遣，非孫皓時代也。然則其使扶南應在扶南國王范旃之時，梁書謂范尋時，恐有錯誤。赤烏六年（二四三）「十二月扶南王范旃遣使獻樂人及方物，」（吳志卷二）殆即康泰等使扶南後之回報。又前一年「秋七月，遣將軍聶友校尉陸凱，以兵三萬討珠崖儋耳。」（同前）對於扶南或亦有影響。由此可以推知康泰朱應等使扶南國，當在黃武五年呂岱平定交州後，及赤烏六年扶南王遣使貢獻之時期，即公元二二六年至二四三年之間。

朱應康泰等使海南諸國，立有記傳，朱應有「扶南異物志」，康泰有「吳時外國傳」「扶南土俗」「扶南記」等書，惜皆已佚，惟康泰之書散見於「水經注」，「藝文類聚」，「通典」，及「太平御覽」等書中，所記大致相同。「吳時外國傳」記扶南頗夥，而「扶南記」所誌亦不盡爲扶南。故楊守敬以爲「吳時外國傳其總書名，扶南傳又其書之一種。」（水經注疏要刪卷一）而向達則疑爲「不惟所謂扶南傳者爲吳時外國傳中之一部分，即扶南記扶南土俗與外國傳亦實爲一書。」（北平圖書館館刊四卷六號漢唐間及海南諸國古地理書敍錄）

中國正史自晉書以後立有扶南傳，殆皆採自康泰之吳時外國傳或扶南記。晉書卷九七扶南傳云：

扶南西去林邑三千餘里，在海大灣中，其境廣袤三千里，有城邑宮室，人皆醜黑拳髮，倮身徒行，性質直，不爲寇盜，以耕種爲務，一歲種，三歲穫，喪葬婚姻略同林邑。

又梁書卷五四扶南傳云：

扶南國在日南郡之南，海西大灣中，去日南可七千里，在林邑西南三千餘里，城去海五百里，有大江廣十里，西北流，東入海，其國輪廣三千餘里，土地洿下而平博，氣候風俗大較與林邑同。

所謂「海西大灣」者，即暹羅灣，「大江」即湄公河下流，今越南東埔寨適處於此，故伯希和曰：「就地理及人種方面言，扶南應即今之東埔寨。」（費瑯著崑崙及南海古代航行考四十頁）又曰：「扶南大致可當今日之南圻東埔寨。」（伯希和關於越南半島的幾條中國史文）晉書卷五七陶璜傳云：「外距林邑纔七百里，夷帥范熊世爲逋寇，自稱爲王，數攻百姓，且連接扶南，種類猥多，朋黨相倚，負險不賓。」此言林邑與扶南國界相連，而其種人朋黨相依，可證扶南在今越南南圻及東埔寨無疑。

當孫權時，又有大秦人來中國經商，梁書卷五四中天竺傳云：

黃武五年（二二六）有大秦賈人字秦論，來到交趾，交趾太守吳邈遣使詣權，權問方土謠俗，論具以事對。時諸葛恪討丹陽，獲黝歙短人，論見之曰：大秦希見此人，權以男女各十人，差吏會稽劉咸送論，咸於道物故，論乃逕還本國。

大秦國人從海道來交趾通商，不始於此時，後漢桓帝延熹九年（一六六）已有大秦王安敦所遣

使者由交州登陸，而秦論至中國則爲第二次見於史載者也。此事當與康泰等之奉使南海有關

伯希和曰：

二世紀時，交州南海之通道，亦得爲佛法輸入之所經，……三世紀初年譯經建業之康僧會，其先康居人，其父因商賈移於交趾。二二六年大秦人秦論所抵之地亦爲交趾。二五五或二五六年所出法華三昧經亦在交趾繙譯。二世紀末年，黃巾之亂，獨交州差安，中國學者避難於其地者爲數不少。觀其種族信仰之雜，與夫商業之盛有所紀錄，自亦爲意中必有之事（北平圖書館館刊六卷三號二九至三十頁）。

可見吳時交州與海外諸國之交通，與佛法傳入中國頗有關係，蓋林邑扶南及馬來半島上諸國多已印度化，而南海之交趾，猶之西域之于闐也。

四　吳時州政

吳黃龍元年（二二九）孫權稱帝，與蜀盟約，共分天下，時爲蜀後主建興七年，乃以交州歸屬吳，罷李恢交州刺史，改領建寧太守，還居本郡（蜀志十四李恢傳）。黃龍三年（二三一）以南土清定，召呂岱還屯長沙漚口，吳志卷十五呂岱傳云：

呂岱清身奉公，所在可述，初在交州，歷年不餉家，妻子飢乏，權聞之嘆息，以讓羣臣曰：「呂岱出身萬里，爲國勤事，家門內困，而孤不早知，股肱耳目，其責安在。」

於是加錫錢米布帛，歲有常限。

呂岱爲國如此勤勞，如此廉潔，則其在交州之治績必甚佳，必鎮撫得宜矣。初呂岱討伐交趾，薛綜與俱行，並到九眞，事畢，還吳都，守謁者僕射。及呂岱從交州召出，綜懼繼岱者非其人，上疏敍秦漢以來四百餘年經營交趾，開化蠻夷之歷史，及其所目覩夷民叛亂之原因，其言曰：

牧伯之任，旣宜清能，荒流之表，禍福尤甚，今日交州雖名粗定，尙有高涼宿賊，其南海蒼梧鬱林珠官四郡界未綏，依作寇盜，專爲亡叛逋逃之藪。若岱不復南，新刺史宜得精密檢攝八郡，方略智計，……能治高涼者假其威寵，借之形勢，責其成效，庶幾可補復。如但中人近守常法，無奇數異術者，則群惡日滋，久遠成害，故國之安危，在於所任，不可不察也。竊懼朝廷，忽輕其選，故敢竭愚情，以廣聖恩（吳志卷八薛綜傳）。

覩薛綜之言，可知呂岱爲優良刺史，然自呂岱召出後，交州似未得到如薛綜所言之理想刺史。嘉禾四年（二三五）零陵蒼梧鬱林諸郡騷擾，呂岱又自武昌上表，即率師往討，孫權追拜呂岱交州牧，事平復還武昌。

赤烏十一年（二四八）交趾九眞夷賊叛，攻沒城邑，境內騷動，以陸胤爲交州刺史安南校尉，胤陸凱之弟，陸遜之族子，初入交州界即諭以恩信，招降高涼渠帥黃吳等支黨三千餘家，引軍而南，重宣至誠，賊黨皆歸化，於是州境清泰，復討平蒼梧建陵賊。永安元年（二五八）徵還，在交州十一年，政績甚佳。華覈表薦之曰：

胤天姿聰朗，才通行潔，昔歷選曹 遺跡可紀，還在交州，奉宣朝恩，流民歸附，海隅肅清。蒼梧南海歲有舊風，瘴氣之害，風則折木，飛砂轉石，氣則霧鬱，飛鳥不經。自胤至州，風氣絕息，商旅平行，民無疾疫，田稼豐稔，州治臨海，海流秋鹹，胤又蓄水，民得甘食，惠風橫被，化感人神，遂憑天威，招合遺散。至被詔書當出，民感其恩，以忘戀土，負老攜幼，甘心景從，衆無攜貳，不煩兵衞。自諸將合衆，皆脅之以威，未有如胤結以恩信者也。銜命在州十有餘年，賓帶殊俗，寶玩所生，而內無粉黛附珠之妾，家無文甲犀象之珍。方今之臣，實難多得，宜在輦轂，股肱王室，以贊唐虞康哉之頌（吳志卷十六陸胤傳）。

此表文所敍，難免有過譽之詞，然陸胤能使人民感戴景從，不煩兵衞，交州多珍玩，而不貪取，有此恩信之治，廉潔之行，堪稱良吏，與呂岱之清身奉公，可以媲美焉。

至吳景帝時，孫諝爲交趾太守，貪墨爲百姓所患，吳志卷三孫休傳云：

永安六年五月，交趾郡吏呂興等反，殺太守孫諝。諝先是科郡上手工千餘人，送建業，而察戰至，恐復見取，故興等因此扇動兵民，招誘諸夷也。

呂興等既殺孫諝，遣使赴魏，請派太守及軍隊至交州，魏陳留王咸熙元年（二六四）九月辛未詔曰：

吳賊政刑暴虐，賦斂無極，孫休遣使鄧荀，勑交趾太守鎖送其民，發以爲兵。吳將呂興因民心憤怒，又承王師平定巴蜀（案後主劉禪於前一年十一月降魏），卽糾合豪傑，誅除荀等，驅逐太守長吏，撫和吏民，以待國命。九眞日南聞興去逆卽順，亦齊心響應，與興協同。興移書日南州郡，開示大計，兵臨合浦，告以禍福，遣都尉唐譜等詣進乘縣，因南中都督護軍霍弋，上表自陳，……其以興爲使持節都督交州軍事，南中大將軍，封定安縣侯（魏志卷四陳留王傳）。

但魏之策命未至，呂興卽爲其部下所殺，此吳末交州之混亂情形也。

五　晉得交州

晉武帝於公元二六五年篡魏，前二年平蜀，時交州尙未歸附，乃以南中都督霍弋遙領交州刺史，得以便宜選用長吏。交趾郡吏呂興叛吳，遣使至南中求內附，於是霍弋表遣建寧爨谷爲交趾太守㊀。率牙門將軍董元毛炅孟幹孟通爨熊李松王素等領部曲前往交州。泰始元年（二六五）谷等至交趾，撫和初附，未幾谷卒，晉以馬融代谷，融卒又遣楊稷代之，三年（二六七）擊破吳軍，殺吳交州刺史劉峻及大都督修則，鬱林九眞皆歸附。楊稷因表毛炅爲鬱林太守，董元爲九眞太守，未幾董元病歿，更以王素代之，此晉初得交州也。惟日南郡最後降，吳志卷二十華覈傳敍寶鼎二年（二六七）皓更營新宮，制度弘廣，華覈上疏諫有曰：

交州諸郡，國之南土，交趾九眞二郡已沒，日南孤危，存亡難保，合浦以北，民皆動搖。

可證日南郡此時尙未下也。晉雖得交州，旣而復失。蓋當泰始七年（二七一）吳遣薛珝陶璜率二十萬軍伐交趾，楊稷遣毛炅及孟岳禦之，戰于封谿，衆寡不敵。華陽國志卷四南中志載：

炅等敗績，僅以身免，還交趾固城自守，破敗之後，衆裁千人，幷新附可有四千，男女萬餘口。陶璜圍之，杜塞蹊徑，救援不至，雖班糧約食，猶不供繼，至秋七月，城中食盡，病餓死者大半。交趾人廣野將軍王約反應陶璜，以梯援外。吳人遂得入城，得稷等皆囚之，即斬稷長史張登，將軍孟通及炅幷交趾人邵暉等二千餘人，受皓詔，傳稷秣稜。

吳旣奪還交州，乃以陶璜爲交州刺史。陶璜字世英，丹陽秣陵人，父基，昔曾任交州刺史。晉書卷五七陶璜傳云：

武平九德新昌土地阻險，夷獠勁悍，歷世不賓，璜征討開置三郡，及九眞屬國三十餘縣，徵璜爲武昌都督，以合浦太守脩允代之，交土人請留璜以千數，於是遣還。

陶璜所開置三郡，即新興武平九德，故歸命侯時，交州所屬有合浦珠厓交趾九眞日南及新增立之武平九德新興，共八郡，廣州所屬除南海蒼梧鬱林高涼四郡外，亦增立桂林高興二郡。

晉咸寧五年（二七九）遣王濬伐吳，浮江東下，所向皆克，太康元年（二八〇）三月吳主孫皓降晉，舉家西遷，四月詔賜號爲歸命侯。時陶璜尙保有交州，不肯投降，後孫皓手書敕璜歸順，璜流涕數日，遣使送印綬詣洛陽，以交州歸晉。詔復其本職，封宛陵侯，改爲冠軍將軍。晉以吳平，減州郡兵，陶璜上言：

交土荒裔，斗絕一方，或重譯而言，連帶山海，又南郡去州，海行千有餘里，外距林邑纔七百里。夷帥范熊，世爲逋寇，自稱爲王，數攻百姓，且連接扶南，種類猥多，朋黨相倚，負險不賓，往隸吳時，數作寇逆，攻破郡縣，殺害官吏。臣以尫駑，昔爲故國所採，偏戍在南，十有餘年，雖前後征討，翦其魁桀，深山僻穴，尙有逋竄。又臣所統之卒，本七千餘人，南土溫溼，多有氣毒，加累年征討，死亡減耗，其見在者二千四百二十八。今四海混同，無思不服，當卷甲消刃，禮樂是務，而此州之人，識義者寡，厭其安樂，好爲禍亂（晉書卷五七陶璜傳）。

此言當時交州之情形，荒僻野蠻，不易治理，其南林邑國屢爲寇害，爲交州大患。陶璜在交州三十年，鎭撫有方，威恩並著。蓋「璜有謀策，周窮好施，能得人心」。（陶璜傳）及卒，舉州痛悼。

繼陶璜之後爲交州刺史者乃吳彥，亦有善政，晉書卷五七吳彥傳云：

初，陶璜之死也，九眞戍兵作亂，逐其太守，九眞賊帥趙祉，攻圍郡城，彥悉討平之。在鎭二十餘年，威恩宣著，南州寧靜，自表求代，徵爲大長，秋卒於官。

交州刺史在任最長久者，除漢末士燮外，常推陶璜及吳彥二人，在此三人任內時期亦比較安靖。自吳彥卒後，晉以顧祕代彥，顧秘卒，州人逼其子顧參領州事，惟顧參以後，交州遂多變故，陶璜傳云：

參尋卒，參弟壽求領州，州人不聽，固求之，遂領州。壽乃殺長史胡肇等，又將殺帳下督梁碩，碩走得免，起兵討壽，禽之，付壽母，令鴆殺之。碩乃迎璜子蒼梧太守威領刺史，在職甚得百姓心，三年卒。威弟淑子綏，後並爲交州，自基至綏四世，爲交州者五人。

陶璜一族四代爲交州刺史者五人，門庭榮顯，可謂盛矣。然陶璜子威淑及孫綏皆梁碩所迎立，名爲刺史，威權下移，在任亦不長久。

六　梁碩專威

晉自永嘉（三〇七至三一三）以後，王室多故，胡夷亂華，懷帝愍帝相繼被弑，內難未平，無暇顧及邊政。故新昌太守梁碩得以專威交土，刺史陶綏卒後，迎立陶咸爲刺史，實則政由己出，任意派遣，未奉朝旨。梁碩位居太守，而權超乎刺史之上，晉廷鞭長莫及，無如之何。

當元帝退保江東，史稱東晉，以王敦總征討，王導專機政，羣從子弟布列顯要，王氏權勢日盛。及陶侃滅杜弢，王敦以元帥進鎮東大將軍，開府儀同三司加都督江揚荆湘交廣六州諸軍事（晉書卷九八王敦傳），遂伸其權力於交州。晉書卷一百王機傳云：

機自以篡州（廣州），懼爲王敦所討，乃更求交州。時杜弢餘黨杜弘奔臨賀，送金數千兩與機，求討桂林賊以自效。機爲列上，朝廷許之。王敦以機難制，又欲因機討梁碩，故以降杜弘之勳轉爲交州刺史。碩聞而遣子侯候機於鬱林。機怒其迎遲，責云：須至州當相收拷。碩子馳使報碩，碩曰：「王郎巳壞廣州，何可復來破交州也？」乃禁州人不許迎之。府司馬杜讚以碩不迎機，率兵討碩，爲碩所敗。碩恐諸僑人爲機，於是悉殺其良者，乃自領交趾太守。機旣爲碩所拒，遂住鬱林。時杜弘大破桂林賊還，遇機於道，勸弘取交州，弘素有意。……於是機與弘及温邵劉沉等並反。

又卷六六陶侃傳云：

先是廣州人背刺史郭訥，迎長沙人王機爲刺史，機復遣使詣王敦，乞爲交州，敦從之。而機未發。會杜弘據臨賀，因機乞降，勸弘取交州，弘遂與温邵及交州秀才劉沉俱謀反。……侃追擊破之，執劉沉於小桂，又遣部將許高討機斬之，……以功封柴桑侯。太興初（三一八）進號南平將軍，尋加都督交州軍事。

王機旣破廣州，復謀交州，蓋欲據地自立，獨霸一方，故晉書列入叛逆列傳中。王機之叛亂未成，而梁碩之專威交土則如故，旣而自領交趾太守，復迎前刺史脩則子脩湛行州事。太興三年（三二〇）晉以王諒爲刺史。

王諒字幼成，丹陽人，少有幹略，爲王敦所拔擢。晉書卷八九王諒傳云：

諒將之任，敦謂曰：「脩湛梁碩皆國賊也，卿至便收斬之。」諒旣到境，湛退還九眞，廣州刺史陶侃，遣人誘湛來詣諒所。諒敕從人不得入閤，旣前執之，碩時在坐，曰：「湛故州將之子，有罪可遣，不足殺也。」諒曰：「是君義故，無豫我事。」即斬之。碩怒而出。諒陰謀誅碩，使客刺之，弗尅。碩遂率衆圍龍編，陶侃遣軍救之，未至而諒敗，碩逼諒奪其節，諒固執不與，遂斷諒右臂。諒正色曰：「死且不畏，臂斷何有？」十餘日，憤恚而卒。

王諒之死，可謂志烈秋霜，故唐修晉書，特入忠義烈傳，而褒揚之。梁碩於永昌元年（三二二）起兵反，是年元帝崩，太子紹卽位，是爲明帝。太寧元年（三二三）梁碩攻陷交州，兇暴酷虐爲一境之患。平南將軍陶侃遣參軍高寶攻梁碩斬之（晉書卷六明帝紀），以侃領交州刺史。大寧三年（三二五）明帝崩，成帝幼冲嗣位，庾亮輔政，時有阮放者，阮籍族弟也，明帝甚友愛之，頗寵任，至是求爲交州。「乃除監交州軍事揚威將軍交州刺史。行達寧浦，逢陶侃將高寶平梁碩，自交州還，放設饌請寶，伏兵殺之，寶衆擊放，敗走，保簡陽城得免，到州少時，暴發渴，見寶爲祟，遂卒。」（晉書卷四九阮籍傳附）同爲晉之將吏，因猜忌爭權，致互相殘殺。咸和三年（三二八）前交州刺史張璉據始興反，進攻廣州，鎮南司馬曾勰等擊破之（晉書卷七成帝紀）。五年以傅暢之子傅詠爲交州刺史（卷四七傅玄傳附）。然州政泯亂，迄

七　林邑北侵

晉自偏安江左以來，國勢不振，交州多故。林邑於漢末獨立後，勢漸強大，遂常乘隙北侵。水經注卷三六引林邑記曰：

吳赤烏十一年（二四八）交州與林邑於（古戰）灣大戰，初失區粟。

又同卷引江東舊事云：

建元二年（三四四）攻日南九德九眞，百姓奔迸，千里無煙。

可見林邑爲交州之大患，然外患之召，每由內亂，若交州將吏賢明，誠能保境安民，林邑小國何能爲害？乃其不然，政亂民怨，遂使鄰邦有可乘之機。晉書卷九七林邑傳云：

永和三年（三四七）文（范文）率其衆攻陷日南，害太守夏侯覽，殺五六千人，餘奔九眞，以覽尸祭天，鏟平西捲縣城，遂據日南，告交州刺史朱蕃，求以日南北鄙橫山爲界。初徼外諸國嘗齎寶物自海路來貿貨賄，而交州刺史日南太守多貪利侵侮，十折二三，至刺史姜壯時，使韓戢領日南太守。戢估較太半，又伐船調枹，聲云征伐，由是諸國恚憤。且林邑少田，貪日南之地。戢死，繼以謝擢，侵刻如初。及覽至郡，又耽荒於酒，政教愈亂，故被破滅。既而文還林邑。是歲朱蕃使督護劉雄戍于日南，文復攻陷之，四年文又襲九眞，害士庶十八九，明年征西督護滕畯率交廣之兵伐文於盧容，爲文所敗，退次九眞。其年文死，子佛嗣。

案橫山之名至今仍未改，在越南之河靜與廣平兩省之間，爲東京與安南之天然疆界，是林邑之野心欲與晉分領交州也。關於滕畯征林邑事，水經注卷三六亦有載：

永和五年（三四九）征西桓溫遣督護滕畯率交廣兵伐范文於舊日南之盧容縣，爲文所敗，……退次九眞，更治兵，文被創死，子佛代立。七年（三五一）畯與交州刺史楊平復進軍壽冷浦，入頓郎湖，討佛于日南故治，佛蟻聚連壘五十餘里。畯平破之，佛逃竄川藪，遣大帥面縛，請罪軍門，畯遣武士陳延勞佛，與盟而還。

據水經注，則知滕畯曾兩次伐林邑，第一次在永平五年（三四九）爲范文所敗，第二次在永和七年（三五一）與楊平合力破林邑，范佛降，但未幾又叛。

永和九年（三五三）交州刺史阮敷討林邑范佛於日南，破其五十餘壘（晉書卷八穆帝紀）。

阮敷雖破其五十餘壘，似未能使其降服，故升平三年（三五九）溫放之復征之。晉書卷六七溫嶠傳云：

（始安公溫嶠卒）子放之嗣爵，少歷清官，累至給事黃門侍郎，以貧求爲交州，朝廷許之。……放之既至南海，甚有威惠，將征林邑，交阯太守杜寶，別駕阮朗，並不從，放之以其阻衆，誅之，勒兵而進，參黎耽潦並降，遂破林邑而還，卒於官。

温放之以貧求出爲交州刺史，可見交州富饒，爲貪吏所羨，自願赴此瘴癘之鄉。温放之在南海，雖有威惠，且破林邑，降諸夷僚，然師還，其地又叛，卒未能服之。晉書卷九七林邑傳云：

升平末（三六一），廣州刺史滕含率衆伐之，佛懼請降，含與盟而還。

案滕含於升平五年二月卒（晉書卷八穆帝紀），則其伐林邑當在升平五年二月以前。含爲前廣州刺史滕脩之子，晉書卷五七滕脩傳謂其父子在廣州刺史任內，甚有威惠。

孝武帝寧康中（三七三至三七五）林邑遣使貢獻，暫時相安，然交州内亂復作，林邑又乘機北侵。

初九眞太守李遜父子，勇壯有權力，威制交土，聞刺史滕遯之當至，分遣二子斷遏水陸津要。瑗（杜瑗）收衆斬遜，州境獲寧，除龍驤將軍。遯之在州十餘年，與林邑累相攻伐。遯之將北還，林邑王范胡達攻破日南九德九眞三郡，遂圍州城。時遯之去已遠，瑗與第三子玄之悉力固守，多設權策，累戰大破之，追討於九眞日南連捷，故胡達走還林邑乃以瑗爲龍驤將軍交州刺史（宋書卷九二杜慧度傳）。

案杜瑗討林邑王范胡達在安帝隆安三年，晉書卷十安帝紀作范達，至義熙中（四〇五至四一八）每歲又來寇，日南九眞九德等諸郡，殺傷甚衆，交州遂至虛弱，而林邑亦用疲弊（林邑傳）。

宋書卷九二杜慧度傳云：

杜瑗字道言，交趾朱鳶人，於義熙六年（四一〇）卒，以其第五子九眞太守慧度爲刺史，瑗卒，府州綱佐以交土接寇，不宜曠職，共推慧度行州府事，辭不就，七年除使持節督交州諸軍事，廣武將軍交州刺史，詔書未至。其年春，盧循襲破合浦，徑向交州，慧度乃率文武六千人，拒循於石碕，交戰，禽循長史孫建之。循雖敗，餘黨猶有三千人，皆習練兵事，李遜子李弈李脫等奔竄石碕，盤結俚獠，各有部曲。循知弈等與杜氏有怨，遣使招之。弈等引諸俚帥衆五六千人受循節度，六月庚子循晨造南津，命三軍入城乃食。慧度悉出宗族私財以充勸賞，弟交趾太守慧期，九眞太守章民並督率水步軍。慧度自登高艦合戰，放火箭雉尾炬，步軍夾兩岸射之。循衆艦俱然，一時散潰，循中箭赴水死，……封慧度龍編縣侯。

案盧循於晉安帝元興三年（四〇四）十月入據廣州，逐刺史吳隱之，義熙六年（四一〇）盧循又寇江州及荊州，七年（四一一）爲劉裕所擊敗（晉書卷十安帝紀），盧循南遁，收散卒，襲破合浦，進攻交州，又爲杜慧度所敗，遂先鴆其妻子十餘人，自投於水（晉書卷一百盧循傳）。但盧循敗死後不久，林邑王又來寇。

義熙九年（四一三）三月，林邑范胡達寇九眞，交州刺史杜慧度斬之（晉書卷十安帝紀）。

案水經注亦載此事，惟杜慧度所斬者爲胡達二子，非胡達自己。水經注卷三六引林邑記曰：

義熙九年交趾太守杜慧度造九眞水口，與林邑王范胡達戰，擒斬胡達二子，虜獲百餘人，胡達遁，五月慧度自九眞水口，歷都粟浦，復襲九眞，長圍跨山，重柵斷浦，驅象前鋒，接刃城下，連日交戰，殺傷乃退。

林邑王范胡達未死，旋又入寇，宋永初元年（四二〇）六月劉裕簒晉，杜慧度進號輔國將軍。「其年，率文武萬人南討林邑，所殺過半，前後被抄掠，悉得還本，林邑乞降，輸生口大象金銀古貝等，乃釋之。」（宋書卷九二杜慧度傳）

林邑既降，交州南疆得保安靖，慧度乃致力於州政之整飭，於是境內大治。杜慧度傳云：「慧度布衣蔬食，儉約質素，……，歲荒民饑，則以私祿賑給。爲政纖密，有如治家，由是威惠沾洽，姦盜不起，乃至城門不夜閉，道不拾遺。」足見其政績之佳。

少帝景平元年（四二三）杜慧度卒，乃以其子九眞太守杜弘文爲刺史，亦以寬和得衆，襲爵爲龍編侯。文帝元嘉初（四二四）楊邁侵略日南九德諸郡，交州刺史杜弘文建牙聚衆欲討之，聞有代乃止（宋書卷九七林邑傳）。元嘉四年（四二七）弘文被徵召，行至廣州卒。宋以王徽爲交州刺史。林邑頻年遣使貢獻，而寇盜不已，宋書卷九七林邑傳云：

元嘉七年（四三〇）陽邁遣使自陳，與交州不睦，求蒙恕宥，八年又遣樓船百餘寇九德，入四會浦口，交州刺史阮彌之遣主相道生三千人赴討，攻區粟城，不克引還。

水經注卷三六引林邑記曰：

元嘉元年交州刺史阮彌之征林邑，陽邁出（都）婚不在，奮威將軍阮謙之，領七千人先襲區粟，已過四會，未入壽冷，三日三夜無頓止處，凝海直岸，遇風大敗，楊邁攜婚都部伍三百許船來相救援，謙之遭風，餘數船艦，夜於壽冷浦裏相遇，闇中大戰。謙之手射陽邁舵工，船敗縱橫崑崙，單舸接得陽邁。謙之以風溺之餘，制勝理難，自此還渡壽冷。

案水經注：元嘉元年當作九年。蓋元嘉元年之交州刺史爲杜弘文，非阮彌之也。「陽邁攜婚都部伍」，「婚都」殆爲「都婚」之倒寫，陽邁「出婚不在」應爲「出都婚不在」。據日人藤田豐八考證，謂「都婚」即晉書「屈都昆」之省稱，屈都昆即屈都乾，爲蘇門答臘北岸之一國。（何健民譯中國南海古代交通叢考九六至九八頁）晉書地道記曰：「朱吾縣屬日南郡，去郡二百里，此縣民漢時不堪二千石長吏調求，引屈都乾爲國。」是屈都乾爲朱吾縣人所建，其人與林邑國人當同屬占種，林邑王范文時（三三六）曾攻併其國（晉書卷九七林邑傳），故陽邁攜都婚部伍三百許船，與阮謙之戰者，即屈都乾人也。據水經注之文，可知阮彌之此次出兵不能取勝，乃扼於風波，非敗於林邑也。

林邑貪交州富饒，思欲侵奪之，嘗借兵於扶南，扶南王不從，陽邁遣使上表獻方物，求領交州，詔答以道遠不許。元嘉十一年（四三四）交趾太守李耽之升授刺史，十二年（四三五）十一月以苟履道代之，十四年（四三七）八月又以徐行之代苟履道，皆與林邑不睦。二十年（四四三）十二月以始興內史檀和之爲刺史（宋書卷五文帝紀）。時林邑王范陽邁，雖遣使貢獻，猶寇盜不已，貢獻亦薄陋，文帝忿其違傲，遂伐之。宋書卷九七林邑傳云：

（元嘉）二十三年（四四六）使龍驤將軍交州刺史檀和之伐之，遣太尉府振武將軍宗慤受和之節度，和之遣戶司馬蕭景憲爲前鋒，慤仍領景憲軍副，楊邁聞將見討，遣使上表求還所略日南民戶，奉獻國珍。太祖詔和之，陽邁果有款誠，許其歸順，其年二月軍至朱吾戍，遣戶曹參軍日南太守姜仲基，前部賊曹參軍蟜弘民，隨傳詔畢願高精奴等宣揚恩旨。楊邁執仲基精奴等二十八人，遣弘民反命，外言歸順，猜防愈嚴。景憲等乃進軍向區粟城，楊邁遣大帥范扶龍大戍區粟，又遣水步軍逕至，景憲破其外救，盡銳攻城，五月剋之，斬范扶龍大首。

又宋書卷七六宗慤傳云：

元嘉二十二年，伐林邑，慤自奮請行，……隨交州刺史檀和之圍區粟城，林邑遣將范毗沙達來救區粟，和之遣偏軍拒之，爲賊所敗，又遣慤，慤乃分軍爲數道，偃旗潛進討破之。拔區粟，入象浦，林邑王范陽邁傾國來拒，以具裝被象，前後無際，士卒不能當。慤曰：「吾聞師子威服百獸，乃製其形，與象相遇，象果驚奔，衆因潰散，遂剋林邑，收其異寶雜物，不可勝計，慜一無所取，衣幬蕭然。」

水經注卷三六溫水條曾記此次在區粟大戰之處云：

其崖小水羃羅，常吐飛溜，或雪飛沙漲，清寒無底，分溪別壑，津濟相通，其水自城東北角流，水上懸起高橋，渡淮北岸，即彭龍區粟之通逵也。檀和之東橋大戰，陽邁被創落象，即是處也。

水經注同卷又引江東舊事云：

元嘉中檀和之征林邑，其王陽邁舉國夜奔，竄山藪，據其城邑，收寶巨億。軍還之後，楊邁歸國，家國荒殄，時人靡存，躊躕崩擗，憤絕復蘇，即以元嘉二十三年死。

可見此次征林邑大勝，陽邁既身受重傷，復見國家慘敗後之荒涼，安得不憤絕而死。其年十二月檀和之北還，乃以龍驤司馬蕭景憲爲交州刺史。此次攻入林邑國，擄獲珍寶甚多，梁書卷五四林邑傳云：「獲其珍異，皆是未名之寶，又銷其金人，得黃金數十萬斤。」元嘉二十四年（四四七）七月以所獲金銀寶物班賚各有差（宋書卷六文帝紀）。初，文帝欲伐林邑，贊之者寡，茲獲勝利，異常歡喜。宋書卷六三沈演之傳云：

上欲伐林邑，朝臣不同，廣州刺史陸徽與演之贊成上意，及平，賜羣臣黃金生口銅器等物，演之所得偏多。上謂之曰：「廟堂之謀，卿參其力，平此遠夷未足，多建茅土，廓清京都，鳴鸞東岱，不憂河山不開也。」

是役鬪威遠播，後來齊永明二年（四八四）扶南王闍耶跋摩上表猶追述其事曰：「林邑昔爲檀和之所破，久已歸化，天威所被，四海彌伏。」（南齊書卷五八）自此林邑衰弱，終南北朝之世，未嘗北犯。

八　李氏叛命

宋孝武帝大明元年（四五七）八月以交州刺史費淹爲廣州刺史，南海太守垣閎爲交州刺史。大明六年（四六三）七月以檀翼之爲刺史。明帝泰始四年（四六八）孫奉伯爲刺史，交州人李長仁據州反，自稱刺史，殺北來部曲，蓋宋末苛政有以激成之也。八月以南康相劉勃爲刺史，十一月遣使請降，自貶行州事，許之（通鑑卷一三二宋紀十四）。自泰始四年至昇明三年（四六八至四七九）不過十二年間，交州刺史凡七易人，——孫奉伯，劉勃，陳紹伯（二任），沈景德，趙超民，——有在任僅六七月者（宋書卷八明帝紀又卷九廢帝紀），不能久於其任，故多貪墨營私，鮮有政績可言，及李長仁卒，從弟叔獻代領州事。南齊書卷五八扶南傳云：

交州斗絕海島，控帶外國，故恃險數不賓，宋泰始初，刺史張牧卒，交趾人李長仁殺牧北來部曲，據交州叛，數年病死，從弟叔獻嗣事，號令未行，遣使求刺史。宋朝以南海太守沈煥爲交州刺史，以叔獻爲煥寧遠司馬，武平新昌二郡太守。叔獻得朝命，人情服從，遂發兵守險，不納煥，煥停鬱林病卒。

交州土豪之抗命，實爲後來交趾謀獨立之先聲。建元二年（四七九）齊高帝受禪，四月命羣臣各言其得失，淮南宣城二郡太守劉善明陳事凡十二條，其末一條以爲：

交州險夐，要荒之表，宋末政苛，遂致怨叛，今大化創始，宜懷以恩德，未應遠勞將士，搖動邊氓。且彼土所出，唯有珠寶，實非聖朝所須之急，討伐之事，謂宜且停（南齊書卷二八劉善明傳）。

齊高帝用其言，對交州取寬大政策，秋七月丁未詔曰：

交趾比景獨隔書朔，斯乃前運方季，負海不朝，因迷遂往，歸款莫由，曲赦交州內部，李叔獻一八即撫南土（南齊書卷二高帝紀）。

此所謂「交趾比景獨隔書朔」者，言其拒命不受正朔也。自晉室偏安以來，百餘年，國勢不振，邊夷坐大，無如之何。至永明二年（四八四）交州刺史李叔獻竟敢斷割外國，貢獻寡少，三年（扶南傳作元年誤）正月，齊武帝乃以大司農劉楷爲交州刺史，發南康廬陵始興郡兵征交州。叔獻聞之，遣使願更申數年，獻十二隊純銀兜鍪及孔雀毦，世祖不許，叔獻懼爲劉楷所襲，間道自湘州還朝。永明六年（四八八）以始興太守房法乘代劉楷爲交州刺史。法乘至鎮，常屬疾不視事，專嗜讀書，長史伏登之擅權，改易將吏，並啓法乘心疾，動不任事，乃以登之爲交州刺史（南齊書卷五八扶南傳）。海陵王延興元年（四九四）罷伏登之，而以前九眞太守宋慈明爲交州刺史。

九　林邑與扶南交惡

交州境外之林邑與扶南二國，在齊時亦屢遣使獻方物。永明二年（四八四）扶南國遣使來貢獻，上表請征討林邑，南齊書卷五八扶南傳云：

宋末扶南王陳憍如名闍邪跋摩，遣商貨至廣州，天竺道人那伽仙附載欲歸國，遭風至林邑，掠其財物皆盡。那伽仙間道得達扶南，具說中國有聖主受命，永明二年闍邪跋摩遣天竺道人釋那伽仙上表，曰：「臣前遣使齎雜物行廣州貨易，天竺道人釋那伽仙於廣州因附臣舶，欲來扶南，海中風飄到林邑。國王奪臣貨易，并那伽仙私財，具陳其從中國來此，仰序陛下聖德仁治，詳議風化，佛法興顯，衆僧殷集，法事日盛，…臣聞之，下情踊悅，…是以臣今遣此道人釋那伽仙爲使，上表問訊，奉貢微獻，呈臣等赤心，并別陳下情。…」又曰：「臣有奴名鳩酬羅，委臣逸走，別在餘處，構結凶逆，遂破林邑，仍自立爲王，永不恭從，違恩負義，叛主之愆，天不容載。伏尋林邑，昔爲檀和之所破，久已歸化，天威所被，四海彌伏。而今鳩酬羅守執奴凶，自專狠彊，且林邑扶南鄰界相接，親人是臣奴，猶尚逆去，朝廷遙遠，豈復遵舉，此國屬陛下，故謹具上啓。伏聞林邑頃年表獻簡絕，便欲永隔朝廷，豈有師子坐而安大鼠，伏願遣軍將伐凶逆，臣亦自效微誠，助朝廷剪撲，使邊海諸國一時歸伏陛下。若欲別立餘人，爲彼王者，伏聽敕旨。脫未欲灼然與兵伐林邑者，伏願特賜敕，在所隨宜，以少軍助臣，乘天之威，殄滅小賊，伐惡從善。平蕩之日，上表獻金五婆羅（每婆羅合五百六十斤）……并獻金鏤龍王坐像一軀，牙塔二軀，古貝二雙，琉球蘇鉝二口，瑇瑁檳榔柈一枚。」那伽仙詣京師，言其國俗，事摩醯首羅天神，神常降於摩耽山，土氣恆暖，草木不落其上。

據此，可知當時扶南與林邑不睦，林邑王名鳩酬羅，非范陽邁之子孫，乃扶南王之臣屬背叛而去，侵佔林邑，自立爲王。蓋宋元嘉二十年，檀和之將兵討林邑，破其國，擄掠一空，范陽邁因此憤絕而死。林邑經此慘敗之後，元氣大喪，陷於貧弱，故鳩酬羅得乘隙侵據林邑。案鳩酬羅卽南齊書卷五八林邑傳所述之夷人當根純也。

孝建二年（四五五）始以林邑長史范龍跋爲揚武將軍，揚邁子孫相傳爲王，未有位號，夷人范當根純攻奪其國，篡位爲王。

案范龍跋爲林邑王范神成所遣，大明二年（四五八）又遣使范流奉獻金銀香布諸物，泰豫元年（四七二），復來貢獻（宋書卷九七林邑傳）。是當根純之篡位應在范神成之後，換言之，當在公元四七二年以後也。當根純以扶南人而王林邑，故曰：「夷人」。

宋末扶南商舶自廣州歸國，遭風至林邑，財物盡被擄掠，因此扶南林邑兩國成爲深仇。扶南王表請中國討伐，以報私仇，詞諸巧矣。然觀其表文云：「此國屬陛下」，則扶南王明認林邑爲中國之屬土，欲討伐之，必須先請得中國之同意，此亦禮所宜也，齊武帝詔報曰：

知鳩酬羅於彼背叛，竊據林邑，聚凶肆掠，殊宜剪討，彼雖介阪，舊修蕃貢，自宋季多難，海譯致壅，皇化維新，習迷未革，朕方以文德來遠人，未欲便興干戈。王既款列忠到，遠請軍威。今詔交部隨宜應接，伐叛柔服，實惟國典，勉立殊効，以副所期。那伽仙屢銜邊譯，頗悉中土闊狹，令其具宣（南齊書卷五八扶南傳）。

齊武帝雖詔交州應接扶南討伐叛逆，然當時交州因李叔獻之逆命，房法乘之不治事，故始終未嘗出兵助扶南征討林邑。至「永明九年（四九一）五月林邑國獻金簟」（南史齊武帝本紀），此爲當根純所遣，亦詔報曰：

林邑蠢爾，介在遐外，世服王化，當根純乃誠懇款到，率其僚職，遠績克宣，良有可嘉，宜沾爵號，以弘休澤，可持節都督緣海諸軍事安南將軍林邑王（南齊書卷五八林邑傳）。

是因其來貢，不但不責，反加爵號以羈縻之。當時闍邪跋摩是否興師討其叛臣，則不得而知，惟後來范陽邁子孫范諸農，率種人攻當根純，復得本國。

永明十年（四九二）詔以諸農爲持節都督緣海諸軍事，安南將軍林邑王。明帝建武二年（四九五）進號鎮南將軍。永泰元年（四九八）諸農入朝，航行海中，遭風溺死。以其子文款爲假節都督緣海軍安南將軍林邑王（南齊書卷五八林邑傳）。故終齊之世，林邑因國內多事，又與扶南不和，勢不能敵兩面，故屢入貢中國，交州南境得保相安。而扶南則因「人性善，不

便戰，常爲林邑所侵襲，不得與交州通，故其使罕至。」（扶南傳）

十　扶南僧入中國

據前面所引扶南王表文，又可知南朝時，扶南舶常來交廣貿易，太平御覽卷七引康泰吳時外國傳云：

扶南國伐木爲船，長者十二尋，廣六尺，頭尾似魚，皆以鐵露裝，大者載百人，人有長短橈及篙各一，從頭至尾，約面有五十人或四十餘人，隨船大小，行（立）則用長橈，坐則用短橈，水淺乃用篙，皆撑上應聲如一。

又南齊書卷五八扶南傳云：

爲船八九丈，廣裁六七尺，頭尾似魚。

格洛里耶（Groslier）作「柬埔寨人考」中，說明此類船乃刳木而成者，其構造與形式同現代柬埔寨船之形式大致相類，並謂柬埔寨人不知用帆，然據伯希和考證，則謂柬埔寨亦有用帆者，蓋海舶無帆，不易航行也（伯希和關於越南半島的幾條中國史文）。故三國時扶南人即能建造乘搭百人之大船，航行於海中。

梁時扶南國屢遣使貢獻，蓋梁武帝信佛，而扶南爲佛教盛行之地，亦爲佛教東傳之一大站，故扶南僧人多乘商舶來中國。天監二年（五〇三），扶南王闍耶跋摩遣使送珊瑚佛像，并獻方物，詔封安南將軍扶南王。據續高僧傳卷一載：有一扶南沙門名曼陀羅，於是年大齎梵本，遠來貢獻，殆卽扶南王所遣也。天監五年（五〇六）武帝敕召與齊末來中國之另一扶南沙門僧伽婆羅，於楊都壽光殿、華林園、正觀寺、占雲館、扶南館等五處，共譯佛書，梁書卷五四扶南傳云：

天監十年（五一三），十三年（五一四）屢遣使貢獻，其年跋摩死，庶子留陁跋摩殺其嫡弟自立，十六年（五一七）遣使竺當抱老奉表貢獻，十八年（五一九）復遣使送天竺旃檀瑞像，婆羅樹葉，并獻火齊珠，鬱金蘇合等香。普通元年（五二〇）中大通二年（五三〇）大同元年（五三五）遣使獻方物。五年（五三九）遣使獻生犀。又言其國有佛髮長一丈二尺，詔遣沙門釋雲寶隨使往迎之。

又曰：大同中出舊塔舍利，敕市寺側數百家宅地，以廣寺域，造諸堂殿，并瑞像周囘閣等，窮于奐輪焉。其圖諸經變，並吳人張繇運手，繇丹青之工，一時冠絕。

可見梁時佛教之盛，武帝信佛之篤，與扶南王之貢獻，及扶南僧來中國，有大關係也。

十一　陳霸先討李賁

自來交州因郡吏不得其人，州政不舉，故終梁之世，叛亂迭起，屢出兵征討，人民苦徭役。天監四年（五〇五）二月，交州刺史李凱據州叛，長史李畟討平之，曲赦交州，卽以李畟爲刺史，十五年（五一六）阮宗孝反，李畟斬之（梁書卷二武帝紀中）。至大同七年（五四一）交趾李賁之反較前愈烈，占婆史第三章引越史謂：賁爲中國人，七世祖在西漢時徙居太平，於大同十年（五四四）稱南越帝，建前李朝。資治通鑑卷一五八梁紀十四云：

李賁世爲豪右，仕不得志，怨忿於心。……會交州刺史武林侯諮，以刻暴失衆心，時賁監德州，因連結數州豪傑，俱反。

大同八年（五四二）三月，梁武帝遣越州刺史陳侯，羅州刺史甯巨，安州刺史李智，愛州刺史阮漢同征李賁於交州。九年（五四三）四月林邑王破德州，攻李賁，大抵亦奉梁武帝之命，以夾擊叛徒也，惟皆不能克。「賁將范脩破林邑王於九德，林邑王敗走。」（梁書卷三武帝紀下）大同十年（五四四）春正月李賁據龍編城，佔有全州，自稱越帝，國號萬春。大同十一年（五四五）梁武帝以楊瞟爲交州刺史，陳霸先爲司馬討之，又命定州刺史蕭勃會瞟於西江，蕭勃知軍士憚遠役，陰賄誘之，因詭說瞟，瞟集諸將問計，陳霸先對曰：

交趾叛渙，罪由宗室，遂使僭亂數州，彌歷年稔，定州復欲昧利目前，不顧大計，節下奉辭伐罪，當死生以之，豈可畏憚宗室，輕於國憲。今若奪人沮衆，何必交州討賊，問罪之師，卽回有所指矣（陳書卷一本紀一）。

於是陳霸先勒兵前進，中大同元年（五四六）六月軍至交州，擊敗李賁兵於朱鳶。李賁退守蘇歷江口，立城柵抗拒又敗，奔嘉寧城，諸軍圍之。中大同元年（五三五）正月，楊瞟等克嘉寧城，李賁奔新昌獠中。諸軍頓於江口，八月李賁復率衆二萬，自新昌獠中，出屯典徹湖，大造船艦充塞湖中，衆軍憚之，頓湖口不敢進。陳霸先謂諸將曰：

我師已老，將士疲勞，歷歲相持，恐非良計。且孤軍無援，入人心腹，若一戰不捷，豈望生全？今藉其屢奔，人情未固，夷獠烏合，易爲摧殄。正當共出百死，决力取之，無停留，時事去矣（陳書卷一）。

諸將皆默然，莫有應者。是夜江水暴漲，注入湖中，陳霸先率所部兵乘流先進，諸軍鼓譟以從，賊衆大潰。李賁退保屈獠洞中，屈獠斬賁，傳首建康。後李賁兄天寶遁入九眞，收餘衆二萬，殺德州刺史陳文，進圍愛州，陳霸先復率兵討平之。簡文帝大寶元年（五五〇）陳霸先以功升交州刺史，尋因侯景之亂，被徵北還，以袁曇緩代之。

永定元年（五五七）十月，陳霸先受梁敬帝禪，是爲陳武帝。永定二年（五五八）以歐陽頠爲廣州刺史，都督交廣等十九州軍事，盡有越地，封陽山郡公（陳書卷九歐陽頠傳）。時頠弟歐陽盛爲交州刺史。歐陽頠於天嘉四年（五六三）卒，子歐陽紇嗣爵襲封，都督交廣等十九州軍事廣州刺史，在職十餘年，威惠著於百越。惟陳宣帝以其久在南服，頗疑之，太建元年（五六九）詔徵紇爲左衞將軍，紇懼遂反，後兵敗伏誅（歐陽頠傳附）。時交趾夷獠往往相聚爲寇抄，乃命阮卓爲交州刺史往招撫之，卓以清廉著聞（陳書卷三四阮卓傳）。

陳書於交州事罕言及，故陳代交州詳情不得而知，惟陳氏有國僅三十三年，一切政制當與前代無大差別也。

第四章　隋唐時代之安南

一　劉方平交州與林邑

公元五八一年隋文帝受周禪，時南朝已呈衰暮之象，至開皇九年（五八九）陳後主被俘，南北統一。惟交趾僻處南陲，當國內鼎革之際，乘機爲亂。

開皇十年（五九〇）土人李春等自稱大都督，攻陷州縣，詔上柱國內史令越國公楊素討平之（隋書卷二）。

仁壽二年（六〇三）十二月交州人李佛子舉兵反，據越王城（同前）。案占婆史第三章據大越史記，以梁大同十年（五四四）李賁所建越國爲前李朝，云：「時前李朝再傳至李佛子」，然則陳霸先雖斬李賁，而其餘孽未滅絕也。李佛子爲李賁之後嗣，則開皇十年起兵反之李春，亦當爲其族中人矣。

李佛子據越王城作亂，同時佛子之姪李大權復據龍編城，其別帥李普鼎則據烏延城，勢甚猖獗，文帝乃以劉方爲交州道行軍總管，統二十七營往討，至都隆嶺遇賊，擊破之，諭以禍福，佛子懼，請降，送往長安（隋書卷五三劉方傳）。交州亂平。

交州南林邑國，於開皇二年（五八二）嘗遣使貢方物（册府元龜卷九七〇），其後朝貢斷絕。隋書卷八二林邑傳云：

時天下無事，羣臣言：林邑多奇寶者。仁壽末（六〇四）上遣大將軍劉方爲驩州道行軍總管，率欽州刺史甯長眞，驩州刺史李暈，開府秦雄，步騎萬餘及犯罪者數千人擊之。

劉方分水陸兩路進兵，甯長眞等以步騎出越常，劉方親率大將軍張愻，司馬李綱舟師趣比景。煬帝大業元年（六〇五）正月軍至林邑海口。林邑王范梵志卽占婆史之商菩跋摩，爲高式律陁羅跋摩之子，聞隋兵至，遣兵扼守險要，劉方擊走之，師次闍黎江，賊據南岸立柵，劉方又擊潰之，林邑兵乘巨象應戰，四面而至。劉方軍初不利，於是「多掘坑，草覆其上，以兵挑之，與戰僞北，林邑追其坑所，其衆多陷。」（林邑傳）劉方又「以弩射象，象中箭卻痛，返奔，蹂亂其陣，因大敗林邑，俘馘萬餘，於是濟區粟，渡六里，遇敵兵皆擒之。向南追擊，逕馬援銅柱南行八日，至林邑國都，范梵志棄城，遁入海中。」（劉方傳）劉方入其都，「獲其廟主十八枚，皆鑄金爲之，蓋其國十有八葉矣。」（林邑傳）於是分林邑地爲三州，一爲蕩州，尋改爲比景郡，二爲農州，尋改爲海陰郡，三爲冲州，尋改爲林邑郡，各統四縣，及隨兵引還，范梵志裒遺衆，別建國邑（新唐書卷二二二下）。遣使謝罪，朝貢不絕。

此次平林邑，所獲佛經合五百六十四夾，一千三百五十餘部，並崑崙書（卽占婆文），多梨葉樹，煬帝敕送館，付沙門彥琮披覽（續高僧傳卷二彥琮傳）。佛經大量輸入，遂開隋唐講究佛學之風。

二　隋末唐初之情形

大業末（六一八）邱和爲交趾太守，新唐書卷九十邱和傳：

海南苦吏侵，數怨畔，帝以邱和所莅稱淳良，而黃門侍郎裴矩亦薦之，遂拜交趾太守，撫接盡情，荒憬安之。

是年十月，蕭銑起兵稱梁王，次年四月又稱帝，駐守嶺南之隋將張鎮周，王仁壽等，擊之不能克，及聞隋滅，鎮周因與甯長眞等率嶺表諸州盡降於銑（舊唐書卷五六蕭銑傳）。而太守馮盎則以蒼梧高涼朱崖之地附於林士弘。時交州已與隋郡長安隔絕，煬帝爲宇文化及所弒，交趾太守邱和猶未知之，蕭銑及林士弘各遣人招和，皆不從。不久，士弘敗逃於安成之山洞，其郡亦降於銑（蕭銑傳）。時邱和在交州，旣尊且富，蕭銑貪之，新唐書卷九十邱和傳云：

林邑西諸國數遺和明珠文犀金寶，故和富埒王者，銑聞而利之，命甯長眞以南粵蠻俚，攻交趾，和遣長史高士廉率兵擊走之，交趾郡爲樹石勒其功。會隋驍果自江都來，乃審隋亡，權以郡歸附銑。

於是蕭銑據有荊越，資治通鑑卷一八五唐紀一云：「東自九江，西抵三峽，南盡交趾，北距漢川，蕭銑皆有之。」

唐高祖武德四年（六二一）李靖破江陵，降蕭銑，交州刺史邱和，長史高士廉亦投降，次年授邱和大總管，封譚國公。邱和遣司馬高士廉奉表請入朝。夏四月隋鴻臚卿甯長眞以甯越鬱林之地請降於李靖，於是交州愛州之道始通，日南太守李晙亦來降（資治通鑑卷一九〇唐紀六）。交趾之地盡爲唐有。

太宗卽位，銳意求治，由下述一事可以知之，資治通鑑卷一九三唐紀九，貞觀二年（六二八）：

交州都督遂安公壽，以貪得罪，上以瀛州刺史盧祖尙才兼文武，廉平公直，徵入朝，諭以交趾久不得人，須卿鎮撫。祖尙拜謝而出，既而悔之，辭以舊疾。上遣杜如晦等諭旨曰：「匹夫猶敦然諾，奈何許朕，而復悔之。」祖尙固辭，戊子上復引見諭之，祖尙猶固執不可。上大怒曰：「我使人不行，何以爲政？」命斬於朝堂。

唐太宗重視邊政，欲寄以賢臣，乃盧祖尙不諒，或以爲貶之，或以爲其地難治，而不肯行，交州不得良吏，州政不舉，叛亂屢起。

貞觀十二年（六三八）十一月己巳明州獠反，遣交州都督李道彥討平之。次年六月「渝州人侯弘仁自牂柯開道，經西趙出邕州，以通交桂兩州之道，蠻俚降者二萬八千餘戶。」（資治通鑑卷一九五唐紀十一）胡三省注云：「東謝蠻西接牂柯蠻，南接西趙蠻，牂柯之別帥曰羅殿，今廣西買馬路，自桂州至邕州橫山寨二十餘程，自橫山至杞國二十二程，又至羅殿十程，此卽侯弘仁所通者也。」自是邕州通交趾之道開，而鬱林合浦一道漸廢矣。

高宗調露元年（六七九）改交州都督府爲安南都護府（舊唐書卷四一）。安南之名自此始。永隆二年（六八一）以劉延祐爲都護，兼本管經略招討使，新唐書卷四高宗本紀：

垂拱三年八月交趾人李嗣仙殺安南都督劉延祐，據交州，桂州司馬曹玄靜敗之。

又卷二〇一劉延祐傳云：

舊俚戶歲半租，延祐責全入，衆始怨謀亂，延祐誅其渠李嗣仙，而餘黨丁建等遂叛，合衆圍安南府，城中兵少不支，嬰壘待援，廣州大族馮子猷幸立功，按兵不出，延祐遇害。桂州司馬曹玄靜進兵討建，斬之。

若據傳，則李嗣仙爲劉延祐所殺，而劉延祐爲李嗣仙餘黨所殺，若據本紀，則殺劉延祐者爲李嗣仙，是紀與傳所言各異也。案舊唐書卷一九〇上劉肖之傳云：

嶺南俚戶舊輸半課，及延祐到，遂勒全輸，由是其下皆怨，謀欲將叛。延祐乃誅其首惡李嗣仙，垂拱三年嗣仙黨與丁建，李思愼等遂率衆圍安南府，……延祐遂爲思愼所害。其後桂州司馬曹玄靜率兵討思愼等擒之，盡斬於安南城下。

據此，則劉延祐爲李思愼所殺，其餘與新唐書劉延祐傳相合，故新唐書卷四本紀所謂劉延祐爲李嗣仙所殺，乃誤也。

三　林邑與環王

自隋大業元年（六〇七）劉方破林邑，分其地爲三郡，置守令，及隋末中原喪亂，道阻不得通，林邑王梵志復國。至唐武德六年（六二三）遣使來朝，八年（六二五）又遣使獻方物，高祖爲設九部樂，以饗其使，及賜其王錦綵（舊唐書卷一九七林邑傳）。貞觀二年（六二八）獻馴象，時林邑與眞臘之國交甚親密，眞臘王摩醯因陀羅跋摩曾遣使僧伽提婆至林邑（占婆史第三章）。次年林邑王范梵志死，其子范頭黎嗣立，即占婆史之建達婆達摩也。貞觀四年（六三〇）入貢，獻火珠五色鸚鵡白鸚鵡，太宗異之，特令李百藥爲之賦，明年復來貢，因林邑使者表辭不恭，羣臣請問罪，太宗曰：「好戰者亡，隋煬帝伐高麗，歲調發，結怨於民，乃死匹夫手，而小國勝之不武，況未可必乎？語言之間，何足介意？」遂赦不問（新唐書卷二二二下）。林邑自是朝貢不絕。占婆史稱范頭黎無嗜好，愛民如子，故太宗愛重之。及太宗崩，詔於陵所刊石圖頭黎之形，列於玄闕之前（舊唐書卷一九七林邑傳）。

范頭黎死後，其子范鎭龍立，貞觀十四年（六四〇）獻通天犀雜寶（唐會要卷九八），貞觀十六年（六四二）又入貢（冊府元龜卷九七〇），十九年（六四五）范鎭龍爲其臣摩訶慢多伽獨所弑。國人乃立頭黎之婿，婆羅門之子，拔陀羅首羅跋羅爲王，後國人及大臣感舊主，乃共廢之，而立范頭黎之嫡女爲王。而女王不能治國，大臣又共迎頭黎之姑子諸葛地立之，妻以女王。諸葛地者卽唐會要卷九八之鑄迦舍波摩也。占婆史第三章據美山碑謂：

王號毗建陀跋摩一世，爲林邑前王律陀羅跋摩一世外孫之子，眞臘王伊賞那跋摩之外孫，諸大臣迎立之時，在六五三年。

於是林邑與眞臘之國交益敦睦。唐高宗永徽四年（六五三），顯慶二年（六五七），總章二年（六六九），咸亨元年（六七〇），林邑皆遣使貢獻中國（册府元龜卷九七〇）。嗣王建多達摩以後，入貢中國凡十五次（册府元龜卷九七一），最後一次在玄宗天寶八年（七四九）。自律陀羅跋摩一世建立第四王朝，傳位九世，共約二百二十五年。

舊唐書卷一八四楊思勗傳載：開元初，「安南首領梅玄成叛，自稱黑帝，與林邑眞臘國通謀，陷安南府，詔楊思勗將兵討之，」林邑與眞臘互通聲氣，助安南叛黨以抗中國，可見當時中印半島上之獨立國影響於後來安南國之建立甚大也。又舊唐書卷八玄宗本紀上：開元十年（七二二）嶺南按察使裴伷先上言：「安南賊帥梅叔鸞等作亂，攻圍州縣。」遣驃騎將軍兼內侍楊思勗討之。梅叔鸞等當爲梅玄成之餘黨。（考安南一統志乂安志云：乂安省南塘縣香攬村，現有梅叔鸞祠。）

肅宗至德二年（七五七）改安南都護府爲鎭南都護府，乾元元年（七五八）改安南經略使爲節度使，領交、陸、峯、愛、驩、長、福祿、芝、武峩、演、武安十一州，治交州（資治通鑑卷二二〇唐紀三六）。是年林邑更號環王（新唐書卷二二二下）。考占婆諸碑志無此稱謂，但稱占婆王或占婆國。惟中國史書稱占婆爲環王之時（七五八至八七七），適當其第五王朝統治占婆之際，當第四王朝之末一位王律陀羅二世沒（大約在七五七年），國人奉一大人名畢底邪陀羅跋摩（Prithivindravarman）爲王，此王世系不可考，似非出於王族。馬伯樂謂其屬於賓童龍諸大族，爲南方檳榔部落之一。惟其威服諸敵，享有占婆全土。王死，其甥釋利薩多跋摩（Satyavarman）立，嘗建碑頌之爲「無上之王」（占婆史第四章）。

大越史記卷六載唐大曆二年（七六七）。

崑崙闍婆賊（爪哇海盜）犯鎮南都護府，肆焚掠，近府治，都護張伯儀命都尉擊破之於朱鳶，賊遁入海。

案鎮南都護府於永泰二年（七六六）復改名安南都護府（舊唐書卷十一代宗紀），仍以張伯儀爲都護，更築羅城，蓋防海盜之侵襲也。占婆史第四章云：

大曆九年（七七四），海賊侵環王之古笪，以舟來掠釋利商菩神祠諸寶物，並焚其祠。薩多跋摩聞之，率舟師截擊於海上，賊舟寶物同被擊沉。薩多跋摩死，弟因陀羅跋摩（Indravarman）繼立，據碑志，此王在位，內治昌明，外攘敵人，恢復失地。

時唐德宗新立（七八〇），藩鎮之亂正熾，無暇顧及邊疆，安南之驩愛二州，即古之日南九眞二郡地，自來常受占婆之害，此時被侵大有可能，惟中國及安南史籍皆無記載耳。同時眞臘亦有內亂，分裂爲陸眞臘與水眞臘二國，占婆乘機侵略其地，乃一絕好機會也。

自天寶八年（七四九）以後，林邑迄未入貢，及更號環王，王朝變易，亦未與唐通往來。至貞元九年（七九三）其王因陀羅跋摩始復修已絕之朝貢，德宗命其貢使謁見太廟（唐會要卷九八），但以後不知何故，貢使又絕。自昔南海諸國朝貢多以求利爲目的，有利則來，無利則止，占婆貢使斷絕，殆因無所利益歟？因陀羅跋摩死，其妹婿訶梨跋摩嗣位，新唐書卷七德宗貞元十八年（八〇三）十二月「環王陷驩愛二州」，此環王即指訶梨跋摩。時安南觀察使裴泰不善馭衆，十九年（八〇四）二月己亥「安南將王季元逐其經略使裴泰，兵馬使趙均敗之。」（新唐書卷七）安南內部不靖，故環王得乘隙北犯也。

憲宗元和元年（八〇六）四月「以安南經略副使張舟爲安南都護本管經略使」（舊唐書卷十四）。四年（八〇九）八月「環王寇安南，都護張舟敗之。」（新唐書卷七）此戰殺俘甚衆，新唐書卷二二二下南蠻傳云：

執其僞驩愛州都統，斬首三萬級，虜王子五十九，獲戰象舠鎧。

舊唐書卷十四所載相同。越南衙莊之浦那謁羅碑梵文亦記此役戰事，但訶梨跋摩矜言其勝利云：「伸其如太陽之長臂，以焚暗如黑夜之中國民族。」（占婆史第四章）然則究竟誰勝誰敗，不得而知。張舟或有虛報，而訶梨跋摩之誇大更有甚者，歷史記載，多諱言本國之敗，况頌功德之碑銘乎？故不能據之以否認張舟之勝利也。

元和五年（八一〇）七月「以虔州刺史馬總爲安南都護本管經略使」（舊唐書卷十四），

時環王令隊主波羅（Par）輔其子鎮守賓童龍，波羅數勝吉蔑，以虜掠之物建立神祠，此即新唐書卷二二二下所謂：「眞臘與環王乾陀洹數相攻」是也。

訶梨跋摩死，傳位於其子，其王朝約自七五八年至八五九年而亡。以後中國史書記載其國事，改稱占城。是時安南爲南詔所侵，北方多事，無暇顧及占城矣。

四　苛政召禍亂

德宗貞元八年（七九二）節度使奏，近日海舶珍異多就安南市易，欲遣判官，就安南收市，乞命中使一人與俱，德宗欲從之。陸贄上言：

遠國商販，惟利是求，緩之斯來，擾之則去。廣州素爲衆舶所湊，今忽改就安南，若非侵刻過深，則必招攜失所，曾不內訟，更蕩上心。況嶺南安南，莫非王土，中使外使，悉是王臣，豈必信嶺南而絕安南，重中使以輕外使，所奏望寢不行（資治通鑑卷二三四，又陸宣公奏議卷十八）。

可見當日嶺南官吏對於海舶徵稅甚苛，致商舶裹足不前，然在安南亦有同樣情形。元和十四年（八一九）安南都護李象古卽以貪縱苛刻失民心。新唐書卷八十太宗諸子傳云：

象古，元和中自衡州刺史擢安南都護，貪縱不法。驩州刺史楊淸者，蠻酋也。象古忌其豪，召爲牙門將，常鬱鬱思亂。

又舊唐書卷一三一李皐傳附云：

象古自衡州刺史爲安南都護，元和十四年爲楊清所殺，妻子支黨無噍類焉。楊清者代爲南方酋豪屬，象古貪縱，人心不附，又惡淸之強，自驩州刺史召爲牙門將，鬱鬱不快。無何，邕管黃家賊叛，詔象古發兵數道共討之，象古命淸領兵三千赴焉。淸與其子志烈及所親杜士交潛謀迴戈，夜襲安南，數日城陷，象古故及於害。

此所謂黃家賊者，以其屬姓黃，故又稱黃洞蠻，卽西原蠻。新唐書卷二二二下南蠻傳云：

西原蠻居廣容之南，邕桂之西，有甯氏者，相承爲豪，又有黃氏居黃橙洞，其隸也。其地西接南詔，天寶初，黃氏強，與韋氏周氏儂氏相脣齒，爲寇害，據十餘州，貞元十一年攻欽橫二州。

資治通鑑卷二四一唐紀五七云：

初，蠻賊黃少卿自貞元以來數反覆，桂觀察使裴行立，容管經略使楊旻，欲儌幸立功，爭請討伐，上從之，……大發江湖兵，會容桂兩管入討，士卒被瘴癘死者不可勝計，安南乘之，遂殺都護（李象古），行立旻竟無功，二管凋弊。

朝廷鑒於討黃家賊之損失，對安南叛賊遂加優容，竟赦楊淸，以爲瓊州刺史，另調唐州刺史桂仲武爲安南都護。但楊淸不奉命，拒桂仲武入境。仲武知楊淸待部屬酷虐，一遣人說其酋豪，數月間歸降者相繼，得兵七千餘人」。（舊唐書卷一三一）朝廷以仲武逗留不進，貶爲安州刺史。元和十五年（八二〇）二月以桂管觀察史裴行立爲安南都護，充本管經略使（舊唐書卷十六穆宗紀）。但其時安南將士開城納仲武，而執楊清斬之，並籍沒其家，收復安南府。裴行立至海門鎭（博白縣東南）而卒，復以桂仲武爲安南都護（資治通鑑卷二四一唐紀五七）。穆宗長慶三年（八二三），黃洞蠻陷欽州，寇安南，四年八月復來寇（新唐書卷八）。敬宗時（八二五至八二六），黃氏儂氏據州十八，經略使遣一人詣治所，稍不得意，輒侵略諸州（新唐書卷二二二下），安南亦受其禍，至武宗會昌三年（八四三）安南經略使武渾役將士治城，將士作亂，燒城樓，劫府庫，渾奔廣州（馭交記卷二）。安南內部不靖，遂召蠻禍。

五　李椓與王式

會昌六年（八四六）南詔蠻來寇，實由苛政啓之。資治通鑑卷二四九唐紀六五云：

初，安南都護李椓爲政貪暴，強市蠻中馬牛一頭，止與鹽一斗，又殺蠻酋杜存誠，羣蠻怨怒，導南詔侵盜邊境。峯州有林西原（峯州在安南西北，林西原當又在峯州西），舊有防冬兵六千，其旁七綰洞蠻，其酋長曰李由獨，常助中國戍守，輸租賦，知峯州者言椓，請罷戍兵，專委由獨防遏。於是由獨勢孤，不能自立。南詔拓東節度使以書誘之，以甥妻其子，補拓東押牙，由獨遂率其衆臣於南詔，自是安南始有蠻患。

是時南詔蠻寇安南，使全國騷動。舊唐書卷十九懿宗本紀：

初大中末，安南都護李涿貪暴，侵刻獠民，羣獠引林邑蠻攻安南府，三年大徵兵赴援，天下騷動。其年冬蠻竟陷交州，赴安南諸軍並令抽退，分保嶺南東西道。

近次安南淪陷，受禍甚大。咸通四年七月朔制云：

安南寇陷之初，流人多寄溪洞，其安南將吏官健走至海門者，人數不少。宜令宋式李良瑍察訪人數，量事救卹，安南管內被蠻賊驅刼處，本戶兩稅丁錢等量放二年，候收復後，別有指揮。

資治通鑑胡注引考異曰：

實錄無涿除安南年月，蠻書云：大中八年擯能林西原防冬戍卒，洞主李由獨等七綰首領，被蠻誘引，復爲親情，日往月來，漸遭侵軼。

案李涿爲安南都護，大概在大中五年至九年（八五一至八五五）之間。舊唐書卷十九上，咸通四年（八六三）十一月載：

長安縣尉集賢校理令狐滈爲左拾遺，……張雲上疏論滈父綯秉權之日，廣納賂遺，受李涿賄除安南，致生蠻寇，滈不宜居諫爭之列。

令狐綯於大中四年（八五〇）十一月爲兵部侍郎同中書門下平章事（新唐書卷八，舊唐書卷十八），是李涿賄除安南都護，至早當在此時也。又舊唐書卷十九懿宗本紀，咸通六年（八六五）：

是歲秋，高駢自海門進軍，破蠻軍，收復安南府　自李琢失政，交趾陻沒十年，蠻軍北寇，邕容界人不聊生，至是方復故地。

由咸通六年（八六五）上推至大中九年（八五五）恰爲十年，則李椓之卸任，至遲當在大中九年也。

李椓爲李聽之子，李晟之孫，資治通鑑胡注引考異曰：

實錄及新書皆有李椓傳，聽之子也。大中三年（八四九）自洛州刺史除義昌節度使，九年（八五五）九月自金吾將軍除平盧節度使，不云曾爲安南都護。按都護位卑，琢既爲義昌節度使，不應爲都護，疑作都護者別一李琢，非聽子也。

但據新唐書卷一五四李晟傳云：

聽子琢，以宗閔擢累義昌平盧鎮海三節度使，無顯功，不爲士大夫稱道，數免，復還廣明。

此云：無顯功，數免官，然則李椓由義昌節度使貶爲安南都護，大有可能，其時間亦相合，大抵由安南都護徵爲金吾將軍，不久又遷爲平盧節度使。至其簡略之傳中不言爲安南都護者，或因此職較節度使爲卑，故不言歟？

據蠻書，大中八年（八五四）李椓擅罷林西原防冬戍卒，遂召蠻寇，則南詔寇安南，自此開始，故大中十一年（八五七）四月「以安南宣慰使右千牛衛大將軍宋涯爲安南都護，御史中丞本管經略使（舊唐書卷十八下）。蓋有外患非武將不足以禦侮也。後容州軍亂，遂又調宋涯爲容管經略使　容州與安南接近，可以互相呼應。

大中十二年（八五八）春正月以王式爲安南都護經略使，新唐書卷一六七王式傳云：

式有才略，至交趾樹芀木爲柵，可支數十年，深塹其外，泄城中水，塹外植竹，寇不能冒，選敎士卒甚銳。頃之南蠻大至，去交趾半日程，式意思安閑，遣譯諭之，中其要害，蠻一夕引去，遣人謝曰：「我自執叛獠耳，非爲寇也。」安南都校羅行恭久專府政，麾下精兵二千，都護中軍纔羸兵數百，式至杖其背，黜於邊徼。……安南有惡民屢爲亂，懼王式之威不自安，譁曰：「黃頭軍將度海襲我矣！」相率夜圍交趾城，高呼曰：「請都護北歸，我當有此城，以抗黃頭軍。」王式方食，或勸出避之。式曰：「吾足一動，則城潰矣。」徐食畢，擐甲，率左右登城，建大將旗，坐而責之。亂者反走，明日悉捕誅之。

案黃頭軍爲忠武軍精兵之別號，因兵士皆服短後褐，以黃冒首，故云黃頭軍。李承勛以百人定嶺南，宋涯使麾下效其服裝，亦定容州，此軍威名大震，安南亂民懼之。又資治通鑑卷二四九唐紀六五云：

有杜守澄者，其先自齊梁以來，擁衆據溪洞不可制。王式用計離間其親黨，杜守澄走死。又安南飢亂相繼，六年無上供，軍中無犒賞，式始修貢賦，饗將士，占城眞臘皆復通使。

可見治亂在人，李琢措置不當，遂召蠻禍，而王式爲政縝密，撫飢定亂，威服蠻夷，然則疆吏之選可不慎哉？以王式之才智勇略，若能久鎮交趾，安撫夷獠，則南詔之禍，安南或可避免。

六　南詔攻陷安南

懿宗咸通元年（八六〇）以浙東有亂，詔用王式爲觀察使討之，而以李鄠爲安南都護（新唐書卷九）。當大中末（八五九），播州爲南詔蠻所陷。播州屬黔中道，本非安南巡屬之地，而李鄠越境收復，或懼其自播州南襲邕州與安南亦未可知。播州於咸通元年十月克復，但安南土蠻引南詔兵三萬餘人乘虛攻陷安南，李鄠奔武州，二年（八六一）春正月詔發邕管及鄰道兵救安南，擊南詔，夏六月癸丑以鹽州刺史王寬爲安南經略招討使（新唐書卷九）。時李鄠自武州收集土軍，攻羣蠻，復取安南。而朝廷責其失守，貶儋州司戶。七月南詔攻陷邕州。

唐書以南詔爲林邑，舊唐書卷十九上懿宗本紀，咸通二年（八六一）九月「林邑蠻寇安南府，遣神策將軍康承訓率禁軍及江西湖南之兵赴援。」咸通六年（八六五）五月「安南都護高駢奏於邕管大敗林邑蠻」。又新唐書卷二二二中云：「駢以選士五千度江，敗林邑兵於邕州，擊南詔龍州屯蠻。」此所言林邑與南詔似又有分別。然唐書所謂林邑蠻決非漢末獨立之林邑國，且唐時林邑國改稱環王，時正第六王朝開始，王名因陀羅跋摩（Indravarman）。此王在位和平無事，未嘗北侵（占婆史第五章）。故康承訓率軍赴援，與高駢所敗者皆南詔蠻，其稱林邑蠻者誤也。通鑑考異已辨之，謂「按蠻書，寇安南者南詔，非林邑也。」唐書所以有此誤者，殆以林西原蠻爲林邑蠻乎？林西原蠻既降附南詔，遂爲南詔進攻安南之鄉導。

咸通三年（八六二）二月南詔復寇安南，經略使王寬數來告急，朝廷以王寬措置失當，諸部蠻相率內寇，故命湖南觀察使蔡襲代之。仍發許滑徐汴荊襄潭鄂諸道兵各（或作合）三萬人授襲以禦之，兵勢既盛，蠻遂引去。五月分嶺南爲兩道節度。廣州爲東道，邕州爲西道，安南隸西道，以蔡京爲西道節度使，資治通鑑卷二五〇唐紀六六云：

蔡襲將諸道兵在安南，蔡京忌之，恐其立功，奏稱南蠻遠遁，邊徼無虞，武夫邀功，妄占戍兵，虛費餽運，蓋以荒陬路遠，難於覆驗，故得肆其姦詐，請罷戍兵，各還本道，朝廷從之。襲累奏羣蠻伺隙日久，不可無備，乞留戍兵五千人不聽，襲以蠻寇必至，交趾兵食皆闕，謀力兩窮，作十必死狀申中書，時相信京之言，終不之省。

蓋朝廷苟求省餽運之費，故讒言易入也。新唐書卷二二二中南蠻傳云：

京褊忮貪克，峻條令，爲炮熏刳斮，法下愁毒，爲軍中所逐，走藤州。……以桂管觀察使鄭愚代節度，南詔攻交州，進略安南，襲請救，……南詔酋將楊思縉麻光高以兵六千薄而屯，四年　月攻益急，襲錄異牟尋盟言，繫矢上，射入其營，不答，俄而城陷，襲闔宗死者七十人。幕府樊綽取襲印走度江。荊南兵入東郛苦戰，斬南詔二千級。是夜蠻遂屠城。

樊綽奏上蠻書序云：

本使蔡襲去年正月十四日內，四度中矢石，家口并元隨七十餘人悉殞於賊所，臣長男韜，及奴婢一十四口，并陷蠻陬。臣夙夜憂憶，本使蔡襲，行坐痛心。切以蠻賊尚據安南，今江源并諸州，各自固守，其首領將吏，去年春夏頻請兵，自是海門不與發遣，并不給與戈甲弓弩，致令蠻賊侵掠州軍。

故南詔陷安南，李琢先撤去防守，實啓其門，蔡京忌人之功，阻撓救兵，可謂內姦。蠻兩陷安南，殺虜十五萬人，可謂慘極。於是廢安南都護府，置行交州於海門鎮，以宋戎爲行交州刺史，以康承訓爲邕州節度。秋七月復置安南都護府，以宋戎爲經略使，發山東兵萬人鎮之。時諸道兵援安南者，屯聚嶺南江西湖南，饋運者皆泝湘江，入零渠灕水，功役艱難，諸軍乏食。舊唐書卷十九上云：

潤州人陳磻石詣闕上書言：江西湖南泝流運糧，不濟軍需，士卒食盡則散，此宜深慮。臣有奇計以饋南軍。天子召見磻石，因奏臣弟聽思曾任雷州刺史，家人隨海船至福建，往來大船一隻可致千石，自福建裝船不一月至廣州，得船數十艘便可致三萬石，至廣州府矣。又引劉裕海路進軍破盧循故事，執政是之。以磻石爲鹽鐵巡官，往楊子院，專督海運，於是康承訓之軍皆不闕供。

咸通五年（八六五）春三月南詔羣蠻近六萬寇邕州，康承訓軍禦之不利。新唐書卷一四八康承訓傳云：

承訓分兵六道，出以掩蠻，戰不利，士死十八，惟天平卒二千還屯，闔軍震，於是節度副使李行素完城不出，南詔圍之四日，或請夜出兵襲蠻，承訓意索不聽，天平裨將陰募勇兒三百，夜燒蠻屯，斬首五百，南詔恐，明日解而去，承訓謬言大破賊，告於朝。羣臣皆賀，加檢校尙書右僕射，籍子弟婣昵冒賞，而士不及，怨言讙流。

爲將帥者既無勇謀，又私親昵，有功者反不得賞，故士卒不爲用，安能禦寇哉？後嶺南東道節度使韋宙白其狀，康承訓慚而去職，朝廷乃以容管經略使張茵爲嶺南西道節度使。

邕州空竭，而安南尙未克復，張茵無遠略，逗留不敢進兵。新唐書卷二二二中南蠻傳云：

安南久屯，兩河銳士死瘴毒者十七，宰相楊收議罷北軍，以江西爲鎭南軍，募强弩兩萬建節度，且地便近，易調發，詔可。夏侯孜亦以張茵懦不足事，悉以兵授高駢。

高駢爲名將高崇文之孫，世在禁軍，積功累遷，因司空夏侯孜薦，以駢爲安南都護本管經略招討使。

咸通六年（八六五）七月高駢至海門治軍，讀史方輿紀要卷一百八謂：「海門在博白縣東南百五十里，舊爲入安南之道。」似在今廉江安鋪附近，有九州江自陸川縣南流至安鋪鎭入海。資治通鑑卷二五〇云：

駢以五千人先濟，約（監軍李）維周發兵應援，駢既行，維周擁餘衆，不發一卒以繼之，九月駢至南定，峯州蠻衆近五萬，方穫田，駢掩擊大破之，收其所穫以食軍。

當安南淪陷時，南詔以段酋遷爲安南節度使，咸通七年南詔酋龍遣楊緝思助酋遷共守安南，以眤些爲安南都統，趙諾眉爲扶邪都統（新唐書卷二二二中）。唐亦命監陣敕使韋仲宰將兵七千人至峯州。高駢得援軍，屢破南詔蠻，進圍交趾城。而監軍李維周忌駢。新唐書卷二二四高駢傳云：

維周忌之，匿捷書不奏，朝廷不知駢問百餘日，詔問狀，維周劾駢玩敵不進，更命右武衞將軍王晏權往代駢，俄而駢拔安南，斬蠻帥段酋遷，降附諸洞二萬計。晏權方挾維周發海門，檄駢北歸。而駢遣王惠贊傳酋遷首京師，見艟艫甚盛，乃晏權等。惠贊懼奪其書，匿島中，間關至京師。天子覽書，御宣政殿，羣臣皆賀，大赦天下，進駢檢校刑部尚書，仍鎮安南，以都護府爲靜海軍節度，兼諸道行營招討使。

倘使高駢將兵過少，又不得韋仲宰之援軍，則因李維周之忌功與妄劾，恐將爲蔡襲之續矣。惟高駢久歷軍戎，爲人機智，部下軍隊萬餘人，超過蔡襲守安南之軍隊十倍，故卒能成其功，克復安南。自南詔蠻爲寇，地方騷擾殆十年，至是乃安。

駢修築羅城，周圍一千九百八十丈零五尺，高二丈六尺，又築堤周圍二千一百二十五丈八尺，高一丈五尺，造屋五千餘間，以爲民居。又以廣州饋運艱澀，駢視其水路，自交至廣，多有巨石梗途，乃鳩募工徒作法去之，由是舟楫無滯，安南儲備不乏，至今賴之（舊唐書卷一八三高駢傳）。

咸通九年（八六八）以高駢爲右金吾大將軍，駢有從孫名潯，每戰常爲先鋒，冒矢石以勸士，至是薦潯自代，詔拜安南節度使（新唐書卷二二四下）。後雖因高駢久鎮藩封，權勢日盛，漸致跋扈，故唐書列入叛臣傳中，然其收復安南，築城建屋，振荒興廢，其功蓋不可沒也。

七　衰微時期

僖宗乾符四年（八七七）十二月，安南戍軍亂，逐桂管觀察使李瓚，江州刺史劉秉仁及柳彥璋戰敗之。廣明元年（八八〇）安南軍亂，節度使曾衮出城避之（新唐書卷九）。故南詔雖被擊退，而內亂不時發生，蓋士卒久戍安南，不得休息，多思北返也。高駢時嘗奏曰：

南詔酋龍子法蒙立後，比年兵不出，要防其蓄力以間我，況安南客戍單寡，涉冬寇禍可虞。誠命使臨報，縱未稱臣，且伐其謀。外以羈縻蠻夷，內得士卒休息也。帝然之。（張鏡心馭交記卷二）。

高駢並請與南詔和親，而宰相盧攜豆盧瑑亦上言曰：

自咸通以來，蠻兩陷安南邕管，一入黔中，四犯西川，徵兵運糧，天下疲敝，踰十五年。租賦大半不入京師，三使內庫，由茲空竭。戰士死於瘴癘，百姓困爲盜賊，致中原榛杞皆蠻故也。前歲冬蠻不爲寇，由趙宗政未歸，去歲冬蠻不爲寇，由徐雲虔復命，蠻倘有覬望。今安南子城爲叛卒所據，節度使攻之未下，自餘戍卒多已自歸，邕管客軍又減其半。冬期且至，儻蠻寇侵軼，何以枝梧，不若且遣使臣報復，縱未得其稱臣奉貢，且不使之懷怨益深，堅決犯邊，則可矣（資治通鑑卷二五三唐紀六九）。

僖宗以爲然，乃詔許其和親。時黃巢及秦宗權相繼爲亂，受其禍者十餘省，廣明元年黃巢陷長安，據大內，稱帝。僖宗播遷在外，人民饑饉，內則驕將難制，外則大敵當前，唐末衰敗之狀畢露。是以南詔小蠻，據雲南一郡之地，竟敢與唐平稱兄弟，凡有所求，唐不能却，反遣使與和，許公主下嫁，而不以垂笑後世爲可恥矣。

繼曾袞之後爲安南節度使者有朱全忠之兄朱全昱（越史略卷一），新五代史卷十三梁家人傳云：

廣王全昱，太祖（朱全忠）即位封，太祖與仲兄存俱亡爲盜，全昱獨與其母，俱歸宣武，領嶺南西道節度使。

當咸通三年分嶺南爲東西兩道，安南屬西道，大抵此時亦然。至哀帝天祐二年（九〇五）以昭宗時宰相獨孤損爲靜海節度使，「州人號爲嶽尙書」（越史略卷一）。此爲唐朝所任命之最後一位安南統治者。

第五章　五代後變內郡爲藩國

一　交趾隸南漢

唐末中原擾攘，無一州安靖，而安南亦禍亂相繼，土豪割據，潛謀獨立。天祐四年（九〇七）三月，朱全忠篡唐，是謂梁太祖。時劉隱據廣州，曲顥據交州，開平二年（九〇八）拜劉隱爲靜海軍節度使安南都護。三年（九〇九）封南平王，乾化元年（九一一）卒，其弟劉龑代立。梁末帝即位（九一三），進封南海王。貞明三年（九一七）龑自立稱帝，國號大越，改元乾亨，次年改國號曰漢（新五代史卷六五南漢世家）。

在交趾方面，曲承美專有其地。承美，曲顥子也，於貞明中送款於梁末帝，得授節鉞。（宋史卷四八八交趾傳）南漢大有三年（後唐明宗長興元年公元九三〇）遣將李守鄘（宋史作李知順）梁克貞攻交趾，擒曲承美至南海，劉龑登儀鳳樓受俘，謂承美曰：「公嘗以我爲僞廷，今反面縛何也？」承美頓首伏罪，乃赦之。交趾遂爲南漢所併。梁克貞又攻占城，掠其寶貨而歸。

大有四年（九三一）愛州楊廷藝叛攻交州，刺史李進遁歸，龑遣程寶攻楊廷藝，程寶戰死。九年（九三六）遣孫德晟攻蒙州亦不克。十年（九三七）交州牙將皎公羨殺楊廷藝而代之。廷藝故將吳權舉兵攻公羨，公羨以賂求援於漢主。劉龔欲乘亂取之。封子洪操（一作宏操）爲交王，出兵白藤以攻之，龔以兵駐海門爲後應。吳權既殺皎公羨，迎戰於海口，洪操戰死，龔收餘衆而還（新五代史卷六五南漢世家）。越史略卷一吳紀云：

吳權事楊廷藝爲將軍，後晉高祖天福三年（九三八）冬十二月，權自愛州舉兵攻公羨，公羨使人求救於南漢，劉龔以其子萬王宏操爲靜海軍節度使，將兵救公羨。宏操舟師自白藤江入，欲攻權，而權已殺公羨矣。權聞宏操至於海口，潛植鐵頭大杙，及漲潮，使以小舟挑戰，而陽北，宏操追之，潮退杙露，宏操拒戰不暇，而潮落甚急，舟盡礙於杙內，權奮擊，大破之，溺死過半，殺宏操，權始稱王。

自秦始皇三十三年（前二一四）滅南越，以其地置郡縣，至石晉天福三年（九三八）爲止，共一一五二年，安南直隸中國，歷代郡吏多中國人除授，惟自此以後，安南自成一區，不受中國統治矣。

吳權已殺皎公羨，據地自立稱王，是爲本土人稱王之始也。在治七年而卒。家臣楊氏篡立，其子昌岌出奔茶鄉。漢乾祐三年（九五〇）岌弟昌文舉兵攻楊氏而奪其權，次年迎其兄昌岌與之更相爲政，兄稱天策，弟稱南晉。天策在任三年，擅作威福，周顯德元年（九五四）卒。南晉王復位，遣使於南漢，劉晟封其爲靜海節度使。昌文一作昌濬，新五代史卷六五南漢世家云：

權死，子昌岌立，昌岌卒，弟昌濬立，始稱臣於晟，晟遣給事中李璵以旌節招之，璵至白州，昌濬使人止璵曰：「海賊爲亂，道路不通。」璵不果行。

南晉在任共十三年，因攻太平，中伏弩而死 時宋太祖乾德三年（九六五）也。於是交州十二區土豪並起，號十二使君（越史略卷一），各不相統屬，斯時交州情形愈常混亂。

一一 丁部領建越國

後華閭洞（今寧平縣境）人丁部領與其子璉削平十二使君，自稱大勝明王，凡三年遜位於璉。及宋綏嶺表，潘美取廣州，後二年（九七三）丁部領遣使入貢於宋，開寶八年（九七五）宋太祖制封其爲安南都護檢校太師交趾郡王，其子璉爲節度使（宋史卷四八八交趾傳）。王號頒授自此始。但據越史丁部領已稱帝，越史略卷一丁紀云：

丁部領以趙宋太祖開寶元年（九六八）稱皇帝於華閭洞，起宮殿，制朝儀，置百官，立社稷，尊號大勝明皇帝。……二年（己巳）閏五月封長子璉爲南越王。三年庚午改元太平，元年宋封王爲安南郡王，立王后五人，其有年號自此始。太平二年（九七一）宋聞王稱尊號，使遣王書，其略曰：「中夏之於蠻貊，猶人之有四肢也。苟心復未安，四體庸能治乎？矧爾交州，遠在天末，唐季多難，未遑區處。今聖朝蓋覆萬國，太平之業亦既成矣。俟爾至止，康乎帝躬。爾毋向隅，為我小患，俾我為絕蹯斷節之計，用屠爾國，悔其焉追。」

可見宋太祖時猶視交州為中國之一部，親切如四肢，而惡其分離也。惟以中原初統一，久經戰亂，不欲勞師遠征，因丁部領之入貢，為羈縻起見，遂封交趾郡王。

又據史略：「太平三年封子璿為衞王，立季子項郎為太子，」則丁部領似未遜位於璉，且其所立太子為項郎，非璉也。惟璉於太平十年（九七九）使人殺太子，有意奪位，但其年「冬十一月王夜宴，為福侯宏杜釋所弑及越王璉等。」是丁璉與其父部領同時被殺，未嘗受禪也。馬伯樂宋初越南半島諸國考注十亦云：「宋史以入貢之王為丁璉，案璉為部領長子，雖有南越王之號，似未襲為國王。」故丁璉稱南越王，乃其父部領所封授，非宋封，亦非自稱也。

丁部領父子被殺後，其子丁璿年幼嗣立。先是吳權之子、唐林州使君吳日慶，出奔占城，至是乃乞師占城，興復故地，占城王親率舟師助之，入富良江，距花閭都城不遠，暴風沉舟，吳日慶及占婆兵多溺死，占婆王單舸遁歸本國（大越史記卷一）。不久十道將軍黎桓廢幼主璿，幽錮於別第，自立為皇帝。

宋太宗知黎桓篡逆，欲討之，並欲一舉而將交州收歸版圖，乘此時出兵，乃有所藉口也。太平興國五年（九八〇）命蘭州團練使孫全興等，為陸路兵馬部署，自邕州路入，寧州刺史劉澄等為水路兵馬部署，自廣州入。時黎桓猶遣使進貢，太宗察其欲緩王師，卻之（宋史卷四八八）。

越史略卷一黎紀云：

宋太常博士侯仁寶請兵伐本國，宋以仁寶爲交州路轉運使，領諸軍來攻。時涼州聞兵至，以狀聞，太后命南柵人范巨備爲大將軍，率師拒之。師出之日，巨備直入省中，謂王曰：「今主上幼弱，未知我輩勤勞，脫有尺寸之功，其誰知之，不如先策十道（黎桓稱十道將軍）爲天子，然後出師。」軍士聞之，咸呼萬歲，太后見人情悅服，使以龍衮加王躬，請卽位。庚辰之年王卽位。

此謂黎桓得民心，卽王位，在侯仁寶出兵之後，顯然爲粉飾之詞，蓋宋之討伐，實惡其篡逆也，及宋兵入越南，大破越人於白藤江，後因劉澄兵遲至，孫全興頓兵花圩七十餘日，以侯之。而黎桓多詐，僞降，以誘前軍，侯仁寶遂敗歿。孫全興劉澄等班師還，皆被劾伏誅（宋史卷四八八）。

三　黎桓封郡王

太平興國七年（九八二）春，黎桓懼宋朝終行討滅，復以丁濬名遣使貢方物，上表謝罪。旋遣使以丁濬讓表來上，自稱權知交州三使留後。繼又連歲入貢。表求封授。雍熙二年（九八五）太宗詔：以其「不忘請命之恭，用舉酬勞之典，」遂授黎桓靜海軍節度使，封京兆郡侯。淳化元年（九九〇）夏遣宋鎬王世則等出使其地，黎桓親出郊迎，斂馬側身，問皇帝起居，惟受詔不拜。明年宋鎬等歸，奉命條列山川形勢及黎桓事跡以聞（宋史卷四八八）。四年（九九三）封黎桓交趾郡王。

但黎桓性本兇狠，負山阻海，屢爲寇盜，漸失藩臣禮，進犯邕州欽州。宋太宗「志在撫寧荒服，不欲問罪。」至道二年（九九六）命李若拙賫詔書充國信使，以美玉帶往賜黎桓。拙既至，桓出郊迎，然詞氣尙悖慢，謂若拙曰：「向者劫如洪鎭，乃外境蠻賊也，皇帝知此非交州兵否？若使交州果叛命，則當首攻番禺，次擊閩越，豈止如洪鎭而已。」李若拙從容以辭折之，黎桓乃避席曰：「海賊犯邊，守臣之罪，聖君容貸，恩過父母。」並北望頓首謝（宋史卷四八八）。李若拙二使其地，第一次在雍熙三年（九八六），此爲第二次，皆不辱命（宋史卷二〇七李若拙傳）。因黎桓之巧僞，及奉貢之慇勤，遂使太宗不作收復安南之想矣。

眞宗卽位（九九七）進封黎桓南平王，自是貢物甚厚，惟中國「使至交州，桓卽以供奉爲辭，因緣賦斂。上聞之，止令疆吏召授命，不復專使。」（宋卷四八八）此蓋黎桓之一種姦詐手段，欲藉重賦，以激起民怨，使怨恨上國也。

景德元年（一〇〇四）黎桓遣其子明提來貢，授驩州刺史（宋史卷四八八）。案明提卽越史略所稱行軍王，「應天十年，遣行軍王如宋。」應天十年卽宋景德元年，明提爲黎桓第十一子，於興統五年（九九四）封行軍王（越史略卷一），居北岸吉覽州。

景德三年（一〇〇六）黎桓卒，越史稱大行王，在位二十七年，改元者三。其諸子爭立，國內大亂。明提不能返國，詔廣州優禮之。九閱月後，第三子龍鉞嗣，僅三日，其弟龍廷（黎桓第五子）弒之自立，其兄明護率扶蘭砦兵攻之。時有酋長黃慶集等，率衆二千人投廉州請兵。知廣州淩震以聞，請發兵定交趾亂。朝廷議以幸亂伐喪不可，即改授國信使邵曄爲安撫使，諭以威德。明護懼，即奉龍廷主軍事。龍廷自稱節度開明王，求入貢。邵曄奏聞，又「上邕州至交州水陸路及宜州山川等四圖，頗詳控制之要。」（宋史卷四二六邵曄傳）是當時邊疆大吏尚有人在計劃收復交州也。無如眞宗寬仁，乏進取之心，謂：「祖宗闢土廣大，惟當愼守，不必貪無用地，勞苦兵力。」（宋史卷四八八）已忘安南爲中國固有之領土矣！眞宗又以爲龍廷處遐荒異俗，不曉事體，何足責怪，但令削去僞官，許其修貢如前。景德四年（一〇〇七）封龍廷爲交趾郡王，賜名至忠。龍廷所定官制，一遵宋朝，惟性嗜殺，暴虐無道，在任四年，爲李公蘊所廢。黎氏三傳，共三十年（九八〇至一〇〇九）而亡。

四　李公蘊與儂智高

沈括夢溪筆談卷二五云：

景德元年（一〇〇四）土人黎威殺璉自立，三年威死，安南大亂，久無酋長，其後國人共立閩人李公蘊爲主。

案所言黎威當爲黎桓之誤，惟黎桓於宋太平興國五年（九八〇）篡位，在任二十七年，非三年也，已如前述。但其謂李公蘊爲閩人，則宋人筆記當有根據。李公蘊於龍廷時拜左親衛殿前指揮使，殊寵任，嘗賜姓黎氏，大中祥符三年（一〇〇九）篡立，自稱留後，遣使奉貢。宋朝雖惡其篡，惟以蠻夷不足深責，即用黎桓故事，封公蘊爲交趾郡王。

大中祥符七年（一〇一四）秋狄獠張皤漢等避罪來奔，至如洪砦，交人急捕狄獠，遂犯如洪砦，詔疆吏勿輕納蠻獠，致生事端。天禧元年（一〇一七）宋眞宗封李公蘊南平王，賜器幣襲衣，金帶鞍馬。仁宗天聖間（一〇二三至一〇三一）李公蘊令其子弟及婿甲承貴率衆內寇，詔廣南西路轉運使發兵討捕之。未幾李公蘊卒，宋朝不欲伐人之喪，遂罷兵，其子李德政嗣立，景祐中（一〇三四至一〇三七）交趾郡人陳公永等六百餘人內附，李德政遣兵千餘至境追捕，守軍逐之，詔遣陳公永等還，並戒德政不可妄誅戮。慶曆七年（一〇四七）以交趾侵占城，宋朝疑其內蓄姦謀，乃訪自唐以來所通道路凡十六處，擇其要害而戍守之（宋史卷四八八），然其後未嘗侵邊。

皇祐元年（一〇四九）廣源州蠻儂智高入寇，越史略卷二云：

通瑞六年（一〇三九）春正月，廣源州首領儂存福叛，稱昭聖皇帝，封長子智聰爲南衙王，改其州曰長其國。王（李德政）親討之，至廣源州，存福焚其部落而遁，縱兵追之，獲存福，其子智高脫身而走，執存福歸京斬之。……乾符有道三年（一〇四一）冬十一月，儂智高復據廣源州，……明道二年（一〇四三）秋九月使魏徵如廣源州，賜智高郡王印，仍拜太保。天感聖武五年（一〇四八）儂智高以勿惡洞叛，崇興大寶二年（一〇五〇）儂智高據宋界安德州勿陽洞，以其洞爲南天國，改元景瑞。四年（一〇五二）智高請附於宋，宋不納，乃寇於宋。五月智高攻破宋橫山寨，遂陷邕州，以其州爲南天國，自稱仁惠皇帝。

後儂智高又沿鬱江而下，進圍廣州，領南騷然（宋史卷四九五蠻夷傳）。宋仁宗以爲憂，命余靖經制廣西路，並遣狄青孫沔率兵討之。初余靖恐智高請援於交趾，而脅諸洞以自固，一方面令蕭注入蠻中，結以恩信，另一方面約李德政會兵擊賊，德政興兵二萬，欲由水路入助王師（宋史卷三百二十余靖傳）。狄青至，卻其師而不用，謂「假兵於外，以除內寇，非我利也。蠻夷貪得忘義，因而啓亂，何以禦之？」（宋史卷二百九十狄青傳）後狄青擊破儂智高，亂平。

至和元年（一〇五四）李德政卒，其第三子日尊嗣，遣使告哀，賻賚甚厚。嘉祐五年（一〇六〇）交趾甲峒賊寇欽州，詔安撫使余靖等討之。余靖又遣人說占城出兵襲其後，日尊懼，願還所掠，其械罪人以自贖，遂恕之（宋史卷四八八）。沈括夢溪筆談卷二十五云：

甲峒者，交趾大聚落，主者甲承貴娶李公蘊之女，改姓甲氏，承貴之子紹泰，又娶德政之女，其子景隆娶日尊之女，世爲婚姻，最爲邊患。自天聖五年承貴破太平寨，殺寨主李緒。嘉祐五年紹泰又殺永平寨主李德用，屢侵邊境。至熙寧大舉，乃討平之，收隸機郎縣。

據此，可知甲洞主與李公蘊之世代關係，其屢入寇蓋有恃於此也，故宋史卷四八八交趾傳謂，甲承貴等內寇，乃奉李公蘊之命。

五　王安石圖交趾

宋神宗熙寧二年（一〇六九）交趾使占城，表稱占城不貢，故率兵虜其王，旣而自稱大越皇帝。熙寧五年（一〇七二）卒，長子李乾德嗣，遣使來貢，宋封賜如前。時宋王安石爲相，議開邊，或言交趾挫於占城，兵不滿萬可取也。先是嘉祐初（一〇五六）知邕州蕭注嘗上疏曰：

交趾雖奉朝貢，實包藏禍心，常以蠶食王土爲事。往天聖中鄭天益爲轉運使，嘗責其擅賦雲河洞，今雲河乃落蠻數百里，蓋年侵歲吞，馴致於是。臣已盡得其要領，周知其要害，今不取，異日必爲中國憂。願馳至京師，面陳方略，未報（宋史卷三三四蕭注傳）。

但其言不見用，且被劾落職，至神宗復起用蕭注，以蕭注知桂州經略之，且問攻取之策。蕭注對曰：

昔者臣有是言，時溪洞之兵，一可當十，器甲堅利，親信之人皆可指呼而使。今兩者不如昔，交人生聚教訓十五年矣，謂之兵不滿萬妄也（見同上）。

是時蕭注知桂州，仍得溪洞諸酋之歡心，對於交趾李乾德之動息，彼必知之，然未敢接受征交趾之寇。後沈起劉彝相繼知桂州，遂一意爲攻討之準備。宋史卷三三四沈起傳云：

令疆吏入溪洞，點集土丁爲保伍，授以陣圖，使歲時肄習，繼命指使因督運鹽之海濱，集舟師，寓教水戰，故時交人與州縣貿易，悉禁止之。

又魏泰東軒筆錄云：

神宗即位，王荊公執政，注（蕭注）度朝廷方以開邊爲意，又以斥官未復，思有以動君相之意，乃言向日久在邕州，知交趾可取。朝廷遽召復閤門使，俾知桂州兼廣西經略安撫。注至桂二年，而繆愆無狀，有旨召還，死于潭州。然朝廷尙以交趾爲可取，又以沈起知桂州。起至桂，先取宜州王口寨，出兵屢拆蚁，又作戰艦，聚軍儲，雖興作百端，而不中機會。朝廷疑其逗留，移知潭州，而以劉彝守桂。

沈起作戰艦，聚軍儲，朝廷猶疑其逗留，則劉彝時當更積極準備，可見是時宋朝已決意攻討交趾矣。

熙寧八年（一〇七五）冬，交趾犯邊，分三道入寇，連陷欽廉二州，殺守臣蘇緘，吏民被殺者數十萬人，明年春又陷邕州，詔以郭逵爲安南行營經略招討使，趙卨爲副，發兵討安南（宋史卷三三二趙卨傳）。王安石自草敕交趾牓云：

眷惟安南，世受王爵，撫納之厚，實自先朝，含容厥愆，以至今日。而乃攻犯城邑，殺傷吏民，干國之紀，刑茲無赦，致天之討，師則有名。今順時興師，水陸兼進，天示助順，已兆布新之祥，人知侮王，咸懷敵愾之氣。然王師所至，弗迓克奔，咨爾士庶，久淪塗炭，如能諭王內附，率衆自歸，爵祿賞賜，當倍常科，舊惡宿負，一皆原滌。乾德幼稚，政非己出，造廷之日，待遇如初。朕言不渝，衆聽毋惑。比聞編戶，極困誅求，已戒使人，具宣恩旨，暴徵橫賦，到即蠲除，冀我一方，永永樂土。

故王安石以爲此次興師征討，乃師出有名。並原李乾德幼稚，政非己出，倘其歸降，亦無廢立之意。及郭逵兵次長沙，先遣將收復邕廉，而自將西征，至富良江，大敗交趾兵，斬李乾德子李洪眞。乾德懼，上表請和，願歸所擄掠欽廉邕三州官吏千人。宋朝亦因戍卒罹瘴霧，多病歿，乃悉以所佔四州一縣還之。

宋劉延世所著孫公談圃卷上有載：

交趾洪眞太子素養卒五百，禁嗜慾，教以陣法，銳甚，人執金牌爲號，果遇於簩傍，逵（郭逵）以番落騎，誘至平地，大破於江中，其卒猶執金牌，歿，遂擒太子。當時多罪逵不深入，乘勝覆其巢穴也。

可證此次出兵勝利，交趾降服，是事實也。後有以此次討交趾爲「勞師費財」歸咎王安石者，又謂：「時出師安南，諜得其露布，言中國行青苗助役之法，窮困生民，我今出兵，欲相拯濟。安石怒，自草敕牓詆之。」（宋史卷三二七王安石傳）案交趾叛離中國，自黎桓李公蘊以後，雖受册命封王，實則帝制自爲，且屢爲邊患，眞宗時即有邵曄上交趾水陸進兵圖，嘉祐初蕭注上疏請圖交趾，是則交趾之當征討，在熙甯以前早已有人建議，故不能以此事歸咎王荊公也。觀上所錄敕交趾牓文，並無大怒以詆之詞，足見宋史所言之誣。

安南本爲中國之領土，今叛而獨立，離棄母國，倘宋稍自振作，早應征討，乃宋太宗以後，世乏英主，遷延苟安，致交趾叛離日久，根深蒂固，遂不易圖矣。且自咸平（九九八）以後，承平旣久，武備漸弛，而募兵之窳敗，更不能捍衛邊圉。及王安石執政，奮然更制，推行保甲法，欲成民兵以代募兵。於是議開邊，其於河湟（甘肅鞏昌西洮州之地）之恢復，湖南四川諸蠻夷之平定，多所決策。此次征交趾，使李乾德歸降，彼亦與其功。而修史者反以罪責之，何其不平耶？

元豐六年（一〇八三）交趾遣其臣黎文盛來廣西永平寨，辦理順安歸化境界，詔以八隘之外，保樂六縣，宿桑二峒，予乾德，並授文盛龍圖閣待制。

大觀初（一一〇七），貢使臣至京，乞市書籍，有司言法不許，詔嘉其慕義，除禁書卜筮陰陽曆算術數兵書敕令時務邊機地理外，餘書許買（宋史卷四八八）。

政和末（一一一七）又詔以交人自熙寧以來，全不生事，特寬互市之禁（見同上）。

由此等事，亦可見王安石時出兵討交趾所獲之效果也。雖未將交趾收歸版圖，然已足以維持五十年來之和平矣。

第五章　五代後變內部略審圖　一二三

六　始封安南王國

北宋末，靖康二年（一一二七）徽欽二帝爲金人所執，中國苦於外患，而安南猶入貢不絕。李乾德於是年冬十二月卒（宋史作紹興二年卒），無嗣，由繼子陽煥立，紹興七年（一一三六）陽煥卒，子天祚立，年僅三歲。至淳熙元年（一一七四）天祚已長，遣使入貢，宋孝宗封其爲安南國王，賜以印，安南遂正式稱國。邱濬大學衍義補卷一五三云：

案交趾本秦漢以來中國郡縣之地，五代時爲劉隱所幷，至宋初始封爲郡王，然猶授中國官爵勳階，如所謂特進檢校太尉，靜海軍節度觀察等使，及賜號推誠順化功臣，皆如內地之臣，未始以國稱也。其後封南平王，奏章文移，猶稱安南道，孝宗時始封以王稱國，而天下因以高麗眞臘視之，不復知其爲中國之郡縣矣。

據越史丁部領時已自稱帝，國號瞿越，但至此時始得中國政府之正式承認耳。周必大玉堂雜誌曰：「安南爲國，蓋曾丞相之失，聞奏章文移，舊止稱安南道，加封之後，寖自尊大，文書稱國，不復可改。」

淳熙二年（一一七五）天祚卒，其第六子龍翰（一作龍幹）立，宋朝復賜以安南國王之印。惟安南既爲國，漸驕大，初猶入貢，後宋帝有恩賜亦不表謝，自是益疏遠，寧宗嘉定三年（一二一〇）龍翰卒，其第三子昊旵嗣，不表謝，宋亦不再加恩賚。寶慶元年（一二二五）昊乃傳位於其第二女昭聖公主，同年十二月昭聖遜位於其夫陳日煚（宋史卷四八八交趾傳）李氏凡八傳，共二百一十六年而亡。

李公蘊爲閩人，見於宋人筆記夢溪筆談，前已述之。宋周密齊東野語卷十五云：

陳日煚者，本福建長樂邑人，姓名爲謝升卿。

然則李陳二氏之建安南國，與粵人鄭昭之建暹羅國，可以先後媲美矣。關於陳日煚爲安南國王，余別有考，茲不贅述。

陳日煚既有國，於淳祐二年（一二四二）始來請命，寶祐元年（一二五二）蒙古兵滅大理，四年（一二五六）進攻安南陷之，六年（一二五八）宋理宗詔安南備禦巨測，申飭邊備，蓋是年陳日煚遜位於其子光昺，（一名威晃）納款於元故也。景定三年（一二六二）遣使入貢，表乞世襲，詔授陳日煚檢校太師安南國太王，陳光昺檢校太尉安南國王，十餘年後宋亡。

七　安南降元

元憲宗七年（一二五七）十一月令兀良合台（一作烏蘭哈達）以下雲南之餘威，兵壓交趾北境，先遣二使諭之不返，兀良合台乃倍道進兵，令徹徹都爲先鋒，以其子阿术殿後，十二月兩軍合，大破交趾兵，遂入其國，陳日煚竄海島。（元史卷二〇九安南傳）案兀良合台進兵之計劃，本欲將交趾抗元者一網打盡，元史卷一二一兀良合台傳云：

兀良合台分軍爲三隊濟江，徹徹都從下流先濟，大師居中，駙馬懷都與阿求在後，仍授徹徹都方略曰：「汝軍既濟，勿與之戰，彼必來逆我，駙馬隨斷其後，汝伺便奪其船。蠻若潰走，至江無船，必爲我擒矣。」師既登岸，即縱與戰，徹徹都違命，蠻雖大敗，得駕舟逸去。

倘此時能將陳日煚擒獲，安南或可下，乃因徹徹都違命，未克成功。故兀良合台怒責之，而徹徹都遂仰藥死。兀良合台傳又云：

兀良合台入交趾，爲久駐計，軍令嚴肅，秋毫無犯。

可見元兵欲一舉而滅安南，收爲領土，與雲南相保，故有久駐之計，而不犯其民。

留九日，以氣候鬱熱，乃班師。（元史卷二〇九安南傳）

元軍既不能久駐，又恨越人殘暴，虐待前所遣使者，因屠其城。新元史卷一二二兀良合台傳云：

兀良合台入交趾，日煚遁海島，得前所遣使者於獄，以破竹鉗其體入膚，一使死焉。兀良合台怒，屠其城。人以報之，越七日，日煚請內附，乃大饗將士而還。

元軍既還，復遣二使招日煚來歸，日煚還見國都皆已殘毀，大發憤，縛二使遣還。（元史卷二〇九）但畏蒙古之威力，終於屈服投降。憲宗八年（一二五八）二月，陳日煚傳國於長子光昺，光昺遣壻與其國人以方物來見兀良合台，送詣行在所。（元史

卷三憲宗本紀）

時諸王不花鎮雲南，二遣訥刺丁（一作訥埒丹）往諭，光昺遂納款，且曰：「俟降德音，即遣子弟爲質。」（元史卷二〇九）安南遂降元。

八　置達魯花赤

元世祖中統元年（一二六〇）十二月，「以禮部郎中孟甲，禮部員外郎李文俊使安南。」（元史卷四世祖本紀）二年孟甲等還，陳光昺遣使詣闕獻書，乞三年一貢，帝從其請。三年九月「安南國陳光昺遣使貢方物，壬申授安南國王陳光昺及達魯花赤訥刺丁虎符。」（元史卷五）封光昺爲安南國王，以西錦三，熟錦六賜之，復降詔曰：

卿既委質爲臣，其自中統四年爲始，每三年一貢，可選儒士，醫人，及通陰陽，卜筮，諸色人匠各三人，及蘇合油，光香，金，銀，朱砂，沉香，檀香，犀角，玳瑁，珍珠，象牙，白磁盞等物，同至，仍以訥刺丁充達魯花赤，佩虎符，往來安南國中。（元史卷二〇九）

案達魯花赤（一譯達魯葛齊）蒙古語，義爲官長，元於各行省，凡路府州縣，各提舉司，各總管府，萬戶府，千戶所，元帥府，及宣撫安撫招討諸司，皆置達魯花赤，以蒙古人任之。而別置總管知府州尹縣令提舉萬戶千戶元帥及宣撫安撫招討諸使爲其副。故達魯花赤乃元朝所命之正式行政長官。今安南臣屬，置達魯花赤，佩虎符，往來安南國中，則其地位亦當在安南國王之上，且得以虎符發兵，故元世祖之視安南無異內地各行省。至元四年（一二六七）九月，復下詔諭以六事：一君長親朝，二子弟入質，三編民數，四出軍役，五輸納稅賦，六仍

置達魯花赤統治之。（元史卷二〇九）

安南須納賦稅，出兵役，受達魯花赤之統治，是安南國可謂名存實亡矣。十一月又詔諭光昺，「以其國有囘鶻商賈，欲訪以西域事，令發遣以來，是月詔封王子爲雲南王，往鎮大理鄯闡交趾諸國。」（元史卷二〇九）故安南國王又受雲南王之節制，交趾與大理鄯闡諸小國並視。大理王段興智已於元憲宗三年（一二五三）被擒，降爲摩訶羅嵯，管領諸蠻，則元之視陳光昺亦蔑如矣。

至元五年（一二六八）九月以忽籠海牙代訥剌丁爲達魯花赤，張庭珍副之，次年任命張庭珍爲達魯花赤，元史卷一六七張庭珍傳云：

至元六年（一二六九）安南入貢不時，以庭珍爲朝列大夫安南國達魯花赤，佩金符，由吐蕃大理諸蠻至于安南。世子光昺立受詔，庭珍責之曰：「皇帝不欲以汝土地爲郡縣，而聽汝稱藩，遣使喻旨，德至厚也。王猶與宋爲唇齒，妄自尊大。今百萬之師圍襄陽，拔在旦夕，席捲渡江，則宋亡矣。王將何恃乎？且雲南之兵不兩月可至汝境，覆汝宗祀，有不難者，其審謀之。」光昺惶恐，下拜受詔。

元之待安南如此，以視宋朝册封安南國王，除其自行貢獻外，並無恐嚇與勒索，其相去爲何如耶?則安南人之感念宋朝，暗中相依爲唇齒，自不待言矣。張庭珍傳又云：

光昺語庭珍曰：「聖天子憐我，而使者多無禮，汝官朝列，我王也，相與抗禮，古有之乎?」庭珍曰：「有之，王人雖微，序於諸侯之上。」光昺曰：「汝過益州，見雲南王拜否?」庭珍曰：「雲南王天子之子，汝蠻夷小邦，特假以王號，豈得比雲南王?況天子命我爲安南之長，位居汝上耶?」

由此段對話，足見安南稱王，乃假以爵號，達魯花赤之官位反居安南國王之上。故元世祖雖未將安南王國廢滅，實則安南與內地被佔諸省無異。當時元之待安南，正與近世法蘭西之待安南相似也，除納賦稅，出兵役之外，又勒令貢獻方物。

至元七年十一月，中書省移牒光昺，言其受詔不拜，待使介不以王人之禮，遂引春秋之義以責之，且令以所索之象與歲貢偕來，又前所貢藥物品味未佳，所徵回鶻輩，託辭欺誑，自今以往，其審察之。(元史卷二〇九)

至元九年(一二七二)以葉式捏爲安南達魯花赤，李元副之，十年(一二七三)正月葉式捏卒，卽命李元爲達魯花赤。十二年正月光昺上表請罷本國達魯花赤云：

天朝所遣達魯花赤，辱臨臣境，安能空回?況其行人動有所恃，凌轢小國，雖天子與日月並明，安能照及覆盆?且達魯花赤可施於邊蠻小醜，豈有臣旣席王封，爲一方藩屏，而反立達魯花赤以監臨之，寧不見笑於諸侯之國乎？凡天朝所遣官，乞易爲引進使，庶免達魯花赤之弊。

由此表文可見陳光昺不堪達魯花赤之掣肘，又可見達魯花赤之設，在監視安南國王，故請罷之，但未邀准，其年二月復降詔：

以所貢之物無補於用，諭以六事，且遣合撒兒海才充達魯花赤，仍令子弟入侍。（元史卷二〇九）

至元十四年（一二七七）光昺卒，子日烜立，遣禮部尚書柴椿等往諭之，入朝受命。初使偶往來均由鄯闡，（今昆明）柴椿等始由江陵抵邕州，入安南。日烜稱疾不朝。十六年（一二七九）復遣使再諭日烜來朝：

若果不能自覲，則積金以代其身，兩珠以代其目，副以賢士方技子弟工匠各二，以代其土民，不然，修爾城池，以待其審處焉。（元史卷二〇九）

但日烜又以疾辭，止令其叔陳遺愛入覲，元世祖怒，十八年（一二八一）十月己亥，「議封安南王號，易所賜安南國畏吾字符，以國字書之。仍降詔安南國，立日烜之叔遺愛爲安南國王。」（元史卷十二世祖本紀九）十月又立安南國宣慰司，以卜顏鐵木兒爲參知政事，行宣慰使都元帥，別設僚佐。日烜拒弗納，乃下詔曰：

光昺既歿，其子又不請命而自立，遣使召之，託故不至，今又以爲詞，故違朕命，止令其叔父入覲，即欲興師致討，緣爾內附入貢有年矣。其可効爾無知之人，枉害衆命。爾既稱疾不朝，今聽爾以醫藥自養，故立汝之叔父遺　代汝爲安南國王，撫治汝衆。其或與汝百姓輒有異圖，大兵深入，戕害性命，無或怨懟，實乃與汝百姓咎。（新元史卷二五〇安南傳）

於是任柴椿行安南宣慰使都元帥，李振副之，以新附軍千人送遺愛返國，日烜戕殺之。因此，元朝決意大舉征伐。

九　屢征安南失敗

至元二十一年（一二八四）十一月，占城行省右丞唆都言：

交趾與眞臘占城雲南暹緬諸國接壤，可即其地立省，乃於越里潮州毗蘭三道屯軍鎮戍，因其糧餉以給士卒，庶免海道運輸之勞。（元史卷二〇九安南傳）

可見時人有滅安南以立行省之議。至元二十二年（一二八五）鎮南王脫歡奉旨征占城，疑安南與占城通牒，令軍行假道於其國，責日烜運糧至占城助軍，並令親迎鎮南王。日烜不從，陳兵險隘抗拒。元軍遂分六道進攻，破之，渡富良江，入其城，宮室盡空。時唆都征占城，鎮南王脫歡「詔唆都帥師來會，敗交趾兵於淸化府，奪義安關。」（元史卷一二九唆都傳）元兵入其境，大小七十戰，取地二千餘里。日烜逃去，追至膠海口，不知所往。

安南雖敗，然增兵轉多，元軍困乏，死傷亦衆，遂決議渡江退兵，屯思明州，軍還至如月江，日烜遣兵躡其後。行至册江，未及渡，林箐伏發，李恆殿後，中流矢死，唆都亦戰死。（元史卷一二九李恆唆都列傳）官軍力戰，始護王出境，亡者過半。元世祖聞之震怒曰：「日本未嘗相侵，今交趾犯邊，宜置日本，專事交趾。」（元史卷二〇八日本傳）

至元二十三年（一二八六）正月詔省臣共議大舉南伐，二月詔諭安南官吏百姓，數陳日烜之罪惡。日烜弟陳益稷來歸，封益稷爲安南國王，封近親秀嵈爲輔義公，命鎮南王脫歡平定其國，以兵納益稷。但官軍入境，日烜復堅城遁。時湖廣行省臣線哥以湖南宣慰使所言入奏，請息兵，以甦民力，「寬百姓之賦，積糧餉，繕甲兵，俟來歲天時稍利，然後大舉，亦未爲晚」。（元史卷二〇九）元世祖即日下詔止軍，縱士卒還各營，陳益稷從師還鄂。

但元世祖對於安南炯炯不忘，故息兵不及一年，又議征討。元史卷十一世祖本紀云：

至元二十四年（一二八七）春正月丁亥，又以不顏里海牙爲參知政事，發新附軍千人從阿八赤討安南，辛卯詔發江淮江西湖廣三省蒙古漢券軍及雲南兵及海外四州黎兵，命海道運糧萬戶張文虎等運糧十七萬石，分道以討交趾，置征交趾行尚書省，奧魯赤平章政事，烏馬兒樊楫參知政事，總之，並受鎮南王節制。……九月丁未安南國遣其中大夫阮文彥通侍大夫黎仲謙貢方物，……十一月己亥鎮南王次思明，程鵬飛與奧魯赤等從鎮南王分道並進，阿八赤以萬人爲前鋒，辛丑烏馬兒樊楫及程鵬飛等遂趨交趾，所向克捷。……

……十二月乙酉鎮南王以諸軍渡富良江，次交趾城下，敗其守兵，日烜與其子棄城走。日烜與其子復遁入海，元兵追至天長海口，無蹤可尋。乃命烏馬兒將水兵迎張文虎等糧船，至安邦海口，不見張文虎，復還萬劫。張文虎糧船以去年十二月次屯山，遇敵船，擊之，至綠水洋，賊船亦多，度不能敵，又船重不可行，乃沉米于海，趨瓊州，其他糧船亦漂至瓊州，凡亡士卒二百二十八，船十一艘，糧萬四千三百餘石。諸將因言：

交趾無城池可守，倉庾可食，張文虎等糧船又不至，且天時已熱，恐糧盡師老，無以支久，爲朝廷羞，宜全師而還。（元史卷二〇九）

又據阿八赤傳（元史卷一二九）云：

會將士多疫，不能進，而諸蠻復叛，所得關阨皆失守，乃議班師。於是樊楫與烏馬兒由水道先發，爲安南兵所邀截，全軍覆歿。程鵬飛簡銳卒，護鎮南王還，次內傍關，安南兵大集，力戰出關。諜知日烜及其子與道王等，分兵三十萬守女兒關，及丘急嶺，連亘百餘里，以遏歸師。諸軍且戰且行，安南兵乘高發毒矢張玉、阿八赤皆死之，脫歡由單己縣趨盝州，間道至思明。元史卷一六七張立道傳云：

昔鎮南王奉辭致討，……由其不用鄉導，率衆深入，不見一人，遲疑而還，曾未出險，風雨驟至，弓矢盡壞，衆不戰而自潰。

又新元史卷一一四脫歡傳云：

是役之敗也。世祖以脫歡再伐安南無功，喪師辱國，終身不許入覲。

日烜遣使奉表，進金人代己謝罪。復詔諭來朝。日烜僅遣其中大夫陳克用來貢方物而已。

蓋元師再敗之後，已不能威服安南矣。至元二十七年(一二九〇)日烜卒，子日燇遣使來貢，表請襲封爵，詔諭來朝不從。元史卷一六七張立道傳云：

此次征安南失利，帝怒，欲再發兵，丞相完澤，平章不忽木言：「蠻夷小邦，不足以勞中國，張立道嘗再使安南有功，今復使往，宜無不奉命。」……日燇迎立道入，出奇寶爲賄，立道一無所受，但要日燇入朝。日燇曰：「貪生畏死，人之常情，誠有詔，貸以不死，臣將何辭？」乃先遣其臣阮代之何惟巖等隨立道上表謝罪，修歲貢之禮如初，且言所以願朝之意。廷臣有害其功者，以爲必先朝而後赦。日燇懼，卒不敢至，議者惜之。

據此，則日燇之不敢親朝，乃以廷臣操之過激故也。

(至元二十八年)上思州黃勝許恃其險遠，與交趾爲表裏寇邊。二十九年詔劉國傑討之。……拔其山寨。勝許走至交趾，擒其妻子殺之。國傑三以書責交趾，索勝許，交趾竟匿不與。(元史卷一六二劉國傑傳)

安南竟敢隱匿罪人，不肯引渡，足證其對於元朝之兵威已無所懼憚。是時使臣往來頗密，至元二十九年(一二九二)九月遣吏部尚書梁曾等再諭日燇來朝，次年奉使還。元史卷一七八梁曾傳云：

八月還京師，入見，進所與陳日㷆往復議事書，帝大悅，解衣賜之，且令坐地上。右丞阿里意不然。帝怒曰：「梁曾兩使外國，以口舌息兵戈，爾何敢爾？」是日有親王至自和林，帝命酌酒先賜曾，謂親王曰：「汝所辦者汝事，梁曾所辦，吾與汝之事，汝勿以爲後也。」復於便殿賜酒饌，留宿禁中，語安南事，至二鼓方出。

可見元世祖對於安南甚注意，而以辦安南事爲己與親王之事，蓋其心目中久已欲滅安南以爲領土也。後廷臣以日㷆終不入朝，又議征之，遂拘留安南使臣陶子奇於江陵，命劉國傑與諸侯王等同征安南。元史卷一三六哈剌哈孫傳云：

三十年平章劉國傑將兵征交趾，哈剌哈孫戒將吏毋擾民，會有奪民魚菜者杖其手，軍中肅然。俄有旨發湖湘富民萬家屯田廣西，以圖交趾。哈剌哈孫密遣使奏曰：「往年遠征無功，瘡痍未復，今又徙民瘴鄉，必將怨叛。」吏莫知其奏，抱卷請者，弗答，吏再請，則曰：「姑緩之。」未幾使還，報罷，民皆感悅。

元世祖以屢征安南不利，故有此久遠之計，屯田廣西。乃未實行，而世祖遽於次年正月崩。五月成宗即位，遂命罷征，遣陶子奇歸。「六月遣禮部侍郎李衎兵部郎中蕭泰登持詔往撫綏之。」（元史卷十八成宗本紀）由武力征討，改爲遣使撫綏，蓋元世祖一生用兵，國力消耗，漸由盛而衰，不得不轉換對外之政策，以避免戰爭。

大德五年(一三〇一)二月太傅完澤等奏：

安南來使鄧汝霖竊畫宮苑圖本，私買輿圖及禁書等物，又抄寫陳言，征收交趾文書，及私記北邊軍情及山陵等事宜，所爲不法，詔諭日燇宜窮治，此後使价必須選擇，仍依前例三年一貢。(元史卷二〇九)

此時安南不僅玩忽元廷詔命，且敢私探軍情，收買輿圖，而有北侵之野心矣。

仁宗皇慶二年(一三一三)正月交趾軍約三萬餘衆，馬軍二千餘騎，犯鎮安州雲洞，殺掠居民，焚燒倉廩廬舍，又陷祿洞知洞等處，虜生口孳畜及居民貲產而還；復分兵三道，犯歸順州，屯兵未退，四月復得報，交趾世子親領兵焚養利州，官舍民居，殺掠二千餘人。(元史卷二〇九)

時廷議命湖廣行省發兵進討，中書省遣劉元亨等牒責之，安南飾詞以謝，終不得要領。劉元亨等因上言：

爲今之計，莫若遣使諭安南歸我土田，返我人民。仍令當國之人正其疆界，究其主謀開釁之人，戮於境上。申飭邊吏，毋令侵越。(元史卷二〇九)

元朝至是轉攻爲守，不但無力入侵安南，反須在廣西邊外設防守禦，且以避免與安南啓釁爲幸矣。

宋元二代，屢征安南，皆無結果，後之言安南者，每以用兵爲戒。自五代以後三百餘年來，安南由郡縣變爲藩國，遂難以改易矣。

第六章　明代復置郡縣及棄守始末

一　明太祖優禮安南

元衰明興，明太祖定都金陵，詔諭海外諸國，續文獻通考卷二三九云：

洪武元年（一三六八）登極，詔諭海內外。日煃大懼，又聞征南將軍廖永忠，副將軍朱亮祖，帥師逾嶺，降何眞，定廣東西，日煃欲納款，又以梁王尚在雲南，持兩端。

明太祖鑒於元之待安南，專用武力，不以德化，未能使其臣服，故改用綏和政策。宋濂使南蘗序曰：

安南古交阯地也，漢唐以來，其地皆入職方，稱臣奉貢，比內諸侯。近代馭非其術，徵其重貨，責其朝覲，蠻夷始敢爲弗恭。廷議憤之，復有鑄金爲人，夜光爲目之徵，而蠻夷心亦離。（宋學士文集卷六）

此所謂近代馭非其術者，即指元代也。明太祖對於南洋諸國，皆恩威並施，觀其厚賜藩臣，優禮來使，可以知之。其於安南尤爲重視。洪武元年十二月遣使往諭日煃，日煃即遣臣奉表款貢，太祖喜，二年秋命侍讀學士張以寧等往封日煃爲安南王，並厚賜之，惜未至而陳日煃卒。明史卷三二一安南傳云：

（洪武三年四月）杜舜欽等至，告哀，帝素服御西華門引見，遂命編修王廉往祭，賻白金五十兩，帛五十匹，別遣吏部主事林唐臣封日熞爲王。

粟名山藏王享記云：

安南國王陳日熑入貢求封，使學士張以寧持詔封爲安南王，行至境上，日熑已卒，其兄子日熞嗣，欲即求王印，以寧抱璽書不予，使請於朝，而待之境上。旣奏，上命以寧予日熞印，別使使吊祭日熑。以寧乃入，日熞郊迎，爲日熑位北嚮，使者南嚮授詔，日熞俯伏謝。其明日長跪稽首受印，交人故以揖爲禮，至是長跪稽首。

明史卷二八五張以寧傳云：

事竣，教世子服三年喪，令其國人效中國行頓首稽首禮。天子聞而嘉之，賜璽書，比諸陸賈馬援。

張以寧教安南行稽首頓首禮，日熞卽服從奉行，以視元時光昺受詔不拜，不以禮待元使，其相去爲何如耶？

尋頒科擧詔於其國，且以更定嶽瀆神號，及廓清沙漠，兩遣官詔告之。（明史卷三二一安南傳）

安南自唐末之亂，淪陷於夷，文教低落，已不如昔。欲使其內屬，恢復漢唐時之盛況，則先當從教化入手，蓋能同文同倫，則其政制自可趨於同軌。故明太祖之於安南，一反蒙古之武力佔領政策，其見識自有過人之處。然交人狡黠，野性難馴，又非武力不足以懾之。

洪武四年（一三七一）冬日煃爲伯父叔明逼死，叔明懼罪，遣使貢象及方物，次年至京，禮官見署表非日煃名，詰得其實，乃却其貢，而詔諭之曰：

春秋大義，亂臣賊子在王法所必誅，不以夷夏而有間也。向者安南國王陳日煃薨，我國家賜以璽書，而立日煃爲王，今觀所上表章，乃名叔明。詢諸使者，日煃爲盜所逼，悉自翦屠其羽翼，身亦就斃。此皆爾叔明造計傾之，而成簒奪之禍也。揆于大義，必討無赦。如或更絃改轍，擇日煃親賢，命而立之，庶幾可贖前罪。不然，十萬大軍，水陸俱進，正名致討，以昭示四夷，爾其無悔。（宋學士文集卷一）

明朝惡安南之簒逆，亦不得不以大軍征討威嚇之。命安南國人爲日煃服，而叔明姑以前王印視事。洪武七年（一三七四）叔明遣使謝恩，自稱年老乞命，弟煓攝政，許之。八年夏煓遣使謝恩請貢期，詔三年一貢，著爲令，並命中書同安南公文曰：

爾中書詔諭安南知會，若欲三年來貢，其部臣行人許五人而止，進見之物須從至微至輕，必來使自捧而至，免勞彼此之民，物不在多，惟誠而已。（馭交記卷三）

明太祖頒賜安南國王之物甚厚，而所命貢物則至微至輕，以視元廷諭以六事，並勒索貢物者，其繁簡爲何如耶？

洪武十年（一三七七）端侵占城敗歿，弟煒嗣立，頻年納巨款以賄奄豎。明史卷三二一安南傳云：

時國相黎季犛竊柄，廢其主煒，尋弑之，立叔明子日焜主國事，仍假煒名入貢。朝廷不知而納之，越數年始覺，命廣西守臣絕其使。季犛懼。二十七年（一三九四），遣使由廣東入貢，帝怒，遣官詰責，却其貢，季犛益懼。明年復詭詞入貢，帝雖惡其弑逆，不欲勞師遠征，乃納之。

又思明土官黃廣成言：……「元季喪亂，交人攻破永平，越銅柱二百餘里，侵奪思明所屬邱溫，如嶅，慶遠，淵，脫等五縣地，近又告任尙書，置驛思明洞登地。臣嘗具奏，蒙遣楊尙書勘實，乞敕安南以五縣地還臣，仍畫銅柱爲界。」帝命行人陳誠呂讓往諭，季犛執不從。誠自爲書諭日焜，季犛貽書爭，且爲日焜書移戶部。誠等復命 帝知其終不肯還，乃曰：「蠻夷相爭，自古有之，彼恃頑必召禍，姑俟之。」

由此二事，可見明太祖對於安南始終以恩義結之，不輕言討伐，蓋元末喪亂之後，中國亦須休息，征討安南，必動大兵，非所宜也。所謂「彼恃頑，必召禍，姑俟之」者，蓋有待於將來國力充裕，人民康樂之時，一舉而滅之，則漢武之大業可就也。後之人誤解明太祖教言，謂「安南不征，著在祖訓」者，其殆未思此言之意旨歟？

一　安南復置郡縣

黎季犛之頑傲，明太祖既未懲之，由是愈跋扈，遂懷篡逆之志：

建文元年（一三九九）季犛弑日焜，立其子顒，又弑顒，立其弟𡺆，方在襁褓中，復弑之，大殺陳氏宗族，而自立，更姓名爲胡一元，名其子蒼曰胡𡗶，謂出帝舜裔，胡公後，僭國號大虞，元號元聖，尋自稱太上皇，傳位𡗶，朝廷不知也。（安南傳）

時明朝正逢靖難之變，不暇他顧，故於黎季犛之篡逆事不知也。及成祖即位，詔告其國。永樂元年（一四〇三）胡𡗶自署權理安南國事，奉表朝貢，稱陳氏後嗣滅絕，彼以陳氏甥爲衆所推，權理國事，於今四年，請襲封爵。事下禮部，部臣疑之，乃遣使察詢，並諭安南陪臣耆老具以實奏。使還，進陪臣耆老上表，皆與𡗶言無二，於是成祖謂：「陳氏以壻得國，今𡗶以甥繼之，於理亦可。」乃下詔封𡗶爲安南國王。不久以後，始知其欺誑悖逆，成祖怒，遂興討伐之師。據安南傳，（明史卷三二一）當時促成遠征安南之原因如下：

思明所轄祿州，西平州，永平寨，爲安南侵奪，帝諭令還，不聽，一也。

占城訴安南侵掠，詔令修好，𡗶陽言奉命，侵掠如故。且授占城印章，逼爲其屬，又邀奪天朝賜物，帝惡之，二也。

安南故陪臣裴伯耆詣闕告難，具述黎季犛父子篡逆事，奏請「興弔伐之師，隆繼絕之義，臣不才，切效包胥爲人，敢以死請。」帝得奏感動，三也。

會老撾送陳天平至，言其爲日烜孫，天明子，日㷆弟，匍匐萬里，哀愬明庭，迅發大師，用彰天討。帝益感動，四也。

胡奃遣使賀正旦，帝出天平示之，皆錯愕下拜，有泣者，伯耆責使者以大義，皆惶恐不能答。帝諭斥胡奃父子悖逆，鬼神所不容，而國中臣民共爲欺蔽，一國皆罪人，五也。

雲南寧遠州復訴胡奃侵奪七寨，掠其壻女，六也。

胡奃遣使迎天平歸奉爲主，且退還祿州寧遠地，帝不虞其詐，四年三月敕將軍黃中等護送天平，入雞陵關，將至芹站，奃伏兵邀殺天平，中等敗還，七也。

又據邱濬平定交南錄：「季犛稱太上皇，毀中國儒教，謂孟子爲盜儒，程朱爲剽竊，」八也。

有此八因，遂令明成祖震怒，決意討伐之。永樂四年（一四〇六）七月，命朱能佩征夷將軍印，充總兵官，沐晟爲左副將軍，張輔爲右副將軍，督師南征。明史卷一四五朱能傳謂：「帝親送之龍江。」後能至龍州病卒，乃命張輔代總其軍，並降敕諭，引明太祖時，開平王常遇春卒於柳河川，岐陽王李文忠代之，「率諸將掉蕩殘孽，終建大勳，著名靑史，」以爲勗勉。（平定交南錄）可見明成祖甚重視此役，蓋彼有遠繼漢武之志，收復失土，故以南征安南與北逐韃靼之功並比也。明史卷三二一安南傳敍此次征安南之壯舉云：

入安南坡壘關，傳撒數一元父子二十大罪，諭國人以輔立陳氏子孫意。師次芹站，遂造浮橋於昌江以濟。前鋒抵富良江北嘉林縣。而輔（張輔）由芹站西取他道至北江府新福縣，諜晟（沐晟）彬（李彬）軍亦自雲南至白鶴，乃遣驃騎將軍往會之。時輔等分道進兵，所至皆克。賊乃緣江樹柵，增築土城，於多邦隘，城柵連九百餘里，大發江北民二百餘萬守之。諸江海口皆下木樁。所居東都嚴守備，水陸兵號七百萬，欲持久以老官軍。輔等乃移營三帶州，箇招市江口，造戰艦。帝慮賊緩師以待瘴癘，敕輔等必以明年春滅賊。十二月晟次洮江北岸，與多邦城對壘。輔遣旭（陳旭）攻洮州，造浮橋濟師，遂俱抵城下，攻拔之。賊所恃惟此城，既破胆裂。大軍循富良江南下，遂擣東都，賊棄城走，大軍入據之，薄西都，賊大燒宮室，駕舟入海，郡縣相繼納款，抗拒者輒擊破之。士民上書陳黎氏罪惡，日以百數。五年正月大破季犛於木丸江，宣詔訪求陳氏子孫。於是耆老千一百二十餘人詣軍門言：「陳氏爲黎賊殺盡，無可繼者，安南本中國地，乞仍入職方，同內郡。」輔等以聞。尋大破賊於富良江。季犛父子以數舟遁去，諸軍水陸並追，次茶籠縣，知季犛走乂安，遂循舉厥江，追至日南州，奇羅海口，命柳升出海追之，賊數敗，不能軍。五月獲季犛及僞太子於高望山，安南盡平。

昔日宋元屢征安南，皆無功而返，何以此次出兵，得平安南，其故蓋有四：（一）胡一元父子方行篡奪，其國中民心尚未全附，故臣耆老多思念先朝。（二）明軍入安南，即先榜示其罪，使民咸知，師出有名。(三)特別聲明懲處黎氏，選求立陳氏後，以釋羣疑。(四)張輔爲適當之統帥，智勇兼全，且進兵神速，使賊敗後，無喘息復集之暇，故數敗不能軍，卽被擒。

據平定交南錄，當大軍屯富良江北岸，明廷嘗遣行人朱勸齎勅至，諭以禍福，及許其賚金五萬兩，象百以贖罪。乃季犛無悔改之意，遂攻之。安南軍曾利用象羣，驅象來衝，張輔亦效宗慤之法，出內府所製獅子服蒙馬，象見獅形驚畏而顫，倒回奔突，蹂亂其陣。大軍自永樂四年十月入其境，至五年五月平之，遍求陳氏後裔不得，張輔等奏曰：

欽蒙聖訓，訪求陳氏子孫，俾繼王爵。臣等謹遵，遣降人莫邃等將榜遍諭。久之，國中耆老數陳情悃，謂黎賊搜求陳氏子孫，殺戮已盡，無可繼承。又謂安南本中國地，其後淪入夷類，今幸掃除殘賊，再覩衣冠，願復立郡縣，設官理治。邃等別具表，備述民意。臣等究察民情，知其誠實，特爲陳奏。(馭交記卷四)

又明史卷三二一安南傳云：

羣臣請如耆老言，設郡縣。六月朔詔告天下，改安南爲交阯，設三司，以都督僉事呂毅掌都司事，黃中副之，前工部侍郎張顯宗，福建布政司左參政王平，爲左右布政使，前河南按察使阮友彰爲按察使，裴伯耆授右參議，又命尚書黃福兼掌布按二司事；設十五府，分轄三十六州，一百八十一縣，又設太原宣化嘉興歸化廣威五州，直隸布政司，分轄二十九縣，其他要害咸設衞所控制之。

又平定交南錄云：

是歲大詔天下，以平安南復古郡縣之故，幷敕有司爲陳王贈謚，凡其宗親爲賊所害者，各贈以官，又爲之建祠立碑，葺墳墓，禁樵採，各給戶三十，凡黎賊苛政暴斂，悉皆除之，擢用賢能，優禮耆老，賑恤窮獨，革去舊俗，以復華風，使秦漢以來之土宇陷於蠻夷者，四百四十六年，一旦復入中國版圖，詔布天下，文武羣臣，親王藩服，咸上表稱賀。

自是明之版圖大爲擴展，增地數千里，安南傳云：

永樂六年六月輔等振旅還京，上交趾地圖，東西一千七百六十里，南北二千八百里，安撫人民三百一十二萬有奇。……於是大行封賞，輔進英國公，晟黔國公，餘敍賚有差。

安南內屬，復秦漢舊觀，張輔沐晟等之勳績，誠堪與漢路博德楊僕並比，故明成祖特敕嘉獎，賜宴奉天殿，並爲賦平安南歌。（明史卷一五四張輔傳）其獎敕中有曰：

昔宋元之時，安南逆命，興兵討之，皆無成績，今茲之舉，遠過古人，盛名偉烈，傳之百世。（馭交記卷四）

自唐末交趾叛命，形成割據，以後歷宋元之征討，未能恢復此久失之地，今一旦復置郡縣，則明成祖心中之愉樂可想而知。雖然在外用命者固屬將士之勞，而在內運輸接濟，統籌餉資者，厥功亦偉，明史卷一四九夏原吉傳云：

當是時，兵革初定，……又發卒八十萬，問罪安南，中官造巨艦，通海外諸國，大起北都宮闕，供應轉輸，以鉅萬萬計，皆取給戶曹，原吉悉心計應之，國用不絀。

又卷一五四黃福傳云：

宣德五年陳足兵食省役之要，其言足食謂：永樂間，雖營建北京，南討交阯，北征沙漠，資用未嘗乏。比國無大費，而歲用僅給，卽不幸有水旱征調，將何以濟？

歷代皆以勞費為用兵之忌，宋元出師安南無功，亦以師老糧荒，財用不濟，為其重要原因之一。明永樂間，國用之充裕，可比諸漢武帝早年之時，故能營建宮闕，興師征伐，而國用不竭，此蓋戶曹調節之功也。黃福陳洽皆能吏，此次征安南，得其二人主饋餉，故軍需不缺，士卒用命。

交阯初復郡縣，乃未幾而有簡定陳季擴之亂，明史卷一五四張輔傳云：

其年冬，陳氏故臣簡定復叛命，沐晟討之，敗績於生厥江，明年春復命輔佩征虜將軍印，帥師往討，時簡定已僭稱越上皇，別立陳季擴為皇，勢張甚。……輔帥陳旭等……復大破之，……會師清化，分道入磊江，獲簡定於美良山中，及其黨，送京師。八年正月……惟陳季擴未獲，帝留沐晟討之，召輔班師。……時陳季擴雖請降，實無悛心，乘輔歸，攻剽如故，晟不能制。交人苦中國約束，又數為吏卒侵擾，往往起附賊，乍服乍叛，將帥益玩寇。九年正月仍命輔與沐晟協力進討。……十一年與晟會順州，戰愛子江……追至愛母江，盡降其衆。明年正月進攻政平州……季擴走老撾，遣指揮師祐以兵索之，破其三關，遂縛季擴及其孥送京師。……十三年春至京，旋命爲交趾總兵官往鎭。而陳月湖等復作亂，輔悉討平之。十四年冬召還，輔凡四至交趾，前後建置郡邑，及增設驛傳遞運，規劃甚備，交人所畏惟輔。

由此足見張輔之威望，屢平叛亂，若能久鎭交趾，俟政教施行，日久之後，交人或可自化。乃未幾召還，交人所畏者惟輔。輔去後，繼鎭交趾者，其威望才能皆不及之。遂致後來叛亂屢起，而莫能平之，惜哉。

三　中官虐民

永樂十五年（一四一七）以李彬代鎭交趾，彬固宿將，惟性稽徐，嘗從征安南，及安南平論功，即「以臨敵稽緩，不益封。」（明史卷一五四李彬傳）然彬至交趾，猶能盡其戡亂之職，而造亂激變者當歸咎於中官。明史卷三二一安南傳云：

交人故好亂，中官馬騏，以採辦大索境內珍寶，人情騷動，桀黠者鼓煽之，大軍甫還，即並起爲亂。陸那阮貞、順州黎核、潘強，與土官同知陳可論，判官阮昭，千戶陳惱，南靈州判官阮擬，左平知縣范伯高，縣丞武萬，百戶陳已律等，一時並反……俄樂巡檢黎利，四忙故知縣車綿之子三，乂安府潘僚，南靈州千戶陳順慶，乂安衞百戶陳直誠，亦乘機作亂，其他奸宄范軟起浮樂，武貢黃汝典起偈江，儂文歷起邱溫，陳木果起武定，阮特起快州，吳巨來起善誓，鄭公證黎姪起同利，陶強起善才，丁宗老起大灣，范玉起安老，皆自署官爵，殺將吏，焚廬舍。有楊公阮多者，皆稱王，署其黨韋五，譚興邦，阮嘉為太師，平章，與羣寇相倚。而潘僚范玉尤猖獗，僚者故乂安知府季祐子也，嗣父職，不堪馬騏虐，遂反。土官指揮路文律，千戶陳苦等從之。玉為塗山寺僧，自言天降印劍，遂僭稱羅平王，紀元永寧，與范善吳中黎行陶承等為亂，署為相國司空大將軍，攻掠城邑。

此當時叛亂之情形也。李彬遣諸將分道進討，皆先後報捷，而賊勢尤劇者，彬自將往剿，諸賊略平，惟黎利等未獲，朝廷憂慮，降敕督責之曰：

叛寇潘僚，黎利，車三，儂文歷等，迄今未獲，兵何時得息，民何時得安，宜廣為方略，速奏蕩平。（安南傳）

於是李彬惶恐，督諸將征討益力，惟在此時餽運不繼，對於行軍大有影響。而黎利狡獪，出沒無常，他賊雖滅，安南迄未能靖。明史卷一五四李彬傳云：

十九年彬以餽運不繼，請令官軍與土軍參錯屯田，並酌屯守征行多寡之數以聞，帝從之，將發兵入老撾，索黎利，老撾懼，請自捕以獻，會彬疾作而罷。

李彬於次年正月卒，繼之鎮守交阯者為孟瑛，陳智，李安，方政皆不能討，蓋皆庸懦無能，非將材也。以前在民政方面尚有黃福主持，措置適當，而中官馬騏亦不敢恣惡虐民，明史卷一五四黃福傳云：

安南既平，郡縣其地，命福以尚書掌布政按察二司事。時遠方初定，軍旅未息，庶務繁劇，福隨事制宜，咸有條理。……於是編氓籍，定賦稅，興學校，置官師，數召父老宣諭德意，戒屬吏毋苛擾。一切鎮之以靜，上下帖然。時羣臣以細故謫交趾者衆，福咸加拯恤，甄其賢者與共事，由是至者如歸。鎮守中官馬騏怙寵虐民，福數裁抑之。騏誣福有異志，帝察其妄不問。仁宗即位召還，命兼詹事輔太子。福在交趾凡十九年，及還，交人扶攜走送，號泣不忍別，福還，交趾賊遂劇，迄不能靖。

自是以後，主持安南軍政者，皆不得其人，而中官小人之類，遂得盡其搜刮之欲，肆行無憚矣。加以仁宗即位，（一四二四）大赦天下，敕陳智善撫之，黎利之勢餤因而復熾。又誤信中官山壽之言，遣往招撫，安南事愈不可爲。明史卷三二一安南傳：

利未叛時，與鎮守中官山壽善，至是壽還朝，力言利與己相信，今往諭之，必來歸。帝曰：「此賊狡詐，若爲所紿，則其勢愈熾，不易制也。」壽叩頭言：「如臣往諭，而利不來，臣當萬死。」帝頷之，遣壽齎敕授利清化知府，慰諭甚至。敕甫降，利已寇清化，殺都指揮陳忠。利得敕無降意，即借撫愚守臣，佯言俟秋涼赴官，而寇掠不已。

故自明成祖崩後，朝廷對於安南，用人不當，一不能簡拔賢能及經驗老成者爲將吏，一誤用中官小人，激成叛變，致大錯鑄成，禍亂相繼。安南傳云：

方政勇而寡謀，陳智懦而多忌，素不相能。而山壽專招撫，擁兵乂安不救，是以屢敗。

由此數語，已可概見當時安南軍政之腐敗，宜其不能討逆平亂，安撫蠻方矣。明史卷一五四陳洽傳云：

仁宗召黃福還，以洽掌布按二司，仍參軍務，中官馬騏貪暴，洽不能制，反者四起。黎利尤桀黠。而榮昌伯陳智，都督方政不相能，寇勢日張。洽上疏言 賊雖乞降，內懷詭詐，黨羽漸盛，將不可制。乞諭諸將速滅賊，毋爲所餌。宣宗降敕切責智等，令進兵，復敗於茶籠州。帝乃削智政官爵，命成山侯王通佩征夷將軍印往討。洽仍贊其軍。

又同卷馮貴傳云：

貴涖事明敏，善撫流亡士兵二千人，驍果善戰，貴撫以恩意，數擊賊有功，中官馬騏盡奪之。

將雖屢易，而中官仍留交趾虐民，恃寵貪暴，疆臣大員不能制，反受其累，是明廷之失策也。

四　再棄交趾

王通亦非良將，庸懦胆怯，固執專斷，更易誤事。明史卷一五四王通傳云：

智出兵數敗，宣宗削智爵，而命通佩征夷將軍印，帥師往討，黎利弟善攻交趾城，都督陳濬等擊卻之。會通至，分道出擊。參將馬瑛破賊於石室縣，通引軍與瑛合。至應平之寧橋，中伏，軍大潰，死者二三萬人，尚書陳洽與焉。

又同卷陳洽傳云：

宣德元年九月，通至交趾，十一月進師應平，次寧橋，洽與諸將言：「地險惡，恐有伏，宜駐師覘賊。」通不聽，麾兵徑渡，陷泥淖中。伏發，官軍大敗，洽躍馬入賊陣，創甚墜馬，左右欲扶還，洽張目叱曰：「吾爲國大臣，食祿四十年，報國在今日，義不苟生。」揮刀殺賊數人，自剄死。

陳洽之死，可謂忠烈，洽在交趾二十餘年，老成經驗，熟識地理，深知夷情。乃王通專斷，不用善言，致遭敗衂。陳洽墜馬，左右欲扶還，本可逃生，而自願殉國者，殆已知王通庸怯，不可與共事，而欲借此以激勵之歟？王通初出兵，即失利，叛賊愈易之。王通傳云：

通中傷還交州，利在乂安聞之，自將精卒圍東關。通氣沮，陰遣人許爲利乞封，而檄清化迤南地歸利。按察使楊時習執不可，通厲聲叱之。清化守羅通亦不肯棄城，與指揮打忠堅守。

案羅通吉水人，以陳時政闕失，忤旨，由御史出爲清化知州，明史卷一六〇羅通傳云：

宣德元年，黎利反，王通戰敗，擅傳檄割清化迤南畀賊。賊方圍清化，通與指揮打忠堅守，乘間破賊，殺傷甚衆。賊將遁，而檄至。通曰：「吾輩殺賊多，出城必無全理，與其就縛，曷若盡忠死。」乃與忠益固守，賊久攻不下，令降將蔡福說降，通登陴罵之。

賊知城不可拔，引去。

可見當時駐守交趾諸將中，不乏忠勇者，據陳洽傳云：「自黎利反，用兵三四年，將吏先後死者甚衆。」苟有賢明之統帥，叛賊當不難肅清。乃王通一敗，卽畏賊不敢出。明史卷一五四王通傳又云：

朝廷遣柳升助通，未至，二年（一四二七）二月利攻城。通以勁兵五千出其不意，擣賊營破之，斬其司空丁禮以下萬餘級，利惶懼欲走。諸將請乘勝急擊，通猶豫三日不出，賊勢復振，樹柵掘壕塹，四出攻掠，分兵陷昌江諒江，而圍交益急。通斂兵不出，利乞和，通以聞。會柳升戰歿，沐晟師至水尾縣不得進，通益懼，更陷利和，爲利馳上謝罪表。其年十月，大集官吏軍民出城立壇，與利盟，約退師，因宴利，遺利錦綺，利亦以重寶爲謝。十二月通令太監山壽與陳智等，由水路還欽州，而自帥步騎還廣西，至南寧始以聞。

朝廷遣柳升率兵助王通，未至而敗歿，喪師辱國，示人以弱。蓋王通氣餒，柳升色驕，皆不能成事，而易召禍。明史卷一五四柳升傳：

九月升始入隘留關，…賊緣途據險列柵，官軍連破之，抵鎭夷關，升以賊屢敗，易之。時李慶梁銘皆病甚，郎中史安主事，陳鏞言於慶曰：「柳將軍辭色皆驕，驕者兵家所忌。賊或示弱以誘我，未可知也。防賊設伏，璽書告誡甚切，公宜力言之。」慶強起告升，升不爲意。至倒馬坡，與百餘騎先馳度橋，橋遽壞，後隊不得進，賊伏四起，升陷泥淖中，中鏢死。其日銘病卒，明日慶亦卒。崔聚帥軍至昌江，賊來益衆，官軍殊死關，……全軍盡歿。

先是陳洽未死時，知交趾亂事，非有威望之重臣不能鎮撫，故奏請遣黃福還。黃福傳云：

宣德元年，馬騏激交趾復叛，時陳洽以兵部尚書代福，累奏乞福還撫交趾，會福奉使南京，召赴闕敕曰：「卿惠愛交人久，交人思卿，其爲朕再行。」仍以工部尚書兼詹事領二司事。比至，柳升敗死，福走還至雞陵關，爲賊所執。欲自殺，賊羅拜下泣曰：「公交民父母也，公不去，我曹不至此。」力持之，黎利聞之曰：「中國遣官吏治交趾，使人人如黃尚書，我豈得反哉？」遣人馳往守護，餽白金餱糧，肩輿送出境，至龍州，盡取所遺歸之官。

賊勢已熾，交趾被圍，援軍又不至。黃福雖得交民愛戴，然當此之時，大勢已去，殊難挽回。黎利之反，蓋求自立，安肯投降，而迎黃福回交州哉。故遣人護守，送之出境，外以表示其尊敬，內實忌黃福之再至也。

至於王通性怯畏賊，由其不敢出戰可以知之。然其敢與賊盟，放棄土地，關係國家大事，王通擅自主之，一若無所顧忌，似又非性怯者所敢爲也，而王通竟爲之，其殆有所恃乎？明史紀事本末云：

王通自寧橋之敗，氣大沮喪，雖鏖城下一勝，而志不固，且意柳升師雖出，道路多梗，黎利既求和，不如徇其所請。按察司楊時習曰：「奉命征討，乃與賊和，棄地旋師，何以逃罪？」通厲聲叱之曰：「非常之事，非常人能之。」

案王通本非傑出之將才，今自命爲非常人，而行此非常事，必有恃矣。所恃者何？蓋得中官之協助，及宣宗密許是也。

明史卷三二一安南傳云：

鴻臚寺進賊與升書，略言：「高皇帝龍飛，安南首朝貢，特蒙褒賞錫以玉章，後黎賊篡弒，太宗皇帝興師討滅，求陳氏子孫。陳族避禍方遠竄，故無從訪求。今有遺嗣暠，潛身老撾二十年，本國人民不忘先王遺澤，已訪得之。倘蒙轉達黼扆，循太宗皇帝繼絕明詔，還其爵士，匪獨陳氏一宗，實蠻邦億萬生民之幸。」帝得書頷之，明日暠表亦至，稱臣暠先王暊三世嫡孫，其詞與利書略同。帝心知其詐，欲藉此息兵，遂納其言。初帝嗣位，與楊士奇楊榮語交阯事，即欲棄之，至是以表示廷臣，諭以罷兵息民意。士奇榮力贊之，惟蹇義夏原吉不可。然帝意已決，廷臣不敢爭。十一月朔命禮部左侍郎李琦，工部右侍郎羅汝敬爲正使 右通政黃驥、鴻臚卿徐永達爲副使，齎詔撫諭安南人民，盡赦其罪，與之更新，令具陳氏後人之實以聞。因敕利以興滅繼絕之意，並諭通及三司官盡撤軍民北還。詔未至，通已棄交趾，由陸路還廣西，中官山壽馬騏及三司守令由水路還欽州。凡得還者止八萬六千人，爲賊所殺及拘留者不可勝計。天下舉疾通，棄地殃民，而帝不怒也。三年夏通等至京，文武諸臣合奏其罪，廷鞫具服，乃與陳智，馬瑛，方政，山壽，馬騏及布政使弋謙俱論死下獄，籍其家，帝終不誅，長繫待決而已。騏恣虐激變，罪尤重，而謙實無罪，皆同論，時議非之。廷臣復劾沐晟徐亨譚忠逗留，及喪師辱國罪，帝不問。

據此可知當宣宗初嗣位，即有棄交趾之意，而楊榮楊士奇贊之，是安南之棄，實早由宣宗示意，中官馬騏等必預知之，故恣惡虐民，並不見責。而山壽與黎利善，得利之賄，更欲成利之事。王通在未佩征夷將軍印以前，在京掌後府，其於宣宗厭兵之意，或亦早有所聞。及至交趾，又畏賊勢之盛，又信中官之言，遂敢與黎利盟誓議和，詔未至，即先行撤兵。還京後，舉國共疾，羣臣交章彈劾，而帝不怒，雖繫獄終不加誅，後於正統四年（一四三九）又特釋爲民，可見交趾之棄實宣宗主之，中官促成之，王通不過揣合上意而行者。非然者，若山壽馬騏王通皆死有餘辜，何致曲護之哉？

明史卷一四八楊士奇傳云：

時交趾數叛，屢發大軍征討，皆敗歿，交趾黎利遣人僞請立陳氏後，帝亦厭兵，欲許之。英國公張輔，尚書蹇義，以下皆言：「與之無名，徒示弱天下。」帝召士奇榮謀，二人力言：「陛下卹民命以綏荒服，不爲無名，漢棄珠厓，前史以爲美談，不爲示弱，許之便。」尋命擇使交趾者，蹇義薦伏伯安口辨。士奇曰：「言不忠信，雖蠻貊之邦，不以行，伯安小人，往且辱國。」帝是之，別遣使。於是棄交趾罷兵，歲省軍需鉅萬。

又同卷楊榮傳云：

安南之棄，諸大臣多謂不可，獨榮與士奇力言，不宜以荒服疲中國。

楊士奇楊榮皆由大學士兼領尙書，位極人臣，故能棄安南，實當時中國政府最高首腦主之也。然張輔蹇義亦皆元老勳臣，自二氏以下，皆不贊成，兩楊獨排衆議而行之，蓋承宣宗之意也。按理而論，以少數人之私見，敵多數人之公意 則必以公意爲是，私見爲非。今納少數人之主張，在現代民主國家必不能行，在專制時代，皇帝一人既可獨斷獨行，況有兩輔臣贊之乎？楊士奇以漢棄珠厓爲美談，宣宗乃「太平天子」，（明史卷九宣宗本紀成祖語仁宗之言）不知創業之艱難，惟知效法漢宣帝棄珠厓之故事，於是安南遂被視爲無用地。

交趾內屬者二十餘年，前後用兵數十萬，餽餉至百餘萬，轉輸之費不與焉，至是棄去。（王通傳）

昔張輔四至交趾，親統大軍八十萬，輾轉征討，辛苦經營規劃，而得其地，「今廷議棄交趾，輔爭之不能得，」眼見此汗馬之功 一旦捐棄，能不惜哉？

蹇義爲人周愼，楊士奇嘗於帝前謂義曰：「何過慮？」義曰：「恐鹵莽爲後憂耳。」今兩楊贊成帝意，詔棄交趾，是否鹵莽？吾人固不敢斷言。然就事論，漢宣帝棄珠崖，與明宣宗棄交趾，在當時或視爲便，蓋可免征役之勞，省餽餉之費，於民爲便也。但以近代言之，安南與海南島（珠崖）實爲保衛中國西南各省不可缺少之要地，不論在軍事政治經濟交通各方面皆與中國西南各省有密切之關係。幸珠崖於三國時復內屬，至今猶爲吾國之第一大島，（若臺灣收回，則海南島居第二。）惟安南於明代再棄後，脫離母國，雖仍受册封，而狂妄自大。至清末法國侵佔之，遂啓外夷侵略吾國之門，其時有識者皆知安南之重要，故清廷不惜與法宣戰，以保衛之。然爲時已晚，無濟於事。且連「藩屬」之名義一並喪失。由是言之，則明代安南之棄，是誠所謂「鹵莽爲後憂」矣。

五　黎氏立國

明史卷九宣宗本紀云：

宣德二年十一月乙酉赦黎利，遣侍郎李琦羅汝敬立陳暠爲安南國王。

三年五月壬子，李琦羅汝敬還，黎利表陳暠卒，子孫幷絕，乞守國俟命。

又卷三二一安南傳云：

帝心知陳氏卽有後，利必不言，然以封利無名，復命琦汝敬敕諭再訪，……五年春琦等還，利遣使貢金銀器方物，復飾詞具奏，並具頭目耆老奏，請令利攝國政，使臣歸，帝復以訪陳氏裔，還中國遺民二事諭之，詞不甚堅。明年夏利遣使謝罪，以二事飾詞對，復進頭目耆老奏，仍為利乞封。帝乃許之，命禮部右侍郎章敞右通政徐琦齎敕印，命利權署安南國事。

至是黎利之狡計得以成功，宣宗雖以為「封之無名」，命利權署國事，然其在國中，早已僭號稱帝。

利雖受敕命，其居國稱帝，紀元順天，建東西二都，分十三道，曰山南，京北，山西，海陽，安邦，諒山，太原，明光，諒化，清華，乂安，順化，廣南，各設承政司，憲察司，總兵使司，擬中國三司，東都在交州府，西都在清華府，置百官，設學校，以經義詩賦二科取士，彬彬有華風焉。僭位六年，私謚太祖。子麟繼，麟一名龍，自是君長皆有二名，以一名奏天朝，貢獻不絕，如常制。（安南傳）

英宗即位，（一四三六）欲使麟正位，正統元年九月庚申封麟為安南國王。（明史卷十英宗本紀）黎氏遂正式代陳氏而有其國。正統七年（一四四二）黎麟卒，子黎濬（一名基隆）嗣。天順三年（一四五九）黎濬為其庶兄琮（一名宜民）所弑，而篡其位。次年頭目黎壽域起兵誅之，立濬弟灝，（一名思誠）天順六年（一四六二）封黎灝為安南國王。

灝雄傑，自負國富兵強，輒坐大，四年侵據廣西憑祥，帝聞，命守臣謹備之，七年破占城，執其王盤羅茶全，逾三年又破之，執其王盤羅茶悅，遂改其國為交南州，設兵戍守。……灝素欲窺雲南，遂以解送廣西龍州罪人為詞……假道雲南入京，索夫六百餘，且發兵繼其後，雲南大擾。…灝既得遜辞，滅占城，遂侵廣東瓊雷，盜珠池，廣西之龍州，右平，雲南之臨安，廣南，鎮安，亦數告警，詔守臣詰之，輒詭詞對。廟堂務姑息，雖屢降敕諭，無厲詞，灝益玩侮，無所畏忌。（安南傳）

黎灝曾親督兵九萬，攻破哀牢，侵老撾，復攻八百，八百斷其歸路，襲殺萬餘人，灝始引還。時太監汪直為帝所寵幸，威勢傾天下，年少喜談兵，欲立邊功以自固，聞黎灝敗還，遂上取安南之策。明史卷一八二劉大夏傳云：

汪直好邊功，以安南黎灝敗於老撾，欲乘間取之，言於帝，索永樂間討安南故牘。大夏匿弗予，密告尚書余子俊曰：「兵釁一開，西南立糜爛矣。」子俊悟，事得寢。

又行人王勉奉命往廣西等地勘處安南事還，奏請興兵，往正黎灝罪，而反得罪，下錦衣衛獄。蓋明朝自是以後，漸積弱，而諱言邊事矣。其時朝臣之心理，可以大學士徐溥等之奏言為代表，其言曰：

臣等仰見皇上一視同仁之心，不以夷夏而有間也。但竊以事理揆之。春秋傳曰：「王者不治夷狄，」蓋馭夷之法與治內不同。安南雖奉正朔，修職貢，終是外夷，負固恃險，違越侵犯之事，往往有之，累朝列聖，大度兼包，不以為意。……臣等又覩祖訓有曰：「四方諸夷，皆限山隔海，僻在一隅，得其地不足以供給，得其民不足以使令。若其自不揣量，來援我邊，則彼爲不祥，彼既爲中國患，而我興討伐，亦不祥。吾恐後世子孫倚中國富強，貪一時戰功，無故興兵，致傷人命，切記不可。」大哉聖言，萬世之至論也。況今國計之虛實何如？兵馬之強弱何如？而欲費不貲之財，涉不毛之地，爲無益之舉，尤不可也。（馭交記卷八）

徐溥等視安南爲外夷，其地爲不毛之地，以征討安南爲無益之舉，已忘宋以前交趾內屬者千餘年，一切文教政治與內郡同，一若大學士不知有此千餘年之史實，豈非怪事乎？洪武八年（一三七五）夏六月命中書回安南公文曰：

安南僻在西南，本非華夏，風殊俗異，未免有之，若全以爲夷，則夷難同比，終是文章之國，可以禮導。（馭交記卷三）

是明太祖未嘗以夷視安南也。徐溥奏中所引祖訓，乃言四方諸夷，安南固不在內。且自漢迄唐，歷代莫不以交廣爲富饒之區，何以明代之交趾竟異於漢唐乎？故謂明人厭兵則可也。若謂安南爲夷，爲不毛之地，則大謬矣。

六　黎莫二氏相爭

孝宗弘治十年（一四七九）黎灝卒，子暉立，四傳至黎譓，鄭氏莫氏相繼握權。世宗嘉靖元年（一五二二）莫登庸謀弒譓，黎譓逃清華。六年（一五二七）莫登庸篡位，國號大越，改元明德，自是黎莫二氏相攻。嘉靖九年（一五三〇）莫登庸禪位於其子方瀛，改元大正，自稱太上皇，作大誥五十九條頒之國中，其年九月黎譓卒於清華。

（嘉靖）十五年冬皇子生，當頒詔安南，禮官夏言言，安南不貢已二十年。……帝以安南叛逆昭然，宜急遣官往勘，命言會兵部議征討，言及本兵張瓚等力言：逆臣篡主奪國，朝貢不修，決宜致討。乞先遣錦衣官二人往覈其實，敕兩廣雲南守臣整兵積餉，以俟師期，制可。乃命千戶陶鳳儀鄭璽等分往廣西雲南詰罪人主名，敕四川貴州湖廣福建江西守臣，預備兵食，候征調。（安南傳）

明自宣德以後，號稱太平，正統以後，則國勢漸積弱。世宗雖中材之主，然御極之初，頗有振作之志，「力除一切弊政，天下翕然稱治。」（明史卷十八世宗本紀贊）亦稍注意邊事，故復有征安南之議。惟戶部侍郎唐胄，瓊山人，上疏力陳用兵七不可。曰：

今日之事，若欲其修貢而已，兵不必用，官亦無容遣，若欲討之，則有不可者七，請一一陳之：古帝王不以中國之治治蠻夷，故安南不征，著在祖訓，一也。太宗既滅黎季犛求陳氏後而不得，始郡縣之，後兵連不解，仁廟每以爲恨，章皇帝成先志，棄而不守，今日當率循，二也。外夷紛爭，中國之福，今紛爭正不當問，奈何殃赤子以威小醜，割心腹以補四肢，無益有害，三也。若謂中國近境，宜乘亂取之，臣考馬援南征，深歷浪泊，士卒死亡幾半，所立銅柱爲漢極界，乃近在今思明府耳。先朝雖嘗平之，然屢服屢叛，中國士馬物故者以數十萬計，竭二十餘年之財力，僅得數十郡縣之虛名而止。況又有征之不克之乎？此可殷鑒，四也。外邦入貢，乃彼之利，……款關求入，守臣以姓名不符却之，是彼欲貢不得，非抗不貢也，以此責之，詞不順 五也。興師則需餉，今四川有採木之役，貴州有凱口之師，而兩廣積儲數十萬，率耗於田州岑猛之役，又大工頻興，所在儲章，悉輸將作，興師數十萬，何以給之，六也。……今北寇日強，據我河套，邊卒屢叛，毀我藩籬，北顧方殷，更啓南征之議，脫有不測，誰任其咎 七也。……請停勘官，罷一切征調，天下幸甚。（明史卷百零三唐胄傳）

案安南之地，自秦漢收入版圖，直至唐末，歷時千餘年，五代以後始失之，其人民久已漢化，衣冠文物制度皆與中國同，宋元時屢有收復失土之議，至明成祖而克全其功，乃後之人誤解祖訓，視安南爲外夷，其謬妄之點，前已述之。唐胄以「馬援所立銅柱爲漢極界，今近在今思明府，」其言更謬。後漢建武十九年馬援建兩銅柱於象林之南界，水經注卷三六所引林邑記及俞益期牋，言之甚詳，可證馬援銅柱遠在安南中圻之南部，思明境內之銅柱蓋後代所立。讀史方輿紀要卷一〇五分茅嶺下云：

唐安南都護馬總亦建兩銅柱，鑱著唐德，自明爲伏波之裔。

然則思明府內之銅柱，殆卽唐馬總所建立者也。惟明世宗若僅責其修貢，而興討伐之師，固大可不必。若有繼成祖之志，置郡縣於其地，則乘亂取之，正是難得之機會。觀世宗欲討伐安南之意，實不止責其修貢而已。故唐冑之疏上，兵部請從其議，而世宗不允，必待勘官還更議之。次年四月乃決計征討：

命禮兵二部廷臣議，列登庸十大罪，請大振宸斷，尅期徂征，乃起右都御史毛伯溫於家，參贊軍務；命戶部侍郎胡璉高公韶，先馳雲貴兩廣調度軍食，以都督僉事江桓牛桓爲左右副總兵　督軍征討，其大將需後命，兵部復奉詔條用兵機宜十二事。（安南傳）

是時帝與廷議皆已決定征安南，惟侍郎潘珍上疏諫，帝責其撓成命，褫職歸。其子潘旦任兩廣總督，亦上疏言：「莫登庸之篡黎氏，猶黎氏之篡陳氏也。……容臣等觀變，待彼國自定，若登庸奉表獻琛，於中國體足矣。」等語，（明史卷二〇三潘珍傳）廷臣拙其議而不用。又廣東巡按御史余光亦上疏諫　「帝以光疏中引五季六朝事，下之兵部，咎光輕率，奪其俸。」（見同上）案當時諫征安南者，多爲粵人，及兩廣守臣，蓋征安南，大兵所經，必由兩廣，征發調遣，必較他省爲煩也。明史卷一九八毛伯溫傳云：

兵部尚書張瓚無所畫，視帝意爲可否，朝論多主不當興師，……欽州知州林希元則極言登庸易取，請即日出師，瓚不敢決，復請廷議，議上無成策，帝不懌，讓瓚。

又卷二三一安南傳云：

及議上，帝不悅曰：「朕聞卿士大夫私議，咸謂不當興師，爾等職司邦政，漫無主持，悉委之會議，既不協心謀國，其已之。」……初征討之議發自夏言，帝……因發怒曰：

「安南事本一人倡，衆皆隨之，乃訕上聽言計，共作慢詞。此國應棄應討，宜有定議，兵部即集議以聞。」於是瓚及廷臣惶懼，請如前詔，仍遣鸞（仇鸞）伯溫（毛伯溫）南征。如登庸父子束手歸命，無異心，則待以不死，從之。

據此，可見明世宗之意本欲征討，乃格於廷議，而兵部尚書張瓚又無決策，致征安南之事，既議而罷，罷而復議，遷延歲月，是當時卿士大夫固應受「不協心謀國」之責備也。惟在君主專制時代，關於國家大事，廷臣備諮詢而已，苟有不測，皆不願尸其咎，故執行與否多由君主決之。世宗既乏明判果斷之才，其不能成就偉業，蓋有由來矣。於是祇能採取折衷之策。

十九年秋，伯溫等進駐南寧，檄安南臣民，諭以天朝興滅繼絕之議，罪止登庸父子。舉郡縣降者，以其地授之。……而宣諭登庸籍土地人民納款，即如詔書宥罪。登庸大懼，遣使……乞降，詞甚哀。……伯溫承制許之，宣天子恩威，納其圖籍，並所還欽州四峒地，權令還國聽命。馳疏以聞，帝大悅，詔改安南國爲安南都統使司，以登庸爲都統使，世襲，置十三宣撫司，令自署置。（安南傳）

中國所得者，惟名而已，安南雖改爲都統使司，取消國號，然不受中國統屬，百官皆自署置，其獨霸一方，儼然自成一國也。嘉靖二十二年，莫登庸卒，其孫福海嗣，三傳至莫茂治，時爲嘉靖四十三年。（一五六四）自是莫氏漸衰，黎氏復興，互相搆兵，其國益亂。

初，黎寧據清華，仍稱帝號，自立一國，四傳至黎維潭，勢漸強盛。萬曆十九年（一五九一）舉兵攻殺莫茂洽，繼又擊斃莫敬邦，莫氏遂衰。莫茂洽子敬恭兄弟逃至龍州憑祥界，令士官列狀告當事者，黎維潭亦叩關請貢。萬曆二十一年（一五九五）兩廣巡撫陳大科等上言：

蠻邦易姓如弈棋，不當以彼之叛服為順逆，止當以彼之叛我服我為順逆。今維潭雖圖恢復，而茂洽固天朝外臣也，安得不請命而擅然戮之？竊謂黎氏擅興之罪，不可不問。莫氏子遺之緒，亦不可不存。倘如先朝故事，聽黎氏納款，而仍存莫氏 比諸漆馬江，亦不剪其祀，於計為便。廷議如其言。（安南傳）

萬曆二十五年即依先朝處理莫登庸之故事處理黎氏。惟黎氏不安於都統之職，每欲藉二貢以求舊封。終明之世，雖黎強莫弱，然安南迄未統一。自是以後，直至清末，皆以藩屬視安南，而漸忘其為中國領土之一部矣。

第七章　中越文化關係

一　交趾華化

初，秦始皇既定百越，徙中原之人與越雜居，重要官職皆委任中國人，治以文教，任囂爲南海尉，趙佗爲龍州令，其最著者也。史記卷一一三南越尉佗傳載：任囂謂趙佗曰：

番禺負山險，阻南海，東西數千里，有中國人相輔，此亦一州之主也，可以立國郡中。

又前漢書卷一下高帝十一年五月詔曰：

粵人之俗好相攻擊，前時秦徙中縣之民南方三郡，卽使與百粵雜處。今天下誅秦，南海尉佗居南方長，治之甚有文理。中縣人以故不耗減，粵人相攻擊之俗益止，俱賴其力。

當時中國人在越南足以自保，且可不賴祖國而能自治，並統制越人，可見中原之人南徙者必甚衆。中國文化藉移民及政治勢力傳播於其地，亦必迅速而有效，故越人相攻擊之俗得以革除。換言之，越南之人自是漸脫野蠻之氣質，而薰沐中國之化。周櫟園書影卷一有云：

廣南有韋土官，自言淮陰後，當鍾室難作，淮陰客某匿其三歲兒，知蕭相國素與侯厚善，客往見之，微示侯無後意。相國仰天嘆曰：「嗟乎冤哉！」淚淫淫下。客見其誠，以情告。相國驚曰：「若能匿淮陰兒乎？中國不可居矣，急逃南越趙佗。」遂作書遣客，匿兒於佗曰：「此淮陰兒，公善視之。」佗養以爲己子，而封之海濱，賜姓韋，用韓之半也。今其族世處於海壖間，有酇侯所遺之書，尉佗所賜之詔，勒之鼎器。

此雖傳說之事，不可全信，但在漢時，其民竄南逃，或移居南越者，必繼續不絕，當可相信也。至漢武帝滅南越收其地入版圖，置交趾刺史以督之，在行政上與內郡無異，其民亦被一視同仁，漸歸華化。至後漢初，其地建置郡縣已二百餘年，華化益深。後漢書卷一一六南蠻傳云：

凡交趾所統，雖置郡縣，而言語各異，重譯乃通，人如禽獸，長幼無別，項髻徒跣，以布貫頭而著之。後頗徙中國罪人，使雜居其間，乃稍知言語，漸見禮化。光武中興，錫光爲交趾，任延守九眞，於是教其耕稼，製爲冠履，初設媒娉，始知姻娶，建立學校，導之禮義。建武十二年，九眞徼外蠻俚張游，率種人慕化內屬，封爲歸漢里君。

案錫光漢中人，於前漢平帝時爲交趾太守，教導民夷漸以禮義，至後漢建武初，錫光隨同交趾牧鄧讓，遣使貢獻，封鹽水侯，爲交趾太守如故。復詔徵宛人任延爲九眞太守，後漢書卷一〇六云：

九眞俗以射獵爲業，不知牛耕，民常告糴，交趾每致困乏。延乃令鑄作田器，教之墾闢田疇，歲歲開廣，百姓充給。又駱越之民，無嫁娶禮法，各因淫好，無適對匹，不識父子之性，夫婦之道。延乃移書屬縣，各使男年二十至五十，女年十五至四十，皆以年齒相配。其貧無禮聘，令長吏以下，各省俸祿以賑助之，同時相娶者二千餘人。是歲風雨順節，穀稼豐衍，其產子者始知種姓，咸曰：「使我有是子者，任君也。」多名子爲任。於是徼外蠻夷夜郎等，慕義保塞，延遂止罷偵候戍卒。……延視事四年，……九眞吏人生爲立祠。

任延與錫光教導民夷，治績卓著，聲名相侔，自是中國文化遠播於九眞徼外，其人之識耕嫁禮義，宗族姓氏，卽其華化之明證也。待後馬援征交趾，大師所至，政化隨之，而漢民移殖，更在象林南矣。後漢書卷五四馬援傳云：「援所過輒爲郡縣，治城郭，穿渠灌溉，以利其民，條奏越律與漢律駁者十餘事。與越人申明舊制，以約束之，自後駱越奉行馬將軍故事。」於是城市建設，農業改良，法律制定，禮義漸興，交趾人民之生活，遂隨中國文化之輸入，大見進步。

二　漢代文化之遺跡

在秦以前，安南之地，從北圻平原到中圻北部，沿海一帶，皆爲駱越所居，其南則爲古婆族活躍之舞台，駱越民族實爲古代浙江省於越民族南移之分支，於秦漢之際臣服於中國，其生活及一切建置悉倣自中國，故可爲中國文化傳播於亞洲南部之代表。古婆民族之生活早受印度文化之影響，爲漢末占婆獨立，建立林邑國之重要因素。故安南之地可謂中國文化與印度文化接觸之前哨站。然占婆第一王朝之建立人區達，第二王朝之建立人范文，第三王朝之建立人范陽邁，皆爲中國人，故中國文化於占婆族所居之地亦佔優勢也。至十七世紀占婆爲安南所併，則可謂中國文化南佈，古占婆族所受之印度文化逐漸滅亡之表徵。

古代中國文化南進，在安南僅保支配地位，近代在淸化附近東山地方之遺跡發掘，爲考古學上極有價値者。出土之古物中，有銅鼓及其他諸器物，同時亦有中國遺品一同出土。若銅鼓，靴形銅斧，背負容器與銅劍之怪異人像及樂人舞人等像之銅製物品，可謂屬於銅鼓文化，卽駱越文化之遺物。另一方面又有銅劍鐵劍殘片，鐵刀，方格四乳劍殘片，帶鉤，扁壺，半兩錢，五銖錢等，及其他靑銅器物，可謂屬於中國文化之遺物。（東洋歷史大辭典安南條）由其中古錢之出土觀之，可以斷定東山遺跡之時代完全爲漢代之物品，漢書卷二四下食貨志載：孝文五年（前一七五）更鑄四銖錢，其文爲半兩。又孝武元狩五年（前一一八）初鑄五銖錢。至元鼎六年（前一一一）滅南越，漢代錢幣或於此時卽開始流入交趾也。漢代兵器已少用銅製，帶劍爲漢人之風尙，官吏庶民莫不佩劍，鐵劍固爲利器，而銅劍亦未被廢，秦漢之際正是銅鐵並用之時期。駱越文化之遺跡，銅鼓銅斧銅像等旣同在東山地方發現，當同爲漢代時期之古物。後漢書卷五四馬援傳云：「援好騎，善別名馬，於交趾得駱越銅鼓，乃鑄爲馬式。」可見馬援時代交趾尙多駱越文化之器物也。歷來在北圻中圻各地亦有古物發現，惟此種古物形狀較小，且多爲奢華之裝飾品，而非實用品。東山出土之遺物中，有取漢器之式樣，而施以駱越文化之色彩者，吸收兩種文化之特點，故東山之遺物，實可以代表中國文化南進，及駱越文化衰亡過渡時期之出品。漢代中國文化源源輸入交趾，同時卽促使駱越文化在交趾之急速滅亡。

又在北圻中圻各地發現甎槨古墓及漢式古器物甚多，而駱越文化遺物之發現則甚稀少。漢代以後之安南，旣爲中國文化所支配，故其遺物之構造及古墳之建築多採用中國式。至於東山遺物時期以前，換言之，卽漢以前，可爲中國文化流入安南之代表者，例如戈戟之類，乃中國古代特有之兵器，在北圻及中圻出土亦多。又據近來廣東雲南之考古調查結果，證明此兩地與安南在古代文化上確有親密之關係，此爲事實，所不能否認者。至於兩漢以後之安南文化，則幾全爲中國式的，古墳之構造及出土古器，如壺、鼎、盤、案、椀、鉢、杯、甑等類，純爲中國風之製作品。惟銅鼓上刻有「圓及切線」之連續花文，則表現駱越文化之要素，仍繼續保存。

六　漢末六朝之文士

自秦漢經營交趾，其地遂完全爲中國文化所支配，其人由中國文化之陶養，漸能與中州人士並駕齊驅。越南輯略云：

阮翁仲慈廉人，身長三丈三尺，氣質端勇，異於常人，少爲縣吏，爲督郵所笞，嘆曰：

「人當如是耶？」遂入學究書史，始皇并天下，使翁仲將兵守臨洮，聲震匈奴，秦以爲瑞。翁仲死，遂鑄銅爲其像，置咸陽宮，司馬門外，匈奴至，有見之者，猶以爲生。

倘此記載果確，阮翁仲爲交趾人，則可謂最先薰沐中國文化之一人，在秦并天下以前，交趾之地尙在化外，然中越之交通或早已開始，觀先秦古籍亦有言交趾者，可信然矣。中越旣通，則中國文化輸入亦有可能。例如戈戟之類，爲上古中國所特有之兵器，此種遺物於今安南之地發現不少，可證先秦時中國文化早已傳入安南。阮翁仲是否慕中國文化而至中國，抑係當秦伐越之役，隨秦兵入中國，則不得而知。因其慨然有研究書史之志，卒成秦之名將，惟其老死於中國，對於交趾，或無何等影響。中國文化教育在交趾興盛，當在兩漢之世。越南輯略又載：

漢李進交州人，中平間代賈琮爲刺史，請交趾循中州例貢士，其後阮琴以茂才仕至司隸校尉，人才得與中州並選，蓋自進始。

由此可知後漢末，交趾人才漸盛，其學優仕進，而爲名官者不少，就中以士燮爲最著名。吳志卷四士燮傳云：

士燮其先本魯國汶陽人，至王莽之亂，避地交州，六世至燮父賜，桓帝時爲日南太守。燮少時游學京師，事潁川劉子奇，治左氏春秋。陳國袁徽與尙書令荀彧書曰：「交趾士府君，旣學問優博，又達於從政，……官事小閡，輒玩習書傳，春秋左氏傳，尤簡練精微，吾數以咨問傳中諸疑，皆有師說，意思甚密，又尙書兼通古今，大義詳備。聞京師古今之學，是非忿爭，今欲條左氏尙書長義上之。」

魯國本爲儒學發源地，士燮之先世亦必治儒術，因此中國士人所崇仰之儒學，隨此等儒者之南徙，而傳佈於交趾。士燮治左氏春秋，通尙書大義，蓋有家學淵源，其鎭守交趾四十年，對於文化教育，尤其傳播儒教，必竭力提倡。越南四字經有謂：「三國吳時，士王爲牧，教以詩書，薰陶美俗。」當漢末之亂，交趾差安，中原名士多避難其地。此等名士中，若許靖、許慈、劉巴、袁徽等，皆曾寄寓交州。蜀志卷八許靖傳云：

許文休英才偉士，智略足以計事，自流宕以來，與羣士相隨，每有患急，常先人後己，與九族中外同其饑寒。其紀綱同類，仁恕惻怛，皆有效事。

又蜀志卷十二許慈傳云：

許慈……師事劉熙，善鄭氏學，治易、尙書、三禮、毛詩、論語，建安中，與許靖等俱自交州入蜀。

又有牟子者，以著理惑論名於世，書中原序云：

靈帝崩後，……牟子將母避世交趾，年二十六，歸蒼梧娶妻，太守聞其學，謁請署吏。

隋書經籍志有牟子二卷，註云：「後漢太尉牟融撰。」後漢卷五六牟融傳，於永平十二年爲太尉，是爲明帝時人，與序中所言之時代不合，惟弘明集載，後漢靈獻間，有牟子者撰牟子理惑，註云：「一云蒼梧太守牟子博撰。」據序，則牟子似爲一平民，並非太守，但無論如何，牟子流寓交州時，乃一少年名士。序中又云：

「是時……天下擾亂，獨交州差安，北方異人咸來在焉。」

可知當時學者避難於交趾者甚衆，交趾太守士燮爲人寬厚，對此等學者皆以禮敬待。中國文化與儒學因此等名士與賢吏在交州相得而愈彰。又有沛郡人薛綜，少時亦依族人避居交州，從劉熙學。（吳志卷八薛綜傳）後爲孫吳名臣。自是以後，交趾文風勃興，禮義敦尙，漸能與中州人士相頡頏矣。

六朝中原風俗奢靡，文尙綺麗，交州士人亦富於詞藻，工於文章，而老莊之思想，清談之風，亦皆傳入。宋書卷九二杜慧度傳謂其「能彈琴，頗好老莊，禁絕淫祀，崇修學校。」慧度交趾人，身爲刺史，爲一方之師表，而崇好老莊，求自然簡樸之生活，其思想走入玄虛，蓋受南朝玄學之影響，非儒家之風度。由其一人可以類推，普通士子，必更隨風而靡矣。

資治通鑑卷一五八梁紀十四載：梁武帝時，「有幷韶者，富於詞藻，詣選求官，吏部尙書蔡撙，以幷姓無前賢，除廣陽門郎，韶恥之。」此時交州士人詣選求官者當較漢時爲多，惟幷韶以姓氏之偏稀，爲吏部所抑，而恥居小官，則其志固在青雲，欲與中州士人競選求勝也。

六朝時代疆域狹小，內亂分裂，政治黑暗，威信低微，自有史以來，莫此爲甚，然而交州始終包含在此偏安之疆土內。蓋江南文物制度，風尙習慣，已與交州人打成一片，連成一氣，不易分離故也。

四　唐代文化

述中國史者多以漢唐二代爲盛世，蓋此二代之政治制度教育學術均甚發達，爲後世所宗故也。中國文化向外發展，以此二代爲最有成績。安南亦受惠最深，自經漢唐之經營，此一方之土地人民風俗習慣，悉與內地無別矣。

漢代以後，中國社會儒釋道三家思想之領導，舉凡政治教育倫理生活皆爲此三種思想所支配。安南既爲中國領土之一部，華化最深，自不能例外。安南士人多自命爲儒者，儒爲高等階級所尊崇，亦有信從道家思想者。至於普通平民則多信仰中國佛教，佛教傳入中國後，至隋唐而發揚光大，創立新宗派，一變而爲中國佛教。安南人亦敬天尊祖，與中國相同。

唐代文學藝術均甚發達，著名詩人如杜審言、沈佺期、劉禹錫、韓偓等，皆曾客寓安南，杜審言有旅寓安南詩云：

交趾殊風候，寒遲暖復催。仲冬山果熟，正月野花開。積雨生昏霧，輕霜下震雷。故鄉逾萬里，客思倍從來。

沈佺期有度安海入龍編詩云：

我來交趾郡，南與貫胸連。四氣分寒少，三光置日偏。尉佗曾馭國，翁仲久遊泉。邑屋遺氓在，魚鹽舊產傳。越人遙捧翟，漢將下看鳶。北斗崇山掛，南風漲海牽。別離頻破月，容鬢驟催年。昆弟推由命，妻孥割付緣。夢來魂向擾，愁委疾空纏。虛道崩城淚，明心不應天。

韓偓安南寓止詩云：

此地三年偶寄家，枳籬茅廠共桑麻。蝶矜翅暖徐窺草，蠭倚身輕凝看花。天近函關屯瑞氣，水侵吳甸浸晴霞。豈知卜肆嚴夫子，潛指星機認海槎。

觀此，韓偓寄居安南有三年之久。劉禹錫有經伏波神祠詩。彼等在安南必與文士交遊，而爲安南詩人所宗。唐代以詩文取士，安南人競遴求官，必由此道，故此工詩文者必不少，惜載籍不錄耳。

此外，如楊巨源之供奉定法師歸安南，張籍之送蠻客，賈島之送黃知新歸安南，皆與安南人相唱和，可知安南人工詩者必多也。又唐安南節度使高駢亦能爲詩。懿宗時安南爲南詔蠻所陷，有署名「懿宗朝舉子」者，作刺安南事云：

南荒不擇吏，致我交趾覆。聯綿三四年，致我交趾辱。儒者鬪則退，武者兵益黷。軍容滿天下，戰將多金玉。刮得齊民瘡，分爲猛士祿。雄雄許昌師，忠武冠其族。去爲萬騎風，住爲一川肉。時有殘卒迴，千門萬戶哭。哀聲動閭里，怨氣成山谷。雖能聽鼓聲，不忍看金鏃。念在堪淚流，悠悠潁川綠。

此詩作者或係安南人，憤當時用人之不當，致安南受蠻禍極烈。

唐代安南文士之傑出者有姜公輔。新唐書卷一五二姜公輔傳云：「愛州日南人，第進士，補校書郎，以制策異等，授右拾遺，爲翰林學士，有高才，每進見，敷奏詳亮，德宗器之」後拜相，安南人至今猶稱道之，引以爲榮。

越南輯略名宦類載：「唐王福時爲交趾令，大開文教，士民德之，至今祀之，號王夫子祠。」又曰：「馬總安南都尉。用儒術教其俗，僚吏率服。」於是安南之文風益興盛，儒教之思想，更爲深入。

唐代工藝發達，窯工亦進步，以越州窯及汝窯之瓷器爲最佳，近代安南之廣安北甯清化等地發現不少古陶器，其中多爲越州窯，汝窯，及北宋景德鎮窯，磁州窯等之出品，或受其影響而倣製者。又古錢幣之發現，有「開元通寶」，「乾元通寶」，「元和通寶」等，皆爲唐代之幣制。唐書卷五四食貨志云：「唐初仍沿用隋之五銖錢，武德四年鑄開元通寶，得輕重大小之中，洛并幽益桂皆置監。」是爲有通寶錢之始。唐代桂州與安南接近，其地旣設監製幣，自易流入安南，尙有其他錢幣，及安南自立後之歷朝錢幣，概倣唐宋以後中國錢幣鑄造，其形式大小輕重略相同，是亦可以代表唐宋文化之南進也。

五　安南語言

宋代以後，安南雖自立爲國，然與中國之關係從未斷絕，尤其在文化上有密切之連繫，由其衣冠制度及語言文學可以見之。安南語言受中國語言文字之影響甚大。安南語句排列之順序爲主格、動詞、目的格，與中文句法相同。形容詞置於被形容詞之後，則與中文異趣。其動詞與名詞之判別頗爲困難。疑問句於句末加否定詞，以表示之，亦與近代中國語言相似。

安南北部與中部，自秦漢以來，被中國統治。其人民受中國教育，習中國文字，其語言受中國文字之影響特深。後來安南獨立，其一切行政組織，官名階級，教育及科舉制度，均模倣中國。以漢文爲官方及文學著述上通用之文字，爲士宦所必修，故現今安南語彙大半爲中國語。

十三四紀之間，安南人以漢字爲基礎，並根據中國文字演變之方法，而製出「字喃」，意爲「南國之字」，卽取中國文字之會意形聲假借，而製出安南特有之土字也。例如：「悲」讀如杯，安南語則有「𢞂」之義，蓋同音假借也，捄音搆，橋也。潤音印，僞也。橛音刮，扇也。茹音牙，家也。皆此類字也。會意字，例如：[illegible]，爲並與多二字合組而成，音上，其義爲比較或相等之意。𡗶，音垔，天上也。源音元，水淺不流也。濡音淚，水中多石也。皆此類也。形聲字，例如鷃爲鳥與惡二字組合而成，蓋取鳥之形與惡之音也。鴻音公，孔雀也。𦓿音隔，耕田也。湗音翁，水急也。掩音研，女子也。皆此類也。字喃文中使用漢文之單語甚多。安南南部昔曾吸收印度文化，故其土音中不少梵字之使用。

十八世紀法國勢力侵入，傳教士象以拉丁字母，拼安南方言而成現在所謂安南「國語」。

至一八八五年安南淪於法，法人謀使安南人忘記中華祖國，設法斷絕安南與中國之各種關係，尤其在文化上之關係。強迫安南人習用其所謂「國語」，並禁讀中文書，因此現代安南人能精通中文者，逐漸減少，安南青年皆受奴化教育，能不悲哉？

六　科舉選士

安南模倣中國，亦以詩文取士，李朝仁宗即位（一一三三）後，即「詔選諸僧有技獻詩，及僧官之識字者隸爲書家，以補其職之缺。」（越史略卷二）高宗貞符四年（一一七九）孟冬，「試三教子弟辨寫古詩及賦、詩、經義、運算等科。」天資嘉瑞十一年（一一九六）孟冬又「試三教子弟辨寫古人詩、運算、賦、詩、經義等科，賜及第出身有差。」（越史略卷三）次年秋，詔國子入學。李朝以後，各朝皆以詩賦經義開科取士。明宣德間，黎利建國稱帝，「置百官，設學校，以經義詩賦二科取士，彬彬有華風焉。」（明史卷三二一安南傳）此種科舉制度直至清末安南國亡，始廢。赤雅載：「其考試仍遵元制，用詩賦經義，及考期，通國士子俱集國都，若中國府縣試然。能取一次者爲秀才，復試一次者爲舉人，復試二次者爲進士，復試三次者爲翰林。舉人即可得官。下屆秀才入場，復取秀才，則爲兩科秀才。得三次秀才者，以知州用，其官品銜職悉遵明制云。」又清代安南鄉會試均用八股文，進士有正副榜，第一甲亦有狀元、榜眼、探花，不論舉人進士皆有論同年拜老師之禮。（孫万伯與安南行

人筆談問答長卷）

為應科舉試之關係，故安南士人皆諳解六經，能為詩賦。其臣民常引經典以為諷諫。例如越史略卷三高宗天資寶祐元年（一二〇二）僧副阮常曰：

吾見詩序云：「亂國之音怨以怒，其政乖，亡國之音哀以思，其民困。」今主上巡遊無度，政教乖離，下民愁困，至此愈甚，而日聞哀怨之音，無乃亂亡之兆乎？

明年敬天閣成，有鵲巢其上，而產雛，羣臣因之諫曰：

昔魏明帝始構凌霄閣，有鵲巢焉。高堂隆曰：「詩云：維鵲有巢，維鳩居之。今宮室初成，而鵲巢之，臣愚以為有異姓居之。」臣願陛下遠鑒高堂隆之言，先務克己修德，後乃興其工役可也。

由此可見安南人之熟習中國經典也。其政府文告亦皆典雅可觀。至明代莫登庸篡國，竟竊倣書經作大誥五十九條，頒之國中。顧亭林天下郡國利病書云：「其士大夫衣冠悉從明制，朝覲大禮，則紗帽、蟒袍、圍帶、著靴、執笏，賓主往來則著袍。」故其衣冠文物，政治制度，莫非中國化也。

七　安南文學

郡縣時代，安南人與中州人士受同樣之教育，固無論已。即安南自立後，九百餘年來，猶沿舊制，受中國文化之影響益深，初不見其減低也。觀明清二代安南人之漢文學程度，可以推知。

安南學者慣以漢文寫作，其有著述行世者頗不乏人，史家如宋末黎文休之大越史記，此書原本已佚；惟其要點大致爲潘孚先吳士連（明時人）等補修之大越史記所保存。元時有黎崱之安南志略，始作於至元二十二年（一二八五）至大德十一年（一三〇七）之間，以後數度增補，爲現存安南史籍之最古者。其次有越史略爲明初越人所作，但作者姓名不可考。此外尚有欽定越史通鑑綱目，西南邊塞錄，皇越地輿志，安南一統志等，皆爲清代之產物。

清光緒三年（一八七七）安南禮部侍郎裴珠江等入朝，與湖北布政使孫衣言筆談云：「下國前朝丁黎李陳黎皆有史本，莫是潤位，無有正史，野史載其事耳。本朝史現方刊印。」又：「五經四書通鑑綱鑑皆有刻本，餘諸書皆購自中國讀之。」

至詩文集，據越南輯略所載，越南書目三十四種如下：

書名	作者	書名	作者
兵家妙理要略書	陳國俊	瓊苑九歌詩集	阮仲慤
全越詩錄	黎貴惇	周易歌訣	范立齋
羣賢賦集	黃莘夫	樂道詩集	陳光啓
冰壺集	陳元旦	斷策集	僧法螺

玉鞭集	僧元光	拙菴集	李子晉
菊坡集	阮夢荀	節齋集	黎少穎
復軒集	陳侃	竹溪集	程清
仙山集	阮天錫	樗寮集	阮直
珠溪集	阮保	呂塘遺稿	蔡愼
越鑑通考	武瓊	摘艷集	黃德良
國音金陵記	杜覲	鳩苦集	阮旭
忘鞋集	馮碩	松軒集	武軒
白雲庵集		邦交集	甲海
四時曲	黃士愷	傳奇漫錄	阮嶼
使程記			
奉使集	阮登道	使華叢詠集	阮宗圭
節略五經性理	阮輝僜	越音詩集	潘孚先
歷朝表文集			

以上各書，越南輯略載之，但說明皆未見，故不易得。徐延旭云：「予遊諸夷中，有摘文而宗淮南者，有稱詩而薄少陵者，有黜元白而誚長吉者，有談古今而鑿鑿者，……今越南國有越

南文鈔詩鈔各二册。」此兩書匯錄越南諸名家之作品，可見安南文學之一斑。

濯纓亭筆記云：「宋末沈敬之逃至占城，乞其興復，占城以國小辭。敬之效秦庭之哭，而不得歸，占城賓之而不臣。敬之竟憂憤發病卒，其王作詩挽之曰：

慟哭江南老鉅卿，春風飄泊爲傷情。無端天下編年月，致使人間有死生。萬疊白雲遮故國，一抔黃土蓋香名。英魂好逐東流水，莫向邊隅怨不平。」

據此，則不特安南國內文風甚盛，而占城王亦能爲中國詩文。惟越南詩選謂此詩係安南國王陳威晃挽宋少師陳仲微作，字句略異。但不論其爲占城王或安南王所作，總之，其王能作詩文，則必可信。越南詩選中，載有不少君臣和唱之作。瑞安孫衣言嘗見安南國御製詩明朝刻本一部。清代安南諸王作詩亦多。（見孫方伯與安南行人筆談問答長卷）

康熙五十七年（一七一八）阮公沆簡高麗國使俞集一李世瑾詩云：

滄海揚塵幾度三，炎邦自昔宅交南。六經以外無他道，一歲之中熟八蠶，萬戶魚鹽常給足，四時花木共敷覃。歸來宣室如前席，似與觀風助一談。

地各東南海寄居，計程一萬又零餘。威儀共秉周家禮，學問同尊孔氏書。好把文章通肯綮，休論温飽度居諸。使軺云返重相憶，在子安知我不如。

安南與高麗同爲受中國文化影響最深而最久之藩國。此詩中所謂「威儀共秉周家禮，學問同尊孔氏書」一句，卽足以概括兩國之教育文化矣。又吳士棟贈朝鮮國使李珖等回國詩有云：「敷文此日身同軌，秉禮從來國有儒。」蓋朝鮮安南皆與中國同文同種，實已達到如禮所謂「車同軌，書同文，行同倫」之地步也。

明朝萬曆皇帝萬壽聖節，有安南人馮克寬者，作詩爲賀，並以詩集進覽。御批：「賢才何地無之，朕覽詩集，具見克寬忠悃，殊可嘉美。」可見安南人之文才並不亞於中土人也。

安南人亦有一部分受宋儒之影響者，不屑爲文辭，惟志在道術。如汝公瑱寄呈存庵詩云：「爲己旣能希孔孟，逢辰應不愧皐夔。」可見其志，在修德上欲如孔孟之聖，在爲政上欲如皐夔之賢。彼又有遺同年范立齋詩云：

太極分天地，日月無非道。羣聖會一心，垂世立至教。六經與四傳，精神在言表。玩索求自悟，涵養冀深造。一旦豁然空，不負用力久。理備發爲文，詞易而旨奧。立言隳橫流，豈曰逞工巧。借學何所知，區區爲竊剽。揚厲借李杜，開口稱韓柳。果然四子長，所至亦已少。況復卑且陋，謭謭飾外貌。記誦得緒餘，攀持失眞妙。悠悠孔孟意，日望益幽渺。以此壞心術，走入聲利竅。到死不自覺，可嘆復可悼。我喜君年髫，學已見大要。百家談紛紛，雜進徒擾擾。雖累千碱砆，何如一寸寶。曷不反精義，探討漸剖瞭。蘊蓄已龐邃，克擴自汪浩。宋元諸儒先，閉門事講究。景行實任仰，徵訓皆可考。淵源溯以上，功用良非少。斯文苟不喪，相與起衰倒。

主涵修，養浩氣，傳聖道，繼絕學，挽頹世，障橫流，皆宋元理學家之職志及其學說也。此詩中所云，卽勉人學爲如此。又裴壁寄家弟詩有云：「君子愼其獨，闇然而日章。知訓宅乃心，禮義以自坊。……」此可以代表安南人之家庭教育。總之，安南之教育文化倫理思想，無一不源於中國也。

第八章　歷代郡縣沿革（上）

一　秦置三郡

交州之地，古稱陸梁，秦始皇三十三年略取陸梁地。

南方之人其性陸梁，故曰陸梁。（史記索隱）

嶺南之人多處山陸，其性陸梁，故曰陸梁。（史記正義）

又稱百越，

秦王威振四海，南取百越之地，……百越之君俛首係頸。（史記卷六）

秦徙中縣之民……使與百粵雜處。（前漢書卷一下）

又名揚越，

秦時已併天下，略定揚越。（史記卷一一三）

至趙佗時稱南越，

尉佗平南越，因王之。（史記卷九七陸賈傳）

漢連兵三歲，誅羌滅南越。（史記卷三十平準書）

或單稱越，漢書多作粤，

秦禍北構於胡，南挂於越。（史記卷一一二主父偃傳）

陸賈先帝時使粤。（前漢書卷九五西南夷兩粤朝鮮傳）

秦平越後，以其地爲桂林、南海、象三郡。南海郡今廣東省，桂林郡今廣西省，皆無問題。惟象郡一地，近人有疑之者，前漢書卷二八下地理志日南郡注：

故秦象郡，武帝元鼎六年開，更名。

此明言象郡爲漢日南郡。三國時人韋昭注，亦曰：「象郡今日南」。日南郡在今安南境，自來歷史家皆不否認。惟法人馬伯樂（MasPero）秦漢象郡考，謂象郡完全在今中國境內，有一部份在廣西與貴州兩省之中。（見一九一六年河內遠東學校校刊馮承鈞譯載西域南海史地考證譯叢四編）其所根據之文件如下：

（一）山海經卷一云：「沅水出象郡鐔城西，入（又）東注江，入下雋，西合洞庭中。」

（二）山海經卷十三云：「鬱水出象郡，而西南注南海，入須陵東南。」

（三）前漢書卷一下高帝紀注：「臣瓚曰：茂陵書：象郡治臨塵，去長安萬七千五百里。」

（四）前漢書卷七昭帝紀：元鳳五年「秋，罷象郡，分屬鬱林牂牁。」

根據前兩條言及沅水與鬱水，象郡似佔有今貴州省南部及廣西省西部。後兩條所言臨塵與鬱林、皆在今廣西省，牂牁在貴州省西南部，因此馬伯樂以爲象郡不在安南，而在廣西貴州兩省境內。

案馬伯樂所根據之四條文字皆不可靠，其結論遂不免於誤。法人鄂盧梭著秦代初平南越考第二章象郡考訂諸說曾加以駁斥。山海經所言鐔城在今湖南省靖縣西南，下雋則在洞庭湖與揚子江滙流之所在。前漢書卷二八下長沙國屬縣有下雋，其地在今湖北之通城。（李兆洛歷代地理志韻編今釋卷九下）而其屬境抵於洞庭湖之東岸。流水有二源，皆流入洞庭湖，南源發於貴州省平越縣西。倘依山海經之言，則象郡北境達於湖南靖縣及貴州平越。但應注意者，此文似有脫訛，且貴州中部於漢武帝時始列入版圖，故山海經此文當不可靠也。又山海經謂：「鬱水出象郡，而西南注南海」一句，亦不可解。前漢書卷二八下鬱林郡廣鬱縣條，應劭注：鬱水東流至海，並未言其西南流，是山海經此文亦有脫訛也。

前漢書注引茂陵書謂：「象郡治臨塵」，臨塵當今廣西省南甯之西同正縣附近。（李兆洛地理志韻編今釋卷四）漢爲鬱林郡之一縣。漢鬱林郡故秦桂林郡，（前漢書卷二八下地理志）郡治在今廣西象縣東南。是漢置鬱林郡已將桂林郡治包括在內也。若據茂陵書，則象郡治臨塵亦包括在鬱林郡內，乃前漢書未言及，是可疑也。且臨塵去長安（今西安）萬七千五百里，距離未免太遠。後漢書卷三十郡國志謂：「鬱林郡，洛陽南六千五百里」，則從今陝西西安到南甯，最多亦不過五六千里。故臨塵或爲臨邑之誤。臨邑即秦林邑縣，太平寰宇記卷一七六云：「林邑國本秦象郡，林邑縣地」。唐義淨南海寄歸內法傳卷一有云：「南至占波，即是臨邑」。又後漢書卷一上建武二年有「臨邑侯」之稱，此臨邑為東郡之一屬縣。後漢紀卷四建武二年下寫作林邑。由林邑與臨邑二名之互見，則臨邑之被誤寫作臨塵，亦有可能也。

至於前漢書卷七昭帝紀，元鳳五年「秋，罷象郡，分屬鬱林牂牁」一條，乾隆殿本考證，齊召南云：

按此文可疑，秦置象郡，後屬南越，漢破南越，即故象郡置日南郡，以地理志證之，此時無象郡名，且日南越固始終未罷也。

錢大昕漢書考異卷一，全祖望漢書地理志稽疑卷二，王國維秦漢郡考，皆以前漢書此文為可疑。蓋象郡自秦末為南越擊併後，或即已廢止，漢武帝滅南越，又更置新名，自是象郡之名不復見。史記卷三十平準書：

漢連兵三歲，誅羌滅南越，番禺以西至蜀南者，初置郡十七。

裴駰集解云：

徐廣曰：「南越為九郡」，駰案晉灼曰：「元鼎六年定越地，以為南海、蒼梧、鬱林、合浦、交趾、九眞、日南、珠崖、儋耳，定西南夷以為武都、牂牁、越嶲、沈犂、汶山郡，及地理志西南夷傳所置犍為、零陵、益州郡，凡十七也。」

是武帝所置十七郡中無象郡之名，至昭帝時謂：「罷象郡，分屬鬱林牂牁」，豈非奇事，故可疑也。

上述四條文字，皆不可靠，馬伯樂據之而提出象郡不在今安南境內之說，當不攻自破矣。

王隱晉書地道記云：

日南郡去盧容浦口二百里，故秦象郡象林縣治也。

又太平寰宇記卷一七六云：

林邑國本秦象郡林邑縣地，漢爲象林縣，屬日南郡。

可知秦象林縣又稱林邑縣，即後來林邑國之都城，爲秦時中國南境最南之一城，在今安南廣南省Fai—Fo之南，今茶蕎地方。（見後兩漢象林縣條）

前漢書卷二八下地理志南海郡注：「秦置，秦敗，尉佗王此地」。又鬱林郡注：「故秦桂林郡屬尉佗」。日南郡注：「故秦象郡」，雖未註明屬尉佗，然其屬南越則無疑也。象郡在秦末時爲安陽王侵佔，（史記卷一一三索隱引廣州記）後南越王尉佗攻破安陽王，令二使典主交趾九眞二郡。水經注卷三七引交州外域記云：

越王令二使者典主交趾九眞二郡民，後漢遣伏波將軍路博德討越王，路將軍到合浦，越王令二使者齎牛百頭，酒千鍾，及二郡民戶口簿，詣路將軍。乃拜二使者爲交趾九眞太守，諸雒將主民如故。

據此，可知南越擊併象郡後，就其地分置交趾九眞二郡，此二郡即今安南之北圻與中圻。

南越王建國之後，仍行郡縣制，南海郡爲南越王直屬，以番禺爲王都，將秦象郡析置交趾九眞二郡，已如上述，疑秦桂林郡亦被析爲二郡，何以知之？史記卷一一三南越尉佗傳，記呂嘉反後，有云：

「攻殺王，王太后，及漢使者，遣人告蒼梧秦王，及其諸郡縣。」

此言「諸郡縣」，當不止一郡，大抵蒼梧郡於此時卽由桂林郡分立，非始於漢武帝也。故南越王國之行政區域，除南海外，尚有桂林蒼梧交趾九眞四郡。後漢書卷五三竇融傳，載光武帝與竇融書有曰：

「天下未併，吾與爾絕域，非相吞之國，今之議者必有任囂教（原作效）尉佗制七郡之計。」

據此則七郡之制於趙佗時已建置矣。惟胡三省注通鑑卷四十一云：「尉佗之時，未置七郡。光武據後來置郡言之。」然觀史記尉佗傳，南越王國固有郡縣之建置，不必據後來言之也。後漢初距南越王時不過二百餘年，其於秦末漢初之地理沿革自更爲明晰，則光武帝書中之言或不誤也。

二　兩漢交趾部刺史

漢武帝元鼎六年（公元前一一一）滅南越，增置郡縣，元封五年（前一〇六）置交趾部刺史，治蒼梧。交趾刺史部所領七郡，前漢書卷二八下地理志於南海、鬱林、蒼梧、交趾、合浦、日南六郡下皆云「屬交州。」獨九眞郡不云「屬交州。」案九眞郡在交趾郡南，日南郡北，自當屬交州，蓋漢志漏記也。且地理志下曾云：「粤地牽牛婺女之分壄也，今之蒼梧、鬱林、合浦、交趾、九眞、南海、日南，皆粤分也。」是七郡同在粤地，亦必同屬交州。

又案前漢書卷六武帝紀，元鼎六年，「遂定越地，以爲南海、蒼梧、鬱林、合浦、交趾、九眞、日南、珠崖、儋耳郡。」又卷六四賈捐之傳云：「初，武帝征南越，元封元年立儋耳珠崖郡。」舊唐書卷三八地理志云「漢武帝元封元年，遣使自徐聞南入海，得大洲，方一千里，以爲珠崖儋耳二郡，合十六縣。」此二郡在今海南島上，可見武帝時交趾刺史部應有九郡，而不止七郡也。後漢書卷一一六南蠻傳云：

漢興，尉佗自立爲南越王，傳國五世，至武帝元鼎五年遂滅之，分置九郡，交趾刺史領焉。

又水經注卷三六引林邑記曰：

漢置九郡，儋耳與焉。

至昭帝始元五年（前八二）罷儋耳郡，元帝初元三年（前四六）罷珠崖郡。至是交趾刺史部轄七郡，然在武帝元封五年（前一〇六）立交趾刺史部時，固有九郡也。漢書地理志所載，乃據元帝以後之行政區域而言，其在武帝時所置而旋罷之二郡不列於目。

元帝初元三年以後祇有七郡，曰南海、蒼梧、鬱林、合浦、交趾、九眞、日南。東漢獻帝以前相同。王範交廣春秋曰：

交州治羸陵縣，元封五年移治蒼梧廣信縣，建安十五年治番禺縣。

案元封以前倘無交州，何能有州治？故交廣春秋所言交州治羸陵縣，顯然錯誤。沈約宋書卷三八州郡志云：

元鼎六年刺史治龍編，建安八年（公元二〇三）移治蒼梧郡廣信縣，十六年（二一一）徙治番禺。

案元封五年始置刺史之官，元鼎六年所置者乃交趾郡，故沈志所云亦誤也。交趾郡治羸陵縣，（水經注引交州外域記）但此爲太守治，而非刺史治。至其謂建安八年治廣信，十五年移治番禺，則是也。

南海郡，本秦時所闢，在今廣東省，前漢書卷二八下地理志云：「縣六：番禺、博羅、中宿、龍川、四會、揭陽。」又注云：「秦置，秦敗，尉佗王此地，武帝元鼎六年開，屬交州。」後漢書卷三十三郡國志：「南海郡七城」，卽除上述六縣外，新置一增城。

番禺　山海經謂之賁禺，爲南海郡治，建安十五年又爲州治。自秦時卽爲越之犀角象齒翡翠珠璣等珍玩之集散地。交州治中合浦姚文式問云：「何以名爲番禺？」答曰：「南海郡昔治在今州城中，與番禺縣連接，今入城東南偏有水坑，陵城倚其上，聞此縣人名之爲禺山，縣名番禺，儻謂番山之隅也。」（水經注卷三七）趙佗建立南越國以番禺爲王都。元和郡縣志卷三五云：「趙佗故城在今南海縣西二十七里。」漢平南越，其地復入中國版圖，番禺遂成爲中國南方與海上交通之一大都市。史記卷一二九貨殖傳云：「九疑蒼梧以南至儋耳者，與江南大同俗，而揚越多焉。番禺亦其一都會也。珠璣犀象瑇瑁果布之湊。」前漢書卷二八下地理志亦云：「越地處近海，多犀象瑇冒珠璣銀銅果布之湊，中國往商賈者多取富，番禺其一都會也。」可見其地在古代之繁盛。

博羅　元和郡縣志卷三五云：「羅浮山在博羅縣西北二十八里。」讀史方輿紀要卷一〇三謂：「羅浮山在……惠州府，博羅縣西北五十里。」則舊博羅縣當在今縣治東南約二十里處。

中宿　大淸一統志卷四四二云；「中宿廢縣在清遠縣西北……縣志：中宿故城在西北六十里池水鄉。」前漢書卷二八下地理志注：「有洭浦關。」新斠注地理志集釋云：「卽湟溪關，在今韶州府英德縣西南四十里。」

龍川　前漢書地理志注：「師古曰：裴氏廣州記云本博羅縣之東鄉也。有龍穿地而出，卽穴流泉，因以爲號。」元和郡縣志卷三五：「龍川故城在（河源）縣東北，水路一百七十五里，」趙佗爲龍川令，築此城。

四會　大淸一統志卷四四七表：「四會卽今肇慶府之四會縣，」又云：「四會縣在肇慶府東北一百三十里。」

揭陽　讀史方輿紀要卷一〇三云：「故城在今揭陽縣西北，揭嶺之南，」大清一統志卷四四六云：「揭陽故城在今揭陽縣西。」漢書地理志注：「莽曰南海亭。」

增城　元和郡縣志卷三五：「增城縣西南至廣州一百八十里，本漢番禺縣地。」大清一統志卷四四二：「增城故城在增城縣東北，……通志：漢故縣在今縣東北五十里。」

鬱林郡　漢書卷二八下地理志注云：「故秦桂林郡，屬尉佗，武帝元鼎六年開，更名，……莽曰鬱平，屬交州。」縣十二曰：布山安廣、阿林、廣鬱、中留、桂林、潭中、臨塵、定周、增食、領方、雍雞。漢書地理志補注卷七八云：「按漢鬱林郡今廣西柳州府之馬平柳城二縣，及象州潯州府之桂平貴二縣，南寧府之橫州，思恩府之賓州，太平府之崇德縣，皆其地。」後漢書卷三三郡國志領十一城，省雍雞縣。周明泰後漢縣邑省併表云：「靈帝建寧三年（一七〇）鬱林太守谷永置新邑、長平、建始、武安、陰平、臨浦、懷安七縣，屬鬱林郡。」此七縣蓋谷永招降烏滸蠻所開置，故後漢鬱林郡之區域較前漢為廣。

布山　水經注卷三六：「牂牁水又東逕布山縣北，鬱林郡治也。」讀史方輿紀要卷一〇八：「布山廢縣，在今潯州府桂平縣西五十里。」大清一統志卷四七〇：「布山廢縣在潯州府貴縣東。」故其地當在今桂平縣與貴縣之間。

安廣　大清一統志卷四七一：「安廣舊縣在今南寧府橫州境，」即今橫縣地。

阿林　讀史方輿紀要卷一〇八：「阿林廢縣在今潯州府南。」大清一統志卷四七〇：「阿林廢縣在潯州府桂平縣東，寰宇記廢阿林縣在廢繡州東北五十里。」又曰：「廢繡州在桂平縣西南。」故阿林當在興業縣境。

廣鬱　大清一統志卷四七一：「南寧府漢爲鬱林郡領方廣鬱等縣地。」又曰：「樂山廢縣在南寧府橫州東南，……元和志：縣西至橫州一百二十里，本漢廣鬱縣地。」又曰：「橫州東至潯州貴縣界六十里。」故當在今貴縣境內。

中留　前漢書卷二八地理志注：「師古曰：留音力救反，水名。」大清一統志卷四七〇：「中留廢縣在今潯州府武宣縣西南。」

桂林　讀史方輿紀要卷一〇九：「漢桂林縣在今象州東南。」

潭中　前漢書卷二八地理志注：「莽曰中潭」。清一統志卷四六三：「潭中廢縣，在今柳州府馬平縣東南駕鶴山間。」

臨塵　前漢書地理志注：「莽曰監塵」新斠注：地理志集釋卷十四云：「似今南寧府西地。」大清一統志卷四七二表云：「今太平府崇善縣，本漢臨塵雍雞等縣地。」

定周　新斠注地理志集釋卷十四：「似今慶遠府西北地也。」前漢書地理志注，「水受毋斂東入潭。」據胡鶯羽牂牁叢考第四篇，以定周水卽廣西思恩境內之龍江，東入潭水卽柳江。然則定周卽今宜山縣地。

增食　元和郡縣志卷三七云：「朗寧縣南至邕州一百八十里，本漢增食縣地。」大清一統志卷四七一：「朗寧舊縣，在宣化縣西北。」按卽今之賓陽。

領方 讀史輿紀，卷一〇九：「領方發縣卽今賓州治。」大清一統志卷四六五：「領方故城在思恩府賓州西」。卽今邕寧武鳴等地。

雍雞 大清一統志卷四七二表：今太平府崇善縣，本漢臨塵，雍雞等縣地。

蒼梧郡 前漢書卷二八下地理志注：「武帝元鼎六年開，莽曰：新廣，屬交州，有離水關。」縣十 曰廣信、謝沐、高要、封陽、臨賀、端谿、馮乘、富川、荔浦、猛陵。全祖望漢書地理志稽疑卷二謂：「當云：故秦桂林郡，後爲蒼梧國，屬尉佗，武帝元鼎六年開，屬交趾，莽曰新廣。」方輿紀要卷二云：「今梧州平樂二府及廣東肇慶府之境是其地。」後漢領十一城，增鄣平一城。

廣信 前漢書地理志注：「莽曰廣信亭。」水經注卷三六：「鬱水又東逕蒼梧廣信縣，漓水注之，又東，封水注之。」大清一統志卷四六九：「今梧州府附郭蒼梧縣……漢置廣信縣。」

謝沐 水經注卷三六：「封水出臨賀郡馮乘縣西，謝沐縣東界牛屯山。」方輿紀要卷一〇一：「謝沐廢縣在今開建縣北。」

高要 前漢書地理志注：「有鹽官。」大清一統志卷四四八：「高要廢縣，今肇慶府高要縣治。」

封陽　前漢書地理志注：「應劭曰：在封水之陽。」大淸一統志卷四六七：「封陽廢縣在今平樂府賀縣南。……縣志：今有信都鎮，在縣南百里，卽封陽墟也。」

臨賀　前漢書地理志注：「莽曰大賀。」大淸一統志卷四六七：「臨賀故城，今平樂府賀縣治。」

端谿　大淸一統志卷四四八：「端谿廢縣，卽今肇慶府德慶州治。」又卷四四七：「端山在州北二十里，端谿水在州東。」

馮乘　元和郡縣志卷三六：「馮乘縣東南至賀州，一百八十里，界內有馮溪，因以爲名。」大淸一統志卷四六七：「馮乘廢縣，在富川縣東北，……舊志：在今縣北七十里靈亭鄉。」

富川　讀史方輿紀要卷一〇七：「富川故城在今富川縣西南鍾山下。舊志云：漢元鼎四年析臨賀鍾山地置。」又曰：「富江在縣東，源出縣北四十里之桃母岩，一名靈溪，南流合於賀水，縣以此名。」

荔浦　水經注卷三八：「瀨水出荔浦縣西北魯山之東，逕其縣西，與濡水合，……又東注於灕。」大淸一統志卷四六七：「荔浦故城，在今平樂府荔浦縣治西。」漢書地理志注：「有荔平關，」在富平縣東。

猛陵　前漢書地理志注：「莽曰猛陸，」元和郡縣志卷三六謂：平南縣，武林縣，本漢猛陵縣地。水經注卷三六：「猛陵縣在廣信南。」新斠注地理志集釋卷十四：「今梧州府藤縣。」

合浦郡　後漢書卷五安帝紀注：「合浦郡，今廉州縣也。」漢書地理志補注卷八一云：「案漢合浦郡　今廣東肇慶府之新興陽江二縣，雷州府之海康徐聞二縣，廉州府之合浦縣，瓊州府之瓊山縣，皆其地。」漢書地理志注：「武帝元鼎六年開，莽曰桓合，屬交州。」縣五：徐聞、高涼、合浦、臨允、朱盧。

徐聞　元和郡縣志云：雷州徐聞縣，本漢舊縣。又海康遂溪二縣亦徐聞縣地。漢置左右侯官，在縣南七里，積貨物於此，備其所求，與交易有利。故諺曰：「欲拔貧，詣徐聞。」大清一統志卷四五一：「徐聞故縣今雷州府海康縣治。」

高涼　方輿紀要卷一〇四：「高涼山在茂名縣東北九十里，本名高梁，羣峯並聳，盛暑如秋，故改梁爲涼，縣因以名。」新斠注漢書地理志集釋卷十四云：「今電白縣。」大清一統志卷四四九云：「電白廢縣在茂名縣東北，……保安廢縣在電白縣東，本漢高涼縣地。」

合浦　水經注卷三六：「合浦郡治合浦縣。」前漢書地理志注：「有關，莽曰桓亭。」大清一統志卷四五〇：「合浦故城在今廉州府合浦縣東北。」

臨允　前漢書地理志注：「莽曰大允，」續漢志作「臨元」，方輿紀要卷一〇一：「在肇慶府新興縣南七十里。」

朱盧　前漢書地理志注：「都尉治。」續漢志作朱崖，蓋卽改故朱崖郡所置。大清一統志卷四五二；「瓊山縣，……漢初朱崖郡地，後置朱盧縣，屬合浦郡。後漢曰朱崖縣，三國吳復曰朱盧縣。」又卷四五三：「漢朱崖郡在瓊山縣東南三十里。」

交趾郡　前漢書地理志云：「縣十，羸𨻻、安定、苟漏、麊冷、曲昜、北帶、稽徐、西于、龍編、朱䳒。」注：「武帝元鼎六年開，屬交州。」續漢郡國志：建武十九年增置封溪望海二縣。劉昭注：「洛陽南九千一百九十一里。」

羸𨻻　晉書地道記作羸𨻻，漢書考異曰：「羸相近廣韻一先部別出羸字，蓋後人妄作。」元和郡縣志卷三八：「今交州南定縣，本漢羸𨻻縣地。」又云漢時故城在宋平縣西七十五里。寰宇記卷一七一曰：「今交州西北七十里，交趾縣，卽漢交趾郡之羸𨻻縣也。」方輿紀要卷二：「羸𨻻，今交州府西，故交趾城是也。」續漢郡國志劉昭注：「地道記曰：南越侯織在此。」又考水經注卷三七云：「其次一水，東逕封溪縣南，又西南逕西于縣南，又東逕羸𨻻縣北，又東逕北帶縣南，又東逕稽徐縣，涇水注之，水出龍編縣高山，東南流入稽徐縣，注於中水。中水又東逕羸𨻻縣南，交州外域記曰：縣本交趾郡治也。」此所云「其次一水」，殆卽指紅河，封溪縣當在其北，今永安境，羸𨻻縣應在其南，今河內西。羸𨻻西南有一湖，蓋卽浪泊，其南有一水，今名帶江，或卽都官冷，水經注所謂「自交趾南行，都官塞浦出焉。」北帶約在今北寧境內，稽徐約在今南策附近。涇水當在錄南江與倉江合流之處，流入太平江，卽所謂中水也。太平寰宇記謂羸𨻻卽交州府西北之交趾縣。據唐末之一路程，從交州府治至峯州須經交趾縣。唐武德四年於其地立慈廉等三縣，慈廉縣今仍名，在河內至山西通道中，可見交趾縣在河內之西。若寰宇記之言果確，則漢之羸𨻻縣亦當在此附近矣。

安定　清汪遠孫漢書地理志校本：「案續志作定安，魏志陳留王紀，咸熙元年，呂典都督交州諸軍事，封定安縣侯。」宋書卷三八州郡志作定安，惟晉書地理志作安定，與漢志同。水經注卷三七引林邑記曰：「自交趾南行，都官塞浦出焉，其水自（羸𨻻）縣東逕安定縣，北帶長江，江中有越王所鑄銅船，潮水退時，人有見之者。其水又東流，隔水有泥黎城，言阿育王所築也。」馬洛爾（Cl. Madrolle）古東京考（Le Tonkin Ancien）謂：安定當位置於海陽之南，近海處之尖角上，即古泥黎，今名塗山。安定縣北帶長江，即今荊門江。

苟扁　宋書卷三八及南齊書卷十四州郡志，均作句漏。吳卓信漢書地理志補注卷八十：「水經注作句漏，齊韻作笱漏，師古曰：扁與漏同。」水經注卷三七引交州外域記曰：「有扶嚴究，在郡之北，隔渡一江，……其水又東逕句漏縣，縣帶江水，江水對安定縣，林邑記所謂外越安定紀粟者也。」吳元美句扁十洞記：「平川中，石峯千百，皆矗立特起 周回三十里，其岩穴多句曲而穿漏，故以是名山與邑。」方輿紀要卷一一二云：「苟扁城在今（交州）府西南，……葛洪求爲句扁令，即此縣也。宋齊以後因之，隋時廢。今石室縣是其地。」又於三帶城條云：「清威府在城西南百五十里，又西南五十里有石室城，皆蠻所置縣也。宜德初，黎利作亂，其弟善據廣威州，擁衆攻交趾，參將馬瑛大破之於清威，與王通合兵石室縣，進兵寧橋，陳洽以爲宜置師于石室縣之沙河，以覘賊勢，不聽，遂渡河，而陣地皆險惡，伏起，大敗。」清威在今河內西南百五十里，石室縣又在其南五十里，則當在商信地方，沙河似即帶江，自西北廣威東南流，遥寧平，流入紅河下流入海。

䊝冷　前漢書地理志作麊冷，清王紹蘭漢書地理志校注卷下：「按說文無麊字，米部䊝潰米也從米尼聲。交趾有䊝冷縣，是許所見漢志作䊝，不作麊。……益州來唯勞水出徼外，東至麋伶，入南海牂牁郡。西隨麋水西受徼外，東至麋伶，入尙龍谿。都夢壺水東南至麋伶，入尙龍谿。其作從鹿米聲之麋，誤與麊同。其作從米麻聲之糜，糜糝也，不以米爲聲，猶爲彼善於此。趙本水經葉榆河及注皆作麋，亦是譌本。戴本正作䊝，與許同，此則古字之僅存者。」後漢書卷五二劉隆傳注：「麊冷縣有金溪穴，相傳音訛謂之禁谿，則徵側等所敗處也。其地今岑州新昌縣也。」水經注卷三七：「葉榆水又東南絶溫水，而東南注于交趾，過麊冷縣北，分爲五水，絡交趾郡中，至東南界，復合爲三水，東入海」。讀史方輿紀要卷一一二云：「麊冷城在今安南國太原西。」越人梁竹潭撰南國地輿云：「二徵出於峯州」，注云：「即永祥府。」永祥在山西省內，案馬洛爾古東京考謂：紅河流經越池附近，右有黑河，左有宣光江來會，水勢增大，漢䊝冷縣即在此處。今宣光江谷地及黑河下流之一部分，皆巻泠縣境。此與讀史方輿紀要所言相合。水經注卷三七云：「巻泠縣，漢武帝元鼎六年開，都尉治，……交趾郡及州本治於此。」然則其地初闢，交趾刺史及交趾太守與都尉皆駐於此。惟水經注同卷引交州外域記曰：「羸𨻻縣本交趾郡治。」蓋後來交趾太守改治羸𨻻，刺史移治廣信也。

曲易　前漢書地理志注：「師古曰：易古陽字。」水經注卷三七：「交趾南水逕龍淵縣故城南，又東左合北水，又東逕曲易縣，東流注于浪鬱。」據此，則曲易應在龍編縣東南。

北帶　楊守敬前漢書地理圖將北帶縣位置於今河內南之常信府地。案水經注卷三七：「其次一水，又東逕羸𨻻縣北，又東逕北帶縣南。」據此可知北帶應應在羸𨻻縣東北，似在今北寧境內。

稽徐　水經注卷三七：交趾中水「又東逕北帶縣南，又東逕稽徐縣，涇水注之。」故稽徐縣當在北帶之東南，約在今南策省內。

西于　後漢書卷五四馬援傳：「援奏言：西于縣戶有三萬二千，遠界去縣庭千餘里，請分爲封溪望海二縣，許之。」注云：「西于故城在今交州龍編縣東。」案水經注卷三七：「交趾五水，其次一水東逕封溪縣南，又西南逕西于縣南，又東逕羸𨻻縣北。」據此西于縣當在羸𨻻縣西北，約在今河內西北一帶地。馬洛爾古東京考謂：西于縣區域廣大，自急流江（Cal De Rapides）之西北，宣光江以東皆其地。昔安陽王都即在此縣內，今名古螺村，村中有安陽王祠，周圍有土城。古螺在唐以前屬平道縣，吳時所立，本後漢封溪縣地，今屬東溪縣，在河内北十餘公里。

龍編　水經注卷三七：「左水東北逕望海縣南又東逕龍淵縣北，又東合南水，自麊泠縣東逕封谿縣北。……又東逕龍淵縣故城南，又東左合北水，建安二十三年立州之始，蛟龍編於南北二津，故改龍淵以龍編爲名也」。又云：「涇水出龍編縣高山，東南流入稽徐縣，注於中水」。根據水經注所言，龍編縣之位置約在太原南之多福府，其地適在高河（Song Cau）與自永安東流之一水交會處。高河相當於水經注之北水，其自永安東流之一水，則相當於水經注之南津。後漢書卷三十三郡國志劉昭注：「交州記曰：（龍編）縣西帶江有仙山數百里，有三湖，有注沅二水」。又水經注卷三七：「斤江水出龍編縣東北，至鬱林領方縣，東注於鬱」。案在今多福府西與宣江東之間，有一水自北而南，仍名帶江。在太原東北有數水，向東北流入廣西，合爲左水，而注於鬱江，亦可謂發自龍編縣東北也。馬伯樂唐代安南都護府疆域考謂龍編縣處於高河與急流江間之北寧省北部。亦近之矣，惟其地應略偏西北。

朱䳒　晉書卷十五地理志作失焉，水經注卷三七引交州外域記曰：「交趾郡界有扶嚴究，在郡之北，隔渡一江，即是水也。其江北對交趾朱䳒縣」。案在今國威之南有一湖，或即扶嚴究。自此湖向東南流一水，亦名帶江，其北爲紅河下流，又名朱䳒江。吳承志唐賈耽記邊州入四夷道里考實卷三云：「朱戴江卽越南地輿圖說之珥河，明一統志所謂富良江，一名瀘江者，今呼爲紅江，上流承南詔葉楡河東出之瀘水，下流經朱戴，因蒙其縣爲名。」朱戴江對岸卽爲朱戴縣，約在今興安府里境內。讀史方輿紀要卷一一二謂：「朱戴城在（交州）府（今河內）東南」是也。惟越史通鑑綱目緒編卷二，則以朱戴在今山西永祥府內，與交州外域記之言不合。

封溪　建武十九年增立，後漢書卷五四馬援傳：「援奏言：西于縣戶有三萬二千，遠界去庭二千餘里，請分爲封溪望海二縣，許之」。是封溪望海二縣皆在西于縣境也。水經注卷三七云：「左水……東逕龍淵縣北，又東合南水，水自麊冷縣東，逕封溪縣北」。又云：「其次一水，東逕封溪縣南，又西南逕西于縣南，又東逕羸𨻻縣北」。故封溪縣當在麊冷縣東南，龍淵縣之西，羸𨻻縣之北，約在今永安或福安附近。

望海　建武十九年與封溪縣同時由西于縣分立，水經注卷三七：「左水東北逕望海縣南，建武十九年馬援征徵側置，又東逕龍淵縣北」。據此，可知望海在龍淵縣之北，約在今太原西宣江東之間。

九眞郡　漢書地理志云：「縣七：胥浦、居風、都龐、餘發、咸驩、無切、無編。」注云：「武帝元鼎六年開，有小水五十二，并行八千五百六十里」。後漢書卷一光武帝紀注：「九眞郡今愛州縣」。又卷三三郡國志劉昭注：「維陽南萬一千五百八十里」安南志略云：「

清化府路，西漢九眞郡，隋唐愛州」。案晉書卷九七林邑傳載：永和三年林邑王范文攻陷日南，「告交州刺史朱蕃，求以日南北鄙橫山爲界。」則橫山之北卽爲九眞郡，橫山在今河靜廣平之間。故漢九眞郡之區域，自清化北至河靜南，皆是其境。

胥浦　前漢書地理志注：「莽曰驩成」。水經注卷三六：「縣卽郡治」。讀史方輿紀要卷一一二云：胥浦廢縣在清化府西。」

無切　漢書地理志注：「都尉治」。後漢書卷五安帝紀：「延光元年八月辛卯，九眞言，黃龍見無切縣。」漢書地理志校本云：「案切，續志作功，後漢書馬援傳及舊唐書志亦皆作功。然縣武帝所開，不當以無功名，水經注葉榆水注作切，其引范史馬援傳亦作切，蓋今本續志誤。」水經注卷三七云：「交州外域記曰：扶嚴究隔渡一江，……又東逕無切縣。」案扶嚴究似指今廣威南之　湖，自湖東南流之一水，今名帶江，無切縣在其南。當在今寧平境內。

餘發　水經注卷三七云：「建武十八年十月，援南入九眞，至無切縣，賊渠降，進入餘發，渠帥朱伯棄郡，亡入深林巨藪」。據此，餘發應在無切縣之南，今清化北之侯祿或是其地。適爲馬江與朱江入海處。兩河皆自西北山谷東南流入海，是殆卽所謂深林巨藪，故朱伯等賊黨逃匿其間。

無編　漢書地理志注：「莽曰九眞亭。」吳卓信漢書地理志補注卷八二：「水經注，馬援分兵入無編縣。通典今愛州無編縣，漢舊縣，元和志，今演州龍池縣，本漢無編縣地，蓋夷獠所附，免其徭役，故以無編為名。」陸地測量局所繪安南全圖有龍施地名，在清化南，積嘉府西，殆卽元和志所謂龍池縣，漢無編縣地。

居風　後漢書卷五四馬援傳：「援征徵側餘黨，自無功至居風，斬獲五千餘人。」又水經注卷三七云：「至居風縣，帥不降，並斬級數十百，九眞乃靖。」故居風為賊帥最後頑抗之處，卽所謂「深林巨藪，」其地似在今馬江與朱江兩河之間，清化西北之至樂或壽春境內。讀史方輿紀要卷一一二云：「居風廢縣，在清化府西北，」是矣。

都龐　汪遠孫漢書地理志校本，「案龐校本作寵，初學記獸部引吳錄地理志曰：九眞郡龐縣多象，郡蓋都字之誤，然則龐字亦未必非也，集韻都龐縣，在九眞或作寵。」元和郡縣志卷三八：「今愛州軍寧縣，本漢都龐縣也。」讀史方輿紀要卷一一二云：「都龐廢縣，在清化府北。」案吳錄地理志曰：「九眞郡都（此字疑漏脫，郡字不誤）龐縣多象。」又據水經注卷三七載馬援征徵側餘黨，「進入餘發，……深林巨藪，犀象所聚，牛羊數千頭，時見象數十百為羣。」則都龐縣距餘發不遠，似在今清化西北馬江上會春境內。

咸驩　漢書地理志補注卷八二：「續志作咸懽，唐韻作驪驩。」元和郡縣志卷三八謂：今演州忠義懷驩二縣，並漢咸驩縣地，太平寰宇記卷一七一云：「咸驩縣，自漢迄隋不改，武德五年於此置驩州，貞觀元年改為演州。」伯希和交廣印度兩道考卷上云：「演州卽今永城北方之演州府，」又云：「唐之驩州，今之乂安一部及河靜全省。」然則咸驩縣，當在今乂安與河靜之間。

日南郡　前漢書地理志云：「縣五：朱吾、比景、盧容、西捲、象林。」注云：「故秦象郡，武帝元鼎六年開，更名，有小水十六，幷行三千一百八十里，屬交州。師古曰：言其在日之南，所謂開北戶以向日者。」史記卷六秦始皇本紀：「三十三年，置象郡。」韋昭曰：「象郡今日南也」。水經卷四十云：「容容夜緖詰乘牛渚須無無濡營進皇無地零侵離（或作黎）無會重瀨夫省無變由蒲王都融勇外，此皆出日南郡西，東入於海，容容水在南垂，名之以次轉北也。右二十水（一作三十）從江已南至日南郡也。」案水經所言二十水不可考，由漢書地理志注，「小水十六」不合，若每二字爲一水，則得十七，稍爲近之，日南郡之方位，在九眞郡之南，有橫山爲其界，此山在河靜廣平之間，是爲日南郡之北境。（見前九眞郡）其南境至於何地，則史未明言，吾人但知日南郡最南之一縣爲象林而已，漢末區逹據此建林邑國。後漢書卷三三劉昭注：「日南郡武帝更名，雒陽南萬三千四百里，」又九眞郡「雒陽南一萬一千五百八十里」，兩郡相距一千八百二十里，九眞郡治在淸化，則日南郡治當在今淸化之南一千八百二十里處。鄂盧梭古城史料補遺曰：「考大南一統志，（卷一同卷十三）日南郡南界在今之大嶺，此嶺現在富安同慶和兩省之間，其入海之岬，就是伐勒拉。（Cap Varella）」據此，漢之日南郡應位之於橫山與大嶺之間，換言之，卽北自廣平，南至伐勒拉角，皆是其境。日南郡五縣之次序，前漢書地理志「縣五：朱吾、比景、盧容、西捲、象林。」後漢書郡國志：「日南郡五城：西捲、朱吾、盧容、象林、比景。」晉書地理志則云：「日南郡統縣五：象林……盧容……朱吾、西捲、比景。」三志所載不同。按水經注卷三六引林邑記曰：「林邑建國起自漢末初平之亂，人懷異心，象林功曹姓區，有子名逵，攻其縣，殺令，自號爲王。」又曰：「吳赤烏十一年……交州與林邑于灣（古戰灣）大戰，初失區粟。」又曰：「考古志並無區粟之名，……城故西捲縣也。」象林西捲二縣最先被佔，可證象林爲最南之縣，其次爲西捲。水經注又云：「永和三年，范文侵交州於橫山分界，度比景廟，由門浦至古戰灣，……渡盧容縣，日南郡之屬縣也。自盧容至無變，（一作戀）越烽火至比景縣……林邑記曰：渡比景至朱吾，朱吾縣浦，今之封界。」由此可知漢日南郡五縣之次序，自北而南，應爲朱吾、比景、盧容、西卷、象林，與前漢書地理志所言之次序相符。

朱吾　水經注卷三六林邑記曰：「度比景至朱吾，朱吾縣浦今之封界。」晉書地道記曰：「朱吾縣去郡二百里，」交州記曰：「其民依海際居，不食米，止資魚」。可知朱吾爲濱海之縣，距日南郡治二百里。案晉太康三年，日南郡治在盧容，在今順化西北二百里處。（見後盧容條）則朱吾縣當在盧容縣北二百里處求之。又案水經注卷三六云：「朱吾浦內通無勞湖，無勞究水通壽冷浦」。壽冷湖即指今順化外大海湖之西湖，無勞湖即廣治河口，有一水可南通至順化海口，即無勞究水，廣治河即朱吾水，朱吾縣應在今廣平省南。唐賈耽記邊州入四夷道里云：「南行經古羅江，二日行至環王國之檀洞江，又四日至朱崖。」吳承志考實卷五謂：檀洞江卽河靜南之靈河，檀洞爲環王國界首之邑名，當卽平政江北界。又曰：「廣治西北，時尙有一別都，爲唐後宋初所居。……別都去廣治百五十一里，依本記日數推校，當是朱崖。朱崖卽漢縣之朱吾，吾古讀如牙，轉異爲崖。」又曰：「朱吾宜近卷昌。」

比景　漢書地理志注：「如淳曰：日中於頭上，景在巳下，故名之。」宋書卷三八州郡志作「北景」。南齊書卷五八云：「區粟城建八尺表，日影度南八寸。」輿地廣記曰：「景州北景縣，漢屬日南，後爲林邑所據。晉九眞太守灌邃討林邑，於其國五月五日立八尺表，日景在表南九寸一分，故自北景以南皆開北戶以向日，唐於驩州南，僑立景州，非正北景也。」案區粟城卽漢西捲縣，林邑爲漢之象林縣，故林邑之日景較區粟更南一寸一分。比景在區粟之北，故其日景當較短，新唐書卷三一天文志：「林邑日在天頂北六度六分強，極高十七度四分。」然唐之林邑，非林邑國之都城區粟。新唐書卷四三上地理志：「於驩州南，僑置林邑郡，……非正林邑國」。而唐之驩州，卽今之河靜，其南爲廣平。伯希和交廣印度兩道考卷上云：「廣平日影，夏至在表南五寸七分。」日南郡之北境，以河靜廣平間之橫山爲界，則其最北之縣朱吾，應不逾廣平，比景爲次北之縣，則應位之於今廣治無疑矣。

盧容　晉書卷十五地理志：「盧容，象郡所居。」水經注卷三六云：「（四會浦）水，上承日南郡盧容縣西。古郎究浦內漕口，馬援所漕水，東南屈曲通郎湖。湖水承金山郎究。究水北流，左會盧容壽冷二水。盧容水出西南區粟城南高山，山南長嶺連接，天障嶺西，盧容水湊，隱山遶西衞北，而東逕區粟城北，又東，右與壽冷水合，水出壽冷縣界。」又曰：「壽冷水自（西捲）城南，東與盧容水合，東注郎究。」又曰：「自四會浦入，得盧容浦口，晉太康三年省日南郡屬國都尉，以其所統盧容縣置日南郡及象林縣之故治。晉書地道記曰：郡去盧容浦口二百里，永和五年征西桓溫遣督護藤畯率交廣兵伐范文於舊日南之盧容縣，爲文所敗，卽是處也」。案西捲縣，據鄂盧梭占城史料補遺謂：在今承天府（順化）西南（見後西捲縣條），區粟卽西捲縣城，盧容壽冷二水皆會於此城下，盧容卽順安海口東Cau—Hai湖，在Chu—May西岬北邊入海之海口。晉太康時之日南郡治爲盧容，去盧容浦口二百里。若自今順化海口向西北二百里處求之，則盧容縣應在今廣治省之西南境矣。

西捲　前漢書地理志注：「莽曰日南亭」，晉郡劉記云：「秦時象郡治象林縣，漢更名日南郡，便治西捲。」水經注卷三六云：「壽冷水東逕區粟城南，考古志並無區粟之名，應劭地理風俗記曰：日南故秦象郡，漢武帝元鼎六年開，日南郡治西捲縣。林邑記曰：城去林邑步道四百餘里，交州外域記曰：從日南郡南去，到林邑國四百餘里，準逕相符，然則城固西捲縣也。」是西捲縣爲日南郡治，亦卽林邑之區粟城。水經注又述此城之形勢云：「

林邑記曰：其城治二水之間，三方際山，南北瞰水，東西澗浦流湊城下。城西折十角，周圍六里，一百七十步，東西度六百五十步，甎城二丈，上起甎牆一丈，開方隙孔，……城開十三門，凡宮殿南向，屋宇二千一百餘間，市居周繞，阻峭地險，故林邑兵器戰具悉在區粟。……區粟建八尺表，日影度南八寸，自此影以南在日之南，故以名郡。……壽泠水自城東與盧容水合，東注郎究，究水所積，下潭爲湖，謂之郎湖。浦口有秦時象郡墟域猶存。自湖南望，外通壽泠，從郎湖入四會浦，…自四會南入得盧容浦口。」伯希和交廣印度兩道考卷上云：「設日影洵爲八寸，應求區粟城於廣平之南，蓋八世紀所測之緯度十七度，使吾人知其地爲廣平，而廣平日影夏至在表南五寸七分也。一鄂盧梭古城史料補遺曰：「在廣治同廣義之間，而且在安南關同伐勒拉岬之間，祇有承天府（順化）境與此完全相合。盧容水就是承天府河，郎湖就是名曰Cau—hai的大海湖之東湖，四會浦就是順安海口，盧容浦就是Cau—hai，湖，在Chu—may西岬北邊入海的海口，無勞湖就是大海湖之西湖，朱吾水就是從此注入廣治河之水道，可見此處地勢大致與水經注所誌相符。再就此城附近之形勢說，城盧容壽泠二水之間，此盧容水當然就是承天府之主流。至若壽泠水或者就是古之羅綺水，（祇有此一點不能與水經注相合）後在一八三六年所開的 Phu—Cam渠。由是觀之，古之區粟近在承天府河之南，就在今日 Ban—ɔ。地方，嗣德陵通道所截斷的廢址中，以此廢址與水經注的一定記載對照，若合符節。其周圍有山，盧容水（承天府河）經城北東流與壽冷水（昔羅綺水）會，區粟廢址即在承天河南（月瓢 Nanyet—bi ču）至渠水會流之間，此廢址業經 purmentier（帕門捷）在他所撰的安南占種古跡調查表中說明。」鄂氏考辯明確，惟無勞湖似應指今廣治河口，大海湖之西湖應爲壽冷湖，其注入廣治河之水道即無勞究水，朱吾水即廣治河。

象林

後漢書卷三二郡國志劉昭注：「象林今之林邑國。」水經注卷三六云：「元嘉二十三年，交州刺史檀和之破區粟，已飛旂蓋海，將指典冲，於彭龍灣上鬼塔與林邑大戰，還渡典冲，林邑入浦，令軍大進，持重故也。浦西即林邑都也。治典冲，去海岸四十里。」又曰：「去廣州二千五百里……其城西南際山，東北瞰水，重塹流浦，周繞城下，……城周圍八里一百步，甎城二丈，上起甎牆一丈，……城門四開，東爲前門，當兩淮渚濱，於曲路有古碑，夷書銘讚前王胡達之德。西門當兩重壍，北迴山上，山西即淮流也。南門渡兩重壍，對溫公壘，升平二年，交州刺史溫放之……征林邑，水陸壘戰，佛保城自守，重求請服，聽之。今林邑東城南五里，有溫公二壘是也。北門濱淮，路斷不通，城內小城周圍三百二十步，……神祠鬼塔，小大八廟，層臺重榭，狀似佛刹。」鄂盧梭占城史料補遺曰：根據水經注上述，「林邑國最古都城大致在廣南之南，去海約二十公里的一水之上，此水是兩條水道匯合而成的，則應在廣南水系之上，尋求此典冲城，其水應是古不勞（Cuca Cham）島對面入海之 Song Ba—ren 水，或 Song Thu—bon 水，若在去海二十公里的交切線上去尋典冲城，在後一水上毫無可以注意的遺跡，在前一水上則有一箇世人所熟識的古跡，這就是茶蕎的古跡。按照水經注之記載，林邑之古都或在此。」據帕門捷（Parmetier）所撰安南古種古籍調查表（第五册三七五頁）之考證，更足以證實此說。帕門捷曰：

其實距美山十五公里，距洞陽二十公里之茶蕎地方，有座甎城，奇合水經注之記載。水經注說：「城周圍八里，一百步甎城二丈，上起甎牆一丈」。現在所存之城牆無幾，不能確定其周圍，惟其一面靠水，一面陂陀起伏，每面不難寬有一公里。至若城牆是用甎造，其甎之多，致使人可以在附近用其餘塼建造一大教堂，同一傳道會，水經注又說：「城開四門，東爲前門，當兩淮渚濱」。現在茶蕎東邊卽爲出入甚便之處，其東北有種種河流，水經注又云：「於曲路有古碑，夷書銘贊前王胡達之德。」顧其在西四公里略微偏北之河岸，有一「Hon. Cuc」大碑，此處七世紀以前之古刻甚稀，殆因巖石上刻字之習慣，同字體之大所以能夠保存，方位雖不對，我想祇有此種摩崖，可以使外人注意，五世紀初年之范胡達，頗有爲建此「Hon. Cuc」碑刻的Bhadravarman之可能。馬伯樂曾在其占婆史中作此考訂，水經注又云：「西門當兩重塹 北迴上山。」此處有一直線小支流，與河流並行，好像就是此塹之遺跡。其西南則倚一小丘，水經注又云：「南門渡兩重塹，對溫公壘」，南邊並無可以注意之點，可是有一小丘，占婆人在此方面防守當然愈嚴。水經注又云：「北門濱淮，路斷不通。」此處是河流主流經過之所，可是後來河流遷徙改道，昔日距城較遠之一支流，就算此支流甚小，亦足使路斷不通。水經注又云「城內小城周圍三百二十步，」茶蕎城中有一小丘，或者不是天然的，其平臺每方不過五十公尺，則亦距八十步不遠。水經注又云：「小大八廟，」茶蕎城中有不少古代雕刻，昔在丘上曾建有廟堂一所，今日保存之最古占種塼造古物，不逾七世紀，好像從前營建之物是以木爲之，因外侵而被毀，亦理中必有之事。由是觀之，謂其爲林邑古都並無不可能，反有不少或能性。經鄂盧梭與帕門捷二氏之考訂，林邑古都之所在，吾人得以明瞭。故漢之象林縣，即在今廣南之南二十公里之茶蕎地方。

由上所述，可見漢代交州領域廣大，今廣東廣西二省及安南之北圻中圻皆其地。

三　吳分交州

漢亡，魏蜀吳三國鼎峙，各據一方，漢十三州，吳佔有揚荊交三州，交州治番禺。吳黃武五年（二二五）孫權依呂岱之建議，分交州置廣州，各有刺史，及呂岱誅滅士徽，又除廣州復爲交州如故。（吳志卷十呂岱傳）初劉備稱帝於蜀，亦置交州，惟其地在雲南境內，以李恢遙領交州刺史，住平夷縣。後八年孫權稱帝，與蜀盟約，時後主建興七年，乃以交州歸吳，罷李恢交州刺史。（蜀志卷十四李恢傳）至孫休永安七年（二六四）復分交州置廣州，時以合浦珠厓（赤烏九年復立）交趾九眞日南五郡爲交州，治龍編，以南海蒼梧鬱林高涼（建安末吳分合浦立），四郡爲廣州，治番禺。孫皓建衡元年（二六九）陶璜平交州，開置武平九德新興三郡，及九眞屬國，三十餘縣，（晉書卷五七陶璜傳）於是交州所轄凡八郡，較前增加，而其邊域則較漢之交州，已縮小三分之二矣。

陶璜所開置之三十餘縣，淸吳增僅三國郡縣表附考證云：「考璜以交州牧攻復交趾九眞日南等郡，復與廣州刺史滕脩破廣州諸賊，是交廣二州，新置諸縣，均璜所開置爲多。若交州合浦之南平毒質二縣，交趾之吳興武安二縣，新興之嘉寧吳定封山三縣，武平之武甯、武平、平道、軍安、武興、進山、根寧、安武、扶安九縣，九眞之常樂、建初、扶樂三縣，九德之九德、陽成、越裳、扶苓、曲胥五縣，廣州桂林之常安、武豐、粟平、武城、軍騰五縣，高興之廣化、海甯、莫陽、西平、化平五縣，凡三十四縣。或諸巳言吳末所立，或晉志有其縣，而諸志不能詳其始立，疑卽璜所置三十餘縣也。地居荒徼，吳又卽亡，入晉以後，諸縣或存或廢，故諸書不能質言耳。」故吳時交州，凡得漢舊郡四，復舊郡一，增置郡三。

合浦郡　洪亮吉補三國疆域志卷下云：「合浦郡漢置，吳黃武七年更名珠官，後復舊領縣五。沈志言：孫亮復舊名，通典吳改爲珠官，晉又爲合浦，則似晉時始復舊名，與沈志不同，疑當以前說爲是。」

合浦　漢舊縣，今合浦縣東。

朱盧　縣本前漢所立，建初後省，吳蓋復立也。今鬱林縣南。

珠官　吳立，今海康縣北。

南平、毒質二縣，皆陶璜所開置，在今何地，無考。

珠厓郡　補三國疆域志卷下云：「漢置，吳赤烏五年復立，領縣二。考吳時未嘗復儋耳郡。陸抗傳，除儋耳太守，蓋因討朱崖郡，使虛領其名耳。

珠崖　漢舊縣。

徐聞　漢舊縣，方輿勝覽云：「吳大帝於徐聞縣立珠崖郡。」

交趾郡　吳領縣十四，曰龍編、苟屚、望海、羸𨻻、西于、朱䳒、曲陽、北帶、稽徐、定安、皆漢時舊縣也。吳初本有麊泠（吳志卷八薛綜傳）後移隸新興郡。孫權時增立武寧，楊守敬三國疆域圖位置武寧於今諒山府，恐誤。（見下新興郡條）孫皓時增立吳興武安二縣，疑皆陶璜所開置。又立軍平縣，太平寰宇記卷一七一云：「今朱䳒縣，吳軍平縣地。」

新興郡　建衡三年分交趾麊泠置，轄麊泠、嘉寧、吳定、封山四縣。補三國疆域志卷下云：「通典吳分置新興郡，晉武太康中改爲新昌。今考吳志歸命侯傳，已云分交趾爲新昌，蓋承祚作志時，郡名已改，故從後言之。」吳增僅三國郡縣表附考證卷八云：「其境東南界武平，吾友鄒代鈞曰：越南太原高平二道是其地。」嘉寧吳定封山三縣皆陶璜所闢。按漢麊泠縣在今越池及宣光江流域，則新興郡所轄四縣，應位置於宣光與山西二省之間。

武平郡　沈約宋書卷三八州郡志云：「吳孫皓建衡三年討扶嚴夷，以其地立。」三國郡縣表附考證云：「晉志交趾武平二郡，各有武寧縣，二郡界連，未應無別。沈志云：武寧吳立。何志：武帝立，太康地志無此縣，而交趾有。輿地廣記吳立武寧縣及武平郡。以是參考，疑吳初立武寧，屬交趾，後又移屬武平也。」案沈志武寧屬九眞，不屬武平。又據太康地志，則晉時武平郡無武寧，而交趾郡有武寧。又案今河內西南國威附近有一湖河，即扶嚴究所在，武平郡各縣應位置於山西與寧平之間，此處爲交趾九眞二郡境界，故適在其間之武寧縣，易被誤爲屬交趾郡，又屬九眞郡也。武平郡領縣八：

武平　通典：安南府下有武平，注云：「吳舊」。是吳時有武平縣也。元和郡縣志卷三八云：「武平縣本扶嚴夷城地也。」又曰：「西南至（交州）府九十里。」約在今山西省內。

封谿　舊屬交趾，輿地廣記：「吳屬武平」，在今多福附近。

平道　元和郡縣志卷三八：「本扶嚴夷地，吳時開爲武平郡，立平道縣屬之。」又曰：「西北至府五十里。」故縣在今河內西北，東溪縣附近。

其餘武興、進山、根寧、安武、扶安與平道六縣，不可考，大抵皆在黑河下流之和平省內。

九眞郡　吳領縣六，胥浦、都龐、移風、皆漢時舊縣，移風即漢居風縣。沈約宋書卷三八州郡志：「故名居風，吳更名移風。」三國志郡縣表云：「都龐，中興後省，據吳志薛綜傳，吳初已有此縣，蓋漢末後復立。」吳錄亦有都龐縣。（沈志）又續漢郡國志有無功無編二縣，晉書地理志無之，蓋吳省也。爲程侯時增立建初常樂扶樂三縣，疑皆陶璜所開置。常樂，沈志「吳立」。元和志云：「分居風立，」三縣約在今清化西北馬江與朱江下流，又晉書陶璜傳云：「武平九德新昌，土地阻險，夷獠勁悍，歷世不賓，璜征討，開置三郡，九眞屬國。」據此，吳交州尚有九眞屬國，領縣無考。

九德郡　洪亮吉補三國疆域志卷下云：「吳末分九眞置領縣六，移漢舊縣咸驩屬之。」讀史方輿紀要卷一一二云：「咸驩在新平府東南。」案當在今乂安及河靜境內。九德、陽成、越常三縣皆吳立，九德郡治，今乂安北。陽成今乂安東，讀史方輿紀要卷一一二云：「越常廢縣在故驩州東南四里，吳置，縣屬九德。」又曰：「驩州在乂安府西，」然則越常當在乂安府南矣。又據晉書地理志尚有扶苓曲胥二縣無考，大抵亦在乂安南。

日南郡　洪亮吉補三國疆域志卷下云：「吳領縣五：沈志日南郡吳省，晉太康三年復置。今考歸命侯傳：建衡三年虞汜陶璜破交趾，禽殺晉所置守將，九眞日南還屬。華覈傳亦云：日南孤危。魏三少帝紀；九眞日南郡聞呂興去順效逆云云。晉地理志，吳黃武五年以交趾日南九眞合浦四郡爲交州刺史，則吳時有日南郡可知。」案自後漢初平之亂，區逵據象林建立林邑國，水經注卷三六云：「吳赤烏十一年（二四八）……初失區粟。」又曰：區粟城「故西捲縣」，是日南郡五縣已失其二。以後林邑王逐漸北侵，日南殆已名存實亡。吳黃武五年呂岱進討交趾九眞，未言及日南。故吳初省日南郡或是事實。而沈志謂晉太康三年復置則非也。蓋陶璜傳云：「孟幹陳伐吳之計，帝以爲日南太守。」則吳時固有日南郡也。惟是時日南郡領域縮小，無漢時廣大，其最南之二縣已爲林邑所據，故實際祇有三縣，即朱吾盧容比景是矣，皆漢時舊縣。

四 晉時七郡

晉興，先滅蜀，後幷吳，杜預克樂鄉，取江陵，於是沅湘以南，接於交土，望風皆降。晉武帝太康元年（二八〇）吳地悉定，天下復歸一統，凡十九州，交州是其一，增置郡縣二十有三。（晉書卷十五地理志）於交州，則省珠崖入合浦，統郡七，縣五十三。

合浦郡　統縣六，較吳時增一縣，合浦、南平、毒質、珠官皆吳舊，省珠崖郡，以徐聞歸屬，又分合浦立蕩昌，今容縣。吳時尙有朱盧縣，而晉志無之，殆省幷矣。

交趾郡　統縣十四，龍編、苟漏、望海、羸𨻻、西于、武寧、朱䳒、曲昜、北帶、稽徐、安定，皆舊縣。曰交興，畢沅晉書地理志新補正卷五云：「疑卽吳所立吳興縣，晉改今名。」曰海平，沈約宋書卷三八州郡志：「吳立，曰軍平，晉武改名海平。」曰南定，沈志云：「吳立，曰武安，晉武改，何志無。」

新昌郡　本吳新興郡，晉武帝改爲新昌，領縣六，麊冷、嘉寧、吳定、封山四縣皆吳舊，增立臨西及西道二縣。

武平郡　領縣七，仍吳舊。

九眞郡　統縣七：胥浦、移風、建初、常樂、扶樂五縣，皆吳舊，晉武分移風增立滿梧縣，沈約宋書州郡志作津梧，又分建初立松原縣，省都龐縣。

九德郡　統縣八：曰九德、咸驩、扶苓、曲胥，皆吳舊。晉武太康二年改吳陽成爲陽遂。省越常，增立南陵、浦陽、都洨三縣。楊守敬西晉疆域圖位置南陵於安南乂安之西，浦陽於靖嘉北，都洨，東晉更名都汰，在今葵府南。案楊氏誤，蓋浦陽由陽遂分立，讀史方輿紀要卷一一二云：「在乂安府東。」南陵都洨則省越常分立，故其地當在越常境。方輿紀要又云：「越常廢縣在故驩州東南。」然據元和志及寰宇記皆云：在驩州東北。沈約宋書州郡志：「都洨分九德立。」九德卽驩州治，今乂安省。

日南郡　統縣七：象林、盧容、朱吾、西捲、比景，皆漢舊。沈約宋書州郡志：「晉武帝太康十年分西捲立壽冷，又分比景立無勞。」案水經注卷三六云：「魏正始九年(二四八)林邑進侵至壽冷縣，」則吳時已有壽冷縣矣。壽冷縣已由西捲分立，則必在西捲縣境內。西捲卽林邑之區粟城，在今順化府。水經注謂壽冷水自區粟城南，又曰：「水出壽冷縣界之壽冷縣以水湊。」疑壽冷在今順化南之富祿地方。比景在廣治省境，(見漢比景條)則無勞亦應在此境內。

水經注卷三六云：「晉太康三年(二八二)省日南郡屬國都尉，以其所統盧容縣置日南郡及象林縣之故治。」晉書地理志云：「盧容象郡所居，」據前面考訂，盧容縣約在今廣治省西南境，晉太原中以此縣置日南郡治，可見日南郡之疆域已向北移縮，其南當爲林邑所侵。水經注卷三六：「建元二年（三四四）林邑攻陷日南、九德、九眞。」永和三年（三四七）林邑攻陷日南。「告交州刺史朱蕃，求以日南北鄙橫山爲界。」安帝隆安三年（三九九）復陷日南，義熙中（四〇五至四一八）每歲又來寇日南九眞九德諸郡。故自晉武太康中直至晉末，日南郡名存實亡。

五　宋增宋平

宋初有州二十一，泰始七年（四七一）始增置越州，沈約宋書州郡志謂：有州二十二。交州治龍編宋武帝時領郡六，交趾、合浦、武平、日南、九眞、九德。（按當有新昌郡，見後）文帝元嘉八年（四三一）於交州之合浦增置朱崖郡。十八年（四四一）以交州流寓蒼梧郡境立昌國等四縣，置宋熙郡，（二十七年改爲宋隆）歸屬廣州。二十二年（四四五）分交州之合浦置宋壽郡，故文帝以後，交州領有八郡。徐文范東晉南北朝輿地表年表卷五云：「大明四年（四六〇）分日南之西捲立宋平縣，屬九德，尋立宋平郡。」案此與沈志同誤，因西捲與九德遠隔，而隋書地理志謂：廢宋平郡，改立交趾郡，更將其地北移，遂更不可解。（詳見後）明帝泰始七年，（四七一）劃交州之合浦置越州，治臨漳，幷立百梁、隴蘇、永寧、安昌、富昌、南流六郡，與廣州之臨漳，交州之合浦，宋壽並屬焉。至是交州增一宋平郡，割去合浦宋壽二郡，直至宋末，領郡凡七，區域較前愈縮，完全在今越南境內矣。

交趾郡　領縣十二皆如晉舊，惟省北帶稽徐二縣。

武平郡　領縣六，但宋書州郡志僅列吳定、新道、晉化三縣而已。其餘三縣沿革失載。案吳定新道晉化三縣，南齊書州郡志皆隸新昌郡，而不屬武平郡。又案宋書州郡志云：「交州刺史領郡八，縣五十三。」但其所開列者祇有七郡四十二縣，故沈志漏去武平郡六縣，及新昌郡五縣。晉齊皆有新昌郡，宋書未言省新昌，以其縣歸屬他郡，則除漏記外，不應無新昌郡。吳定縣本吳時所立，而新道晉化則宋新置，似皆在宣江與黑河流域地帶。

九眞郡　宋書州郡志云：「領縣十二，」僅列十一，曰胥浦、移風、松原、建初、常樂、郡龐、津梧七縣皆故縣，曰高安、軍安、武寧、寧夷四縣，沈志云：「何志，晉武帝立，太康地志無。」

九德郡　宋書州郡志云：「領縣十一，」曰九德、咸驩、浦陽、陽遠、都汰、（都洨）南陵、越常七縣，皆晉舊，惟無扶苓曲胥二縣，而有西安、宋泰、宋昌、希平四縣。西安，沈志云：「何志，晉武帝立，太康地志無，吳錄亦無。」其餘三縣，皆宋末所立。

日南郡　領縣七，皆晉舊。

宋平郡　宋書州郡志云：「宋孝武世，分日南立宋平縣，後有郡」，元和郡縣志卷三八云：「本漢日南郡西捲縣地，宋分立宋平縣，屬九德郡，後改爲宋平郡。」舊唐書卷四一地理志所載略同。案漢西捲縣據水經注考訂，應在順化境內，與東京（交趾）遠隔，不應隸屬交趾郡，是沈志及元和志當有錯誤。讀史方輿紀要卷一一二云：「宋平城在交州府南龍編縣地，宋孝武建初析置宋平縣，尋又置宋平郡治焉。梁陳因之，隋平陳，郡廢，縣屬交州，大業初，爲交趾郡治。」然則顧景范氏已否認分日南西捲縣立宋平郡之說矣。據其言，則應云：「分交趾龍編縣立宋平縣　尋改爲郡」，如是方與隋志所言相合。又據吾人前面考訂，龍編縣應在今河內北太原南之多福附近。蓋漢之龍編縣與西于縣爲鄰，後漢建武十九年分西于爲封溪望海二縣。讀史方輿紀要卷一一二云：「梁陳間，以封溪省入平道，又省平道入國昌。」國昌蓋卽昌國之譌。齊時於宋平郡增立昌國縣，故蕭梁時，宋平郡兼有漢之龍編縣一部分及封溪縣全境，約在今越池以東，福安及永安一帶地。元和郡縣志卷三八又云：「安陽王故城在縣東北三十一里。」據史記卷一一三索隱，姚氏案廣州記謂：「安陽王治封溪縣。」此縣應在月德江與紅河左岸之間，其與傳說安陽王古都在今東溪縣（Dong-khe）古螺村之地相合，（鄂盧梭秦代初平南越考第三章注九三）村中尚有安陽王祠。

宋壽郡　領縣一，東晉南北朝輿地表年表卷五云：「泰始七年立越州，以宋壽郡歸屬。」讀史方輿紀要卷一〇四云：「欽江廢縣，在欽州東北百三十里，劉宋時宋壽郡治也。」

朱崖郡　領縣一。文帝元嘉八年復立。

六　南齊九郡

南齊領土益蹙，讀史方輿紀要卷四，胡氏曰：「蕭齊諸郡有寄治者，有新置者，有狸郡獠郡荒郡左郡無屬縣者，有荒無民戶者，郡縣之建置雖多，而名存實亡。」然據南齊書卷十四州郡志，交州郡縣亦有增置，領郡九，除宋時七郡外，於建元二年（四八〇）割越州之宋壽郡還屬交州，又置齊隆郡，共九郡。後齊隆改爲關州，永泰元年（四九八）復改齊隆，還屬關州。永元二年（五〇〇）改沃屯置義昌郡，東晉南北朝輿地表卷六云：「永泰元年改九德之沃屯置義昌郡來屬。」故交州仍領九郡。而沈志則謂：義昌郡宋末立。

交趾郡　領縣十二，仍舊。

九眞郡　領縣十，改都龐爲吉龐縣，省夷寧縣。

武平郡　領縣六，封溪、平道、武興、根寧，皆吳故縣。武定縣，隋書地理志謂「隆平縣，舊曰武定，武平郡治。」楊守敬隋書地理志考證八云：「疑宋之吳定，卽齊之武定。」按楊氏之說誤，蓋南齊書州郡志有吳定縣，屬新昌郡，則其非武定，明矣。輿地廣記曰：「武平本東漢封溪縣地，吳置武寧縣，及立武平郡，晉以後因之，後改縣曰武定。」通典：安南府下有武平縣，注云：「吳舊。」疑武平卽齊之武定，亦卽晉志及沈志之武寧也。又新置南移縣，似卽吳扶安縣地。

新昌郡　宋書卷三八州郡志無此郡，疑漏脫。領縣八，嘉寧、封山、西道、臨西、吳定五縣，皆晉舊。新道晉化二縣，沈志云：「江左立，」屬武平郡，齊志歸屬新昌。又有范信縣，南齊新置。

九德郡　領縣七，九德咸驩越常皆吳立，浦陽南陵都洨皆晉舊。西安縣，沈志云：「何志晉武帝立，太康地志無。」又宋末所立之宋泰宋昌希平三縣，齊志無，蓋省也

日南郡　領縣七：皆晉舊。

宋平郡　領縣三：昌國、義懷、綏寧、皆齊增置。約在今河內北之永安福安等地。（見前宋平郡條）

宋壽郡　領縣無考

義昌郡　領縣無考

七　梁陳州數增多

蕭梁受禪，有州二十三，郡三百五十，縣一千零二十二，此天監十年之制也。讀史方輿紀要卷四云：「姚思廉曰：梁天監十年以前，大抵因宋齊之舊，是後州名寖多，廢置離合，不可勝紀。」大同五年以其位秩高卑，參僚多少，分爲五品，此外又有二十餘州，不知處所，凡一百七州。交州方面亦分置興州、愛州、利州、明州、德州、安州、黃州等，州境益小，是時州

域不及前一郡。

交州　讀史方輿紀要卷一一二云：「梁于交趾等郡增置交愛等州，兼置交州都督府。」領郡三。

交趾郡　梁書卷二武帝紀：「大同十年春正月李賁於交趾竊位號，署置百官。」領縣十一，龍編、武寧、望海、句漏、吳興、西于、朱鳶、南定、曲易、海平、羸陵、皆故有。

宋平郡　領縣三，仍齊舊。

武平郡　領縣四：武定、武興、根寧、南移。齊志尚有封溪、平道二縣，讀史方輿紀要卷一一二，「梁陳間以封溪省入平道，又省平道入國昌。」國昌蓋卽昌國之訛，屬宋平郡。

興州　梁於新昌郡，兼置興州，（讀史方輿紀要）領郡一，卽新昌，屬縣八，皆如齊志。

愛州　隋書卷三一地理志：「九眞郡，梁置愛州。」梁書卷三武帝本紀：普通四年（五二三）「六月乙丑分交州置愛州」，大同八年（五四二）「三月遣愛州刺史阮漢征李賁於交趾。」陳書卷九歐陽頠傳：梁末爲廣州刺史都督、十九州中有愛州。領郡一，卽九眞郡，屬縣十二，其中九眞日南二縣皆梁分立，在淸化府境，餘十縣仍齊舊。

利州　隋書地理志：「金寧縣，梁置利州。」陳書歐陽頠傳：梁末爲廣州刺史，都督十九州中有利州。徐文范東晉南北朝輿地表年表卷七：「中大通二年置利州于交趾。」讀史方輿紀要卷一一二：「金寧廢縣在廢越裳縣西南，蕭梁時置，兼置利州。」又越裳廢縣在今又安府境，利州所領郡縣無考。

明州　隋書地理志，交谷縣「梁置明州。」梁書卷六敬帝紀，太平元年二月癸亥：「徐嗣徽任約襲采石戍，執戍主明州刺史張懷鈞入於齊。」通鑑注引五代志：「日南郡交谷縣，梁置明州，懷鈞蓋帶刺史而戍采石也。」又梁末歐陽頠都督交廣十九州軍事中有明州。東晉南北朝輿地表卷七：「中大通二年置明州於交趾。」讀史方輿紀要卷一一二：「交谷廢縣在越裳縣南，蕭梁時置明州。」在今乂安府境，所領郡縣無考。

德州　隋書地理志：「日南郡梁置德州。」案隋日南郡已在橫山之北，非漢日南郡。讀史方輿紀要云：「吳分置九德卷，治九德縣，梁兼置德州，今乂安府西。」梁書卷三武帝紀：「大同七年交趾李賁監德州，」大同九年：「夏四月林邑王破德州，考李賁，賁將范修又破林邑王於九德。」東晉南北朝輿地表卷七：「中大通二年置德州於九德，領郡二。」曰九德郡，領縣八，梁增置安遠西安二縣，餘仍齊舊。曰日南郡，領縣六，仍舊。

安州　梁書郡三武帝紀：「大同八年，遣安州刺史李智等同征李賁於交州。」東晉南北朝輿地表卷七：「中大通四年置安州於宋壽郡，分置安京郡」。元和郡縣志卷三七：「梁武帝于今欽江縣南三里置安州。」領郡二：曰宋壽郡，南齊屬交州，梁移屬安州。曰安京郡，元和郡縣志云：「梁武帝分宋壽郡於此置安京郡。」卽今廣東欽州。

黃州　隋爲海安郡，元和郡縣志卷三八云：「本漢交趾郡地，梁大同元年於郡分置黃州。」歐陽頠梁末都督交廣十九州軍事中有黃州。讀史方輿紀要卷一〇四云：「烏雷廢縣在欽州西南百七十里，梁置安平縣又置黃州，及寧海郡治，」統郡一，即寧海郡。

陳纂梁緒，因梁舊制，惟州郡不復前制，東晉南北朝輿地表卷九記梁末陳初有州五十四，郡百五十有八，縣六百有六。陳武帝永定二年（五五八）仍以歐陽頠爲廣州刺史，都督交廣等十九州。時交阯方面有交州，南新州，愛州，德州，利州，明州，及安州，黃州等。南新州，陳武帝永定三年置新州於新昌，領郡二：即新昌郡，領吳定等八縣，實即梁時興州地；武平郡領武定等六縣，乃割梁時交州之武平郡歸屬。其餘州郡多仍梁舊。徐文范東晉南北朝輿地表年表卷十云：「方輿紀要云：陳有州四十二，郡百有九，縣四百三十八，實不盡其數。……余蓋括陳氏所置之州，除所失江北地統計於此，斯時郡縣已是實數。惟疑交廣間有所變易，又無從考索，故與越州臨漳等郡混舉，不敢臆斷也。」故陳時交州郡縣不能確舉。

第九章　歷代郡縣沿革(下)

八　隋廢州爲郡

隋文帝受禪之初，卽有呑併江南之志，羣臣爭獻平江南策，尋命諸將分道並進，據漢口，陷建康，次第擊平，海內復歸一統，於是南至嶺南外悉爲隋境，後煬帝平林邑，克吐谷渾，版圖益廣。讀史方輿記要卷四云：「隋有郡一百九十，縣一千二百五十五。」在交趾方面，昔梁陳所置之州，亦皆被廢，悉改爲郡。嶺南之地同隸揚州，其在安南境內，凡置郡六縣三十有六。

交趾郡　隋書卷三一地理志下云：「舊曰交州。」元和郡縣志卷三八：「大業三年罷州，復爲交趾郡。」統縣九：

宋平　隋書地理志：「舊置宋平郡，大業初置交趾郡」楊守敬隋書地理志考證卷八：「今越南河內省城。」按其言誤，當在河內北太原南地區內。（見前宋平郡條）

龍編　隋書地理志：「舊置交趾郡。」楊氏考證：「今越南河內省東。」按當云河內省東北

朱鳶　隋書地理志：「舊置武平郡，」元和郡縣志卷三八：「東南至府（交州）五里。」楊氏

云：「今河內省東南」是也。

隆平　隋書地理志：「舊曰武定，開皇十八年，縣改名焉。」按武定卽吳時武平，當在今河內西南。元和郡縣志卷三八云：「吳歸命侯建衡三年破扶嚴夷置武平郡，隋開皇十年廢郡，立崇平縣，屬交州。」案崇平縣屬愛州，此崇平當爲隆平之譌。

平道　隋書地理志：「舊曰國昌，開皇十二年改名。」今河內西北。（見前宋平郡條）

交趾　元和郡縣志卷三八：「交趾縣，本漢龍編縣地，開皇十年分置。」案隋志已有龍編縣，則此交趾縣當非龍編地。舊唐書卷四一云：「漢交趾郡之羸𨻻縣地，隋爲交趾縣，」是也。蓋羸𨻻爲漢交趾郡治，隋志無羸𨻻縣，可證其地改爲交趾縣，當在今河內之西。

嘉寧　隋書地理志：「舊置興州新昌郡，平陳郡廢，開皇十八年改曰峯州，大業初州廢。」楊氏考證云：「今越南宣光道境。」

新昌　卽吳新興郡，漢麊泠縣地。

安人　隋書地理志：「舊曰臨西，開皇十八年改名。」按臨西本晉時所立，屬新昌郡，疑卽今滇越鐵路之安沛地。

九眞郡　隋書地理志：「梁置愛州。」讀史方輿紀要卷一一二：「今淸化府。」伯希和交廣印度兩道考上卷：「按愛州爲今之淸華，今人已無異議。」統縣七：

九眞　隋書地理志：「帶郡，有陽山堯山，」讀史方輿紀要云：「今淸化府城。」元和郡縣志卷三八云：「隋開皇十七年分移風置。」

移風　在清化西北。

胥浦　在清化南。

隆安　隋書地理志：「舊曰高安，開皇十八年改名。」元和志卷三八：「崇平縣，北至愛州三十里，本漢居風縣地，晉於此立高安縣，屬九眞郡。」故其地在清化南。

軍安　元和志卷三八：「軍寧縣，東南至愛州二十里，本漢都龐縣也，晉分立軍安縣。」據此，當在清化西北。

安順　隋書地理志：「舊曰常樂，開皇十六年改名」。元和郡縣志：「西北至愛州九里。」故其地應在清化東南。

日南　太平寰宇記卷一七一：「愛州東北二百二十里，漢居風縣地，隋改爲日南縣。」讀史方輿紀要卷一一二：「在清化府西，漢居風縣地，梁置日南縣。」是日南縣本梁時分立，非始於隋也。

日南郡　隋書地理志云：「梁置德州，開皇十八年改曰驩州。」元和郡縣志卷三八：「取咸驩縣爲名，」業三年改爲日南郡。」伯希和交廣印度兩道考卷上云：「隋之日南，卽唐之驩州，今之乂安一部及河靜全省，……非復漢時之日南，而漢之日南更在其南也。（橫山之南）至若中國人移日南之名於其北者，蓋因越年既久，漸忘日南之實在方位，乃以此名名其最近領地之區域。迨至七世紀初年，暫時佔領舊日領地一部份之時，習慣已成，仍以漢時日南之比景、朱吾、西捲等名名之，然其視日南郡仍在橫山之北也。」隋日南郡統縣八，實卽吳時九德郡地。

九德　元和郡縣志云：「西至驩州五里。」讀史方輿紀要卷一一二：「九德廢縣卽驩州治也。」又曰：「驩州城在乂安府西南。」

咸驩　據元和郡縣志卽唐之演州。太平寰宇記卷一七一云：「愛州南去演州二百五十里，演州南去驩州一百五十里」。交廣印度兩道考卷上云：「演州卽今乂安北之演州府，其距離大致相符。」

浦陽　太平寰宇記：「驩州東南五里。」似在今乂安東之宜春附近。

越常　元和郡縣志：「西至驩州七十里。」太平寰宇記：「驩州東北七十里。」按其距離似在今乂安東北之洛口。

金寧　隋書地理志：「梁置利州，開皇十八年改爲智州，大業初州廢。」讀史方輿紀要云：「金寧廢縣，在廢越常縣西南。」

交谷　隋書地理志：「梁置明州，大業初州廢。」在乂安境內。（見前明州條）

安遠　新唐書卷四三上，「九德，武德五年置安遠曇羅光安三縣。」案隋志已有安遠光安二縣，非唐初所置也。在乂安南。

光安　隋書地理志：「舊曰西安，開皇十八年改名。」宋置。

比景郡　隋書地理志云：「大業元年平林邑置蕩州，尋改爲郡。」隋書卷八二林邑傳：「仁壽末，上遣大將軍劉方爲驩州道行軍總管，率步騎萬餘擊林邑，大破之，入其都。方班師，其王梵志復其故地。」據此，林邑雖置郡縣，後仍爲梵志所有。又可見隋以前此地爲林邑所陷。比景郡統縣四：比景、朱吾、壽冷、西捲，蓋漢時日南郡北三縣地也。當今越南中圻廣平順化之間。

海陰郡　隋書地理志：「大業元年平林邑置農州，尋改爲郡。」統縣四：新容、眞龍、多農、安樂。讀史方輿紀要云：「新容卽盧容也。大業二年改曰海陰郡，隋亂，仍沒於林邑。」按在今順化境內。

林邑郡　隋書地理志：「大業元年平林邑置。」太平寰宇記卷一七一云：「林邑卽漢日南郡之象林縣，大業元年平林邑置冲州，尋改爲郡。」水經注卷三六：「浦西卽林邑都也，治典冲，去海岸四十里。」冲州之名或由典冲而得，統縣四：象浦、金山、交江、南極，在今越南廣南之間。

九　唐立安南都護府

隋季羣雄割據，建置紛然，唐興，頗多改革。舊唐書卷三八地理志一云：

高祖受命之初，改郡爲州，太守並稱刺史，其緣邊鎮守及襟帶之地置總管府，以統軍戎，至武德七 改總管府爲都督府。
在交趾方面亦然，武德五（六二二）改爲交州總管府，旋改爲都督府。唐初凡納地來歸者，往往割置州郡以寵祿之，由是州郡之數倍於開皇大業之間。貞觀元年（六二七）悉令省併，因山川形便，分爲十道，其第十曰嶺南道，置嶺南五府經略使，安南經略使爲其中之一。舊唐書卷四一地理志四云：

安南都督府，隋交趾郡，武德五年改爲交州總管府，管交、峯、愛、仙、鳶、宋、慈、險、道、龍十州。其交州領交趾、懷德、南定、宋平四縣，六年澄、慈、道、宋、並加南字。七年又置玉州，隸交府。貞觀九年省南宋州以宋平縣，省隆州以隆平縣。及朱鳶縣，省龍州以龍編海，並隸交府。仍省懷德縣及南慈州，二年廢玉州入欽州，六年改南道州爲仙州，十一年廢仙州，以平道縣來屬，令督交、峯、愛、驩四州。調露元年八月改交州都督府爲安南都護府。大足元年四月置武安州，南登州，並隸安南府。至德二年九月改爲鎮南都護府，後爲安南府，刺史充都護。

新唐書卷四三地理志云：

大歷三年復爲安南，寶歷元年徙治宋平。

據吳承志唐賈耽記邊州入四夷道里考實卷三云：

寶歷二字誤，應作貞元六年。

又舊唐書卷三八地理志一云：

至德之後，中原用兵，刺史皆治軍戎　遂有防禦團練制置之名，要衝大郡皆有節度之類，寇盜稍息，則易以觀察之號。

故安南都護亦有節度使及觀察使之稱。安南都護府節度使治安南府，所轄有交、武、峨、粵、芝、愛、日、福祿、長、峯、陸、廉、雷、籠、環、崖、儋、振、瓊，萬安等州。讀史方輿紀要卷五曰：

「劉昫曰：「安南所管二十一州，蓋自四管而外，皆安南所統」。

其粵芝環等州在今廣西省，陸、廉、雷、籠、崖、儋、振、萬安等州，皆在今廣東省，以下諸州則在今越南境內。

交州安南府　舊領縣八，天寶間領縣七。

宋平　新唐書卷四三地理志云：「宋平，武德四年置宋州，並置弘教、南定二縣，五年析置交趾、懷德二縣隸交州。六年曰南宋州。貞觀元年州廢，省弘教，懷德，徙交趾於故南慈州來屬」。宋平卽漢龍編縣及封溪縣地之一部。（見前宋平郡條）

南定　新唐書卷四三地理志云：「本隸宋州，武德四年析宋平置，五年隸交州，大歷五年省，貞元八年復置」。讀史方輿紀要卷一一二云：「南定城在交州府（河內）東北，本宋平縣地，……咸通六年高駢爲安南都護，自海門進兵，至南定，掩擊峯州蠻衆，大破之，卽此地」。按唐之峯州，卽吳新興郡之嘉寧縣，漢麊泠縣地，約在今越南山西省境，（見漢麊泠縣及吳新興郡條）南定縣當在今太原西南，故高駢由此進兵擊峯州蠻也，非今越南河內東南之南定省。

太平　新唐書卷四三地理志：「本隆平、武德四年置，以縣置隆州，並置義廉封溪二縣，治義廉。六年曰南隆州，貞觀元年州廢，省義廉。以封溪縣隸峯州，隆平來屬，先天元年更名」。按唐之封溪縣爲漢封溪縣之西部，在今宣光省東南。太平亦應在漢封溪縣境偏東，故貞觀元年以封溪入峯州，而以太平屬交州。讀史方輿紀要卷一一二云：「太平城在交州府西北，本漢封溪縣地」。故非今日河內東南之太平省也。

朱䳒　新唐書卷四三：「武德四年置䳒州，並置高陵定安二縣，貞觀元年州廢，省高陵定安，以朱䳒來屬」。按朱䳒在今河內東南之興安及府里境內。（見前漢朱䳒縣條）

交阯　舊唐書卷四一地理志：「武德四年置慈廉烏延武立三縣，六年改爲南慈州，貞觀初州廢，並廢三縣，併入交阯」。考慈廉縣，宋時李朝尚存，陳朝改爲州，（越史略卷三）明代降爲縣，迄今其名未改，縣在河內至山西之通道中。據此則交阯縣應在河內之西矣。惟唐時之武立烏延二縣無考，亦當在慈廉附近。

龍編　舊唐書卷四一云：「武德四年於縣置龍州、武寧、平樂三縣，貞觀初廢龍州以武寧平樂

入龍編，割屬仙州，十年廢仙州，以龍編屬交州」。龍編在今太原南。（見前漢龍編縣條）

平道　新唐書卷四三云：「武德四年置道州，並置昌國縣，六年曰南道州，是年更名仙州，貞觀十年州廢，省昌國，以平道來屬」。在今河內西，黑河下流山西及和平之間，讀史方輿紀要卷一一二云：「平道城在交州府西北，今安朗縣地」。越南輿地圖說云：「山西省，陳時爲三帶廣威國威等路，黎初因之，……及定版圖始稱山西。……治所在安朗」。

武平　新唐書卷四三云：「本隸道州，武德五年來屬」。按平道武平皆吳武平郡所屬，今在山西省境內。（見前武平郡條）至舊唐書卷四一謂：「本漢封溪縣……隋曰隆平，武德四年改爲武平」，蓋誤與太平縣混而不分也。

武峨州　舊唐書卷四一云：「土地與交州同，置武峨州，失起置年月，天寶元年改爲武峨郡，乾元元年復爲武峨州，領縣五：……武峨、武緣、武勞、梁山，皆與州同置」。新唐書卷四三則云：「縣七」，除上述四縣外，尚有如馬、武義、武夷三縣。讀史方輿紀要卷一一二云：「武峨廢縣在升華府境」。按升華爲漢象林縣地，即今廣南省。（見後明升華府條）隋平林邑，雖於其地置郡縣，然隋末復歿於林邑。唐代交州之南境嘗僅達於廣平，故方輿紀要所言誤也。武峨州　在交州之西北，新唐書卷四三云：「後廢於蠻」，蓋指南詔蠻，唐書誤以南詔蠻爲林邑蠻（舊書卷十九上，新書卷二二二中，在前面第三章第六節有說明）而方輿紀要遂誤以武峨州爲接近林邑之地。段長基歷代疆域表下卷謂：「武峨州漢交趾郡」是也。

愛州　舊唐書卷四一地理志云：「隋九眞郡，武德五年置愛州，領九眞、松原、陽山、安預四縣。又於州界分置積、順、永、胥、前、眞、山七州，改永州爲都州，九年改積州爲南陵州。貞觀初廢都州入前眞州。其年廢眞胥二州入南陵州。又廢安州以隆安縣，廢山州以建初縣，並屬愛州。又廢陽山安預二縣，入九眞縣，改南陵州復爲眞州。八年廢建初入隆安。九年廢松源入九眞。九年廢眞州，以胥浦軍安日南移風四縣屬愛州，天寶元年改爲九眞郡。乾元元年復爲愛州。……其南卽驩州界」。元和郡縣志卷三八云：「州境東西二百八十里，南北四百一十里」。又云：「東北至交州五百里，南至演州二百五十里」。領縣六：

九眞　新唐書卷四三云：「武德五年置松源、楊山、安預三縣，貞觀元年省楊山安預，九年省松源」。今淸化府。

安順　新書卷四三：「武德五年置順州，幷析置東河建昌邊河三縣。貞觀元年州廢，省三縣入安順來屬」。在淸化東南。

崇平　舊書卷四一：「隋隆安縣，武德五年於縣置安州及山州，又分隆安立教山、建道、都握三縣，並屬安州，領四縣。又置岡山眞潤古安西安建功五縣，屬山州。貞觀元年廢安州及三縣，又廢山州及五縣，以隆安隸愛州。先天元年改爲崇安，至德二年改爲崇平」。讀史方輿紀要卷一一二：「隆安廢縣在淸化府東南，本常樂縣地」。

軍寧　舊書卷四一：「隋軍安縣，武德五年於縣置永州，七年（新書作十年）改爲都州，貞

觀元年改爲前眞州，十年改屬愛州，至德二年改爲軍寧」。在清化西北。（見隋軍安縣條）

日南　新書卷四三：「武德五年置積州，又置積善津梧方載三縣，又以移風縣地置前眞州，並置九皋、建正、眞寧三縣，又以胥浦縣置胥州。並置攀龍、如侯、博積、鎭星四縣，九年更積州曰南陵州。貞觀元年曰後眞州，是年廢前眞州，省九皋建正眞寧，以移風隸南陵州。又廢胥州，省攀龍如侯博積鎭星，以胥浦隸南陵州，十年州亦廢，以軍安日南移風胥浦來屬。天寶中省移風胥浦」。日南縣在清化西。（見隋日南縣條）

長林　新唐書卷四三：「本無編」。讀史方輿紀要卷一一二：「無編城在清化府北，……後改常林」。是長林又作常林，按當在清化南積嘉府西。（見前漢無編縣條）

福祿州　新唐書卷四三：「唐林郡本福祿郡，總章二年智州刺史謝法成招慰生獠昆明北獠等七千餘落，以故唐林州地置，大足元年更名安武州，至德二載更郡曰唐林，乾元元年復州故名。縣三，柔遠唐林福祿」。又舊唐書卷四一：「柔遠州所治與州同置，本名安遠，至德二年改爲柔遠也」。讀史方輿紀要卷一一二：「福祿城在清化府西南」。按安遠梁置，屬九德郡，九德即唐之驩州，驩州即乂安府。越史略卷二阮紀：「仁宗龍符元化元年十二月，改驩州爲乂安府」。唐賈耽記邊州入四夷道里云：「一路自驩州東二日行至唐林州安遠縣」。太平寰宇記卷一七六：「州境東沿海至福祿州一百二十里」。故福祿州當在今乂安東南，河靜境內。梁竹潭南國地輿：「吳權出於唐林」。注謂：唐林屬山西，實誤也。

長州　舊唐書卷四一云：「土俗與九眞同，唐置長州，失起置年月，天寶元年改爲文陽郡，乾元元年復爲長州。領縣四：文陽、銅蔡、長山、其常，皆與州同置」。段長基歷代疆域表下卷云：「長州，漢九眞郡地，唐曰長州，亦曰文陽郡」。新唐書謂：長州與驩州皆士貢金，是二州必相近矣。賈耽記邊州入四夷道里云：「自驩州西南三日行，度霧温嶺，又二日至棠州日落縣，又經羅倫江及古朗洞之石蜜山，三日至棠州文陽縣」。據此長州又曰棠州，自驩州至棠州日落縣五日程，至文陽縣八日程，約合四百里。太平寰宇記卷一七六謂：「州治在日落西南五十里，西至環王國界八百里」。吳承志四夷道里考實卷五云：「當據元和志校作南至環王國界百九十八里，八字誤倒在百上」。環王國即橙桐江，似今廣平省之代江，則長州當在其北一百九十八里處，疑在今巴敦附近。

驩州　舊唐書卷四一云：「隋日南郡，武德五年置南德州總管府，領德、明、智、驩、林、源、景、海八州。南德州領六縣，八年改爲德州，貞觀初改爲驩州，以舊驩州爲演州。二年置驩州都督府，領驩、演、明、智、林、源、景、海八州，十二年廢明、源、海三州，天寶元年改爲日南郡，乾元元年復爲驩州也。舊領縣六，天寶領縣四」。按隋日南郡，非漢日南郡，實即吳九德郡地。今乂安一部及河靜全省之境。（見隋日南郡條）河靜本從乂安析出，明一統志乂安府屬縣有奇羅，隸南靖州，南靖即今河靜。

九德　新唐書卷四三：「武德五年置安遠曇羅光安三縣，是年，以光安置源州，又置水源、安銀、河龍、長江四縣，貞觀八年更名阿州，十三年州廢，省水海、河龍、長江，以光安、安銀來屬，安遠、曇羅、江安、安銀後皆省」。按安遠改爲柔遠，分屬福祿州，去驩州二日程。（見前）九德在其北約一百二十里。

浦陽　本晉置浦陽縣，屬九德郡，九德與浦陽斜直相連。太平寰宇記卷一七六謂：九德縣十一鄉州所，至浦陽縣東南五里，則浦陽當在九德之東南。讀史方輿紀要卷一一二云：「在乂安府東」。

懷驩　新唐書卷四三云：「本咸驩，武德五年置驩州，並置安人、扶演、相景、西源四縣，治安人。貞觀元年更名演州，十三年省相景，十六年州廢，省安人、扶演、西源，以咸驩來屬，後更咸驩曰懷驩」。案同治籌辦夷務始末卷八十載有富春國都路程，於清化省安壘站之仙里屯注云：「在演州府治，此處可宿」。又云：「由安壘站至安香站六千一百七十四尋」。查巴黎出版之印度支那圖，有 Amhson 地名，當即安香，在乂安西北之藍江上，在其東北有演府，即唐之演州，後改名懷驩，州治或在今圍山地方。

越常　新唐書卷四三云：「武德五年置明州，並置萬安明弘明定三縣，又以日南郡之文谷金寧二縣，置智州，並置新鎮闍員二縣。貞觀元年更曰南智州，省新鎮闍員，十三年廢明州，省萬安明弘明定入越裳，隸智州。後廢智州，省文谷金寧入越裳來屬」。在乂安東北。（見隋越常縣條）

林州　舊唐書卷四一云：「隋林邑郡，貞觀九年於綏懷林邑置林州，寄治於驩州南界，今廢無名，領縣三」。又云：「至貞觀中，其（林邑國）主修職貢，乃於驩州南，僑置林邑郡以羈縻之，非正林邑國」。州治林邑縣，與金龍海界三縣，並貞觀九年置，當在河靜南。

景州　舊唐書卷四一云：「隋北景郡，貞觀二年置南景州，寄治驩州南界，八年改爲景州，後亦廢，無其名，領縣三：……北景，在安南府三千里，……由文，貞觀二年置，朱吾，在日南郡北僑立名也。按當在河靜廣平二省之間。

峯州　舊唐書卷四一云：「隋交趾郡之嘉寧縣，武德四年置峯州，領嘉寧、新昌、安仁、竹輅、石堤、封溪六縣，貞觀元年廢石堤封溪入嘉寧，竹輅入新昌，天寶元年改爲承化郡，乾元元年復爲峯州也。舊領縣三，天寶領縣五，…州在安南府西北。」太平寰宇記：「西北至峯州，陸路一百三十里。」又云：「西北至峯州嘉寧縣，州漏江口，水陸一百五十里。」故其地當在廣威以西，宣光以南，富壽一帶地，皆爲峯州境。越南地輿圖說云：「使君城在峯州，今爲白鶴。」羅洪先增廣輿圖敍雲南入交州兩道，一循洮江右岸，謂「自興化一日至白鶴，」一循洮江左岸，謂「端雄府又五日亦至白鶴。」興化在今越池之西南，端雄今名端府，在宣江與塞河交會處，據其里程則白鶴在今山西省內，即峯州之地，亦即州治嘉寧所在。新唐書卷四三賈耽路程：「安南經交趾太平百餘里至峯州。」伯希和交廣印度兩道考下卷云：「大致考訂其地爲白鶴，此百餘里，舊書作百五十里，與蠻書水程二日之記載亦合。然此僅指其治所，至其州地至少應當今之山西全省。八六六年高駢卽於此敗南詔兵。」元和郡縣志卷三八：「嘉寧縣郭下承化縣，東南至州五里。」故承化縣近在嘉寧西北。吳承志賈耽記邊州入四夷道里考實卷三云：「明一統志云：勾漏山在石室縣，其下勾漏，入唐爲新昌。」則唐之新昌縣爲今淸威南之商信。（見漢苟漏縣條）而嵩山珠綠乃唐新置之二縣，約在今國威境內。

德化州　舊唐書卷四一云：「永泰二年四月於安南府西界，牂牁南界置，領縣二：德化歸義與州同置。」故其地當在宣光西北。蔡沈尚書集傳禹貢九州及今州郡圖，有東洱河下經林西德化二州之南，斜至峯州。按東洱河卽紅河，峯州在今山西省內，林西原與雲南蒙自接境，故德化州當在山西之西北，蒙自之東南，位於紅河北岸之地區。

郎茫州　舊唐書卷四一云：「永泰二年四月於安南府西界置，領縣二：龍然福守，與州同置。」案龍然福守實爲新唐書卷四三之龍武州所領龍丘福字二縣之訛。新書及太平寰宇記卷一七一皆謂郎茫羈縻州領郎茫古勇二縣。蔡沈尚書集傳禹貢九州及今州郡圖有郎茫綴在龍武之東，龍武西瀕東洱河，其南有一水綫由郎茫迤西南驛入東洱，東洱下經林西德化二州之南，斜至峯州。按東洱河卽紅河，林西接南詔界，則郎茫當在林西之東北，與雲南省靖邊接境。古勇或卽新書卷四三賈耽路程之古湧步，蠻書卷一作賈勇步，計由安南府城至賈勇步共二十五日程，並云：「大中初，悉屬安南管係。」

湯州　段長基歷代疆域表下卷云：「湯州，漢交趾郡，唐曰湯州，亦曰湯泉郡，領湯泉等縣三。」讀史方輿紀要卷一一二云：「湯州城在諒山府東，唐置州，治湯泉縣，兼領綠水羅韶二縣。天寶初曰湯泉郡，乾元初復曰湯州。」但賈耽路程由安南至雲南間有湯泉州，在古勇步之西，則其地似在雲南境內，未知孰是。

古州　本南蠻地，貞觀十二年置，亦曰樂古郡，領樂古古書樂興三縣，讀史方輿紀要卷一一二云：「在諒山府東北。」似在廣西省境內。

此外，安南都護府所管，尚有陸州，（今欽州西）廉州，（今合浦縣）雷州，（今海康縣）籠州，（今廣西扶南縣）環州，（今廣西思恩縣）崖州，（今海南島）粵州，（今廣西宜山縣）芝州，（今宜山縣南圻城）瀼州，（今廣西上思縣）皆在今越南境外，故從略。

十　明設三司十五府

唐末宋初間，安南割據，十二使君各據州縣，丁部領滅之，自立爲帝，以後黎氏李氏陳氏相繼稱尊，雖仍受宋元册封，州縣建置亦仍舊模倣中國，然其領土已不直隸中國。故宋史地理志不載安南州縣，元史地理志雖附錄安南郡縣，亦略而不詳。及永樂五年平安南，所得土地東西一千七百六十里，南北二千八百里，復置郡縣，明史地理志大抵以其已建而旋罷，故不錄。

明史卷三二一安南傳云：

「黎臣請如耆老言，設郡縣，六月朔詔告天下，改安南爲交阯，設三司，（都司、布政司、按察司）十五府，分轄三十六州，一百八十一縣，又設太原、宣化、嘉興、歸化、廣威五州，直隸布政司，分轄二十九縣。」

但明史卷一五四張輔傳云：

安南平，得府州四十八，縣一百八十，戶三百十二萬。

此與安南傳所言異，明史列傳第四十二（即張輔等傳）考證：

按明史紀事本末云：分十七府，…四十七州，一百五十七縣，衛十一，所三，名臣志鈔識大錄、弇州史料，所記府州縣之目並同，第不載府名耳。…此作得府州四十八，縣一百八十，與諸書俱不符，惟名臣實錄，今獻備遺，獻徵錄均與此同。傅維鱗明書則作得郡縣一百三十四，尤混淆無別。

案張輔傳所言州縣之數，蓋據黎季犛時之建置，而安南傳則據克復其地後，明朝之建置，故自有別。惟傅維鱗明書所錄郡縣之數，不知何所據。丘濬平定交南錄云：

分其地為十七府，四十七州，一百五十七縣，據其要害，設衛十一，守禦千戶所三。

此所載府州縣數亦與明史安南傳不符，而與明史紀事本末則相合。讀史方輿紀要卷一一二云：

置交趾等處承宣布政使司，領府十七，州五，屬府州四十二，縣一百五十七，又置衛十一，所三，屬都指使司，又置市舶司一。

平定交南錄所云四十七州，是兼直隸州與屬府州而言，方輿紀要乃分別言之，其數則相同。天下郡國利病書卷一一八云：

永樂五年…定交趾所隸州縣，交州、北江、諒江、三江、建平、新安、建昌、奉化、清化、鎮蠻、諒山、新平、演州、乂安、順化，總十五府。

又云：

六年六月己丑，吏部尚書蹇義等同六部尚書奏請：新城侯張輔等平定交趾，建設軍門衙門總四百七十有二，都司布政使按察使各一，衛十，千戶所二，府十五，州四十一，縣二百八。

故明史安南傳所言，實據永樂五年六月之建置，三十六州，加上五直隸州，合爲四十一州，與天下郡國利病書亦相合，惟縣二百八，安南傳作一百八十一，是殆筆誤，蓋二百之二誤爲一，於八下妄加十一，遂致縣數不符。其時太原宣化尙稱州，故祇十五府。至永樂六年（一四〇八）九月己卯，陞交阯太原州爲太原府，宣化州爲宣化府，於是始有十七府。天下郡國利病書又云：

永樂十二年（一四一四）三月庚子，，設交趾升、華、思、義四州，俱隸升華府。

故是時實有十八府。但至永樂十五年（一四一七）三月庚戌，改交趾前演州府之葵州，隸清化府。

案揆州於永樂十三年（一四一五）四月壬申設立，隸演州府。此時改隸淸化府，則演州府祇領演州一州，故演州府之罷，而改爲州，至遲當在永樂十五年三月之時，交趾復爲十七府。平定交南錄與讀史方輿紀要之十七府，當係根據永樂十五年以後而言。至於四十七州之說，案永樂九年（一四一一）十一月己巳設交趾寧化州，十二年三月庚子設交趾升華思義四州，十三年四月壬申設交趾演州府之葵州，乂安府之茶籠玉麻二州，（均見天下郡國利病書卷一一八）連前四十一州，實有四十九州，是可證平定交南錄與讀史方輿紀要之統計有遺漏也。又據天下郡國利病書，永樂五年六月定交趾所隸州縣，實有二百零八縣，六年六月己丑吏部尙書蹇義等奏請，交趾建設州縣，亦爲二百零八縣，而平定交南錄讀史方輿紀要及明史紀事本末皆云一百五十七縣，當是根據後來省併之統計也。又讀史方輿紀要所列府州縣實抄自明一統志；而萬育變堂校刊本之方輿紀要竟謂安南各州縣皆永樂二年改置，殊爲錯誤，當係傳寫之譌。蓋是時尙未出兵安南，何能改置州縣？且所列州縣之數乃根據永樂十三年省併後之統計，非永樂五年六月平定交趾後初建置之州縣數也。

茲將明代安南郡縣建置列述於後：

交州府　元爲大羅城路，永樂五年六月平安南後置，讀史方輿紀要卷一一二云：「即安南之東都。」天下郡國利病書卷一一八云：「以威蠻福安三帶慈廉利仁五州隸交州府，本府親領東關慈廉二縣，威蠻州領山定淸威應平太平四縣，福安州領保福芙蓉淸潭三縣，三帶州領扶隆安朗扶寧安樂立石元郎六縣，慈廉州領丹山石室二縣，利仁州領淸廉平陸古傍古者古禮利仁六縣。」故本府初領州五，縣二十三。永樂六年九月革威蠻州之山定縣，福安州之保福縣，三帶州之扶隆縣，利仁州之清廉縣，慈廉州之丹山縣，以其地各入本州。十三年八月又以利仁州之古禮縣入本州，古傍縣入平陸縣，古者縣入利仁縣，三帶州之元郎縣入扶寧縣，同月以太平縣隸鎮蠻府，於是交州府祇存十三縣。明一統志謂領五州一十三縣，蓋即永樂十三年並省後之數也。永樂十七年九月，又併福安州之清潭縣入東關縣，芙蓉縣入福安州，三帶州之安朗縣入安樂縣，扶寧縣入立石縣，威蠻州之清威縣，利仁州之利仁縣，各入本州。此時交州領東關、慈廉、石室、應平、平陸、安樂、立石七縣。據越人梁竹潭所編南國地輿，石室縣在今山西國威府，立石安樂二縣則隸永祥府。

北江府　元爲北江路，元史卷六三安南郡縣附錄：「在羅城東岸，瀘江水分入北江，江有六橋。」永樂五年六月改置，以嘉林武寧北江三州隸北江府。本府親領超類，喜林二縣。嘉林州領安定細江善才三縣，武寧州領仙遊武寧東岸慈山安豐五縣。北江州領新福善誓安越三縣。故北江府初領州三，縣十三，永樂六年革嘉林州之安定縣，武寧州之仙遊縣，北江州之新福縣。十三年八月并武寧州之安豐武寧二縣，北江州之安越縣各入本州。（天下郡國利病書）是時北江府所領爲七縣，明一統志謂三州七縣是也。至永樂十七年九月，復以北江府之超類縣，武寧州之東岸縣，並入嘉林縣，慈山縣入武寧州，嘉林州之細江善才二縣，北江州之善誓縣，各入本州。此時北江府所領祇存嘉林武寧北江三州及嘉林一縣而已。按北江府在今北寧等地，占婆史第九章云：「藝宗奔東岸，」注云：「今北寧東岸縣，」即明北江府武寧州所屬東岸縣也。讀史方輿紀要謂：「在交州府北二百里。」南國地輿云：「北寧省東海陽，西山西，南與安，北太原，去河內二十六箕盧。」據此不過五十餘華里，至北江府治所在，則其里程當較遠也。

諒江府　元爲諒州江路，明永樂五年六月改置。以諒江南策上洪三州隸諒江府，本府親領清遠、古勇、鳳山、那岸、陸那五縣，諒江州領清安、安寧、古隴、保祿四縣，南策州領南林、至靈、平河三縣，上洪州領唐濠、唐安、多錦三縣。（天下郡國利病書卷一一八）故諒江府初領三州十五縣，至永樂六年九月革諒江州之淸安縣，南策州之南林縣，上洪州之唐濠縣，十三年八月改南策州并至靈縣隸新安府，又以諒江府之古勇縣入清遠縣，於是諒江府領諒江上洪二州，及清遠等十縣，如明一統志所載。永樂十七年九月又以諒江州之安寧縣入清遠縣，那岸縣入陸那縣，保祿古隴二縣入本州。上洪州之多錦唐安二縣入本府，此時諒江府祇存諒江上洪二州，清遠平河鳳山陸那四縣而已。卽南國地輿之北江省，諒江府，「東廣安，西太原，南海陽，北高平，去河內四十七箕盧。」方輿紀要云：「在交州府東北三百三十里。」

諒山府　元爲諒州江路，元史安南郡縣附錄云：「地接左右兩江。」今廣西鬱江上流，在南寧西南一支流名左江，卽發源於安南諒山境內，其地接廣西憑祥縣。明永樂五年六月置諒山府，以七源、上文、下文、萬岸、廣源、上思朗、下思朗，七州隸諒山府。本府親領新安、如教、丹巴、邱温、鎭夷（原名鷄陵）淵、董七縣，七源州領水浪、琴、脱、容、披、平六縣，上文州領杯蘭慶遠庫三縣，餘五州無縣。（天下郡國利病書卷一一八）共七州十六縣。永樂七年正月乙丑幷上文州之庫縣入本州，慶遠縣入杯蘭縣，七源州之披縣入本州，容縣入旣州，平縣入水浪縣。九年四月癸卯改諒山府鷄陵縣爲鎭夷縣，上思朗州爲上思州，下思朗州爲下思州。十三年八月幷諒山府之新安縣入丹巴縣，如教縣入邱温縣，董縣入鎭夷縣，七源州之水浪縣入本州，琴縣入淵縣。上文州之杯蘭縣入本州。是時諒山府所領州數仍舊，縣則省併爲五：邱温、鎭夷、淵、丹巴、脱是也。永樂十七年九月復幷諒山府之下文州入上文州，下思州入上思州，七源州之脱縣入淵縣，於是諒山府祇有五州四縣矣。讀史方輿記要云：「在交州府北五百里。」南國地輿云：「諒山省東夾海，西高平太原，南廣安北江，北廣東廣西，去河內一百三十七箕盧。」

新安府　元爲南册江路，明永樂五年六月改交趾新興府爲新安府，安邦州爲靖安州。新安府領州三：即東潮、靖安、下洪，縣二十一，計本府領峽山、太平、多翠、河塊、西開、五縣，東潮州領東潮、古費、安老、水棠四縣，靖安州領同安、支封、安立、安和、新安、大濆、萬寧、雲屯八縣，下洪州領長津、四峽、同利、清沔四縣。永樂六年九月革東潮州之東潮縣，靖安州之同安縣，下洪州之長津縣，以其地各入本州。九年八月乙卯幷靖安州之大濆縣，入新安縣，十三年八月丙戌徙新安府治於鎭夷衛城內，改南策州，幷至靈縣隸之，以多翠太平二縣隸鎮蠻府。初南策至靈隸諒江，多翌太平隸新安，至是交趾布政使言：「南策至靈近新安，多翌太平近鎮蠻，改隸為便。鎮夷衞正在南策至靈之地，宜移新安府治於鎮夷城內為便，上從之。」（天下郡國利病書卷一一八）至靈縣今仍名，在七廟（或七塔）東南，海陽東北，新安府治在此，可知諒江府在其北，鎮蠻府在其南，皆相接境也。同月又以靖安州之安立縣入安和縣，西關縣入太平縣，河塊，入多翌縣，計移并九縣，來屬一州一縣，故明一統志載：「新安府領東潮靖安南策下洪四州，至靈、峽山、古費、安老、水棠、支封、新安、安和、同利、萬寧、雲屯、四岐、清沔一十三縣。」永樂十七年九月改南策州為南策縣，并至靈縣入南策縣，東潮州之水棠縣，下洪州之四歧縣，各入本州。此時新安府領三州十一縣。讀史方輿紀要卷一一二云：「新安府在交州府東三百里。」越南輯略地名籍：「海陽承政卽新安地，領府一，曰海陽，卽今海陽省也。」南國地輿云：「海陽省東廣安海防，西北寧興安，南太平，北札江，去河內五十七箕盧。」

建昌府　元為快路，永樂五年六月改置。以快州隸建昌府，本府親領俸田、建昌、布、眞利四縣，快州領仙昌、施化、東結、芙蓉、永涸五縣。共領一州九縣。永樂十三年并俸田縣入建昌縣，施化縣入本州，仙昌縣亦當於是年前省，蓋明一統志謂，建昌府領一州六縣，無仙昌縣。十五年六月丙戌改永涸縣隸本府，初永涸縣隸快州，以本縣言，去府遠，而近於饌，故改。十七年九月省布縣入建昌縣，芙蓉縣入本州，東結縣入永涸縣。於是建昌領一快州，及建昌、眞利、永涸三縣。讀史方輿紀要云：「在交州府東南二百里。」按卽今興安省快州及建昌府地。南國地輿云：「興安省去河內六十箕廬。」

鎭蠻府　元爲龍興府。元史卷六三安南郡縣附錄云：「本多岡鄉，陳氏有國，置龍興府。」永樂五年六月改交趾龍興府爲鎭蠻府，以新化、廷河、古蘭、神溪四縣隸鎭蠻府。十三年八月以新安府之多翌太平二縣近鎭蠻，遂改隸鎭蠻府。同年省新化縣入廷河縣，神溪縣入古蘭縣，故明一統志謂：「鎭蠻府領廷河、太平、古蘭、多翌四縣。」十七年九月革鎭蠻府爲鎭蠻州，以所隸古蘭廷河二縣幷入本州，多翌縣入太平縣，於是僅領太平一縣。（天下郡國利病書卷一一八）按卽今太平省境，讀史方輿紀要云：「在交州府東南五百里。」南國地輿云：「東夾海，西河南，（里仁府）南南定，北興安，去河內一百箕廬。」

奉化府　元爲天長府，元史安南郡縣附錄云：「本多墨鄉，陳氏祖父所生之地，建行宮於此，歲一至，示不忘本，故改曰天長。」天下郡國利病書卷一一八云：「永樂五年六月改天長府爲奉化府。…以美祿膠水西眞順爲四縣隸奉化府。」明一統志所載相同，故在永樂十三年以前無變革。至永樂十七年九月，始改奉化府爲奉化州，以所隸美祿順爲二縣幷入本州，西眞縣入膠水縣，故祇存膠水一縣。讀史方輿紀要云：「奉化府在交州府東南三百里，」按卽今南定省境。南國地輿云：「南定省東夾海，西寧平，南海口，北河南，（里仁府）去河內八十九箕廬。」

建平府　晉爲建興府，永樂五年六月改置。領一州九縣，本府親領懿安、安本、平立、大灣、望瀛五縣，長安州領威遠、安謨、安寧、黎平、四縣。永樂六年九月以威遠縣入本州，十三年八月并平立縣入安本縣，安謨縣入安寧縣，故明一統志云：「建平府領一州六縣。」至永樂十七年九月又并望瀛大灣二縣入懿安縣，黎平縣入長安縣，至是爲一州三縣。（天下郡國利病書卷一一八）案即今寧平省境，讀史方輿紀要謂「在交州府東南三百里。」南國地輿云：「寧平省東南定，西芳林，南清化，北河南，（里仁府）去河內九十五箕盧。」

三江府　三江者，洮江、宣江、沱江也。洮江即富良江上流，北爲宣江，南爲沱江，三江會合之處，今名越池，明永樂五年六月置三江府，以洮江宣江沱江三州隸之。洮江州領山圍、麻溪、清波、夏華四縣，宣江州領東欄西欄虎岩三縣，沱江州領隴拔古農二縣，永樂六年九月省山圍縣東欄縣隴拔縣各入本州，十三年八月又省虎岩縣入宣江州，十七年九月復并清波縣入洮江州，麻溪縣入夏華縣，古農縣入沱江州，西欄縣入宣江州。三江府所領惟洮江宣江沱江三州及夏華一縣而已。讀史方輿紀要云：「三江府在交州府西四百五十里，」按即今山西省及興化府境內，南國地輿云：「去河內六十八箕盧。」

宣化府　元爲宣化江路，元史安南郡縣附錄云：「地接特磨道。」永樂五年六月改宣光州爲宣化州，天下郡國利病書云：「宣化州直隸布政使，領曠、當道、文安、平原、底江、收物、大蠻、揚、乙九縣。」六年九月始升宣化州爲宣化府。所領九縣與明一統志所載相同。至永樂十七年九月省文安縣入曠縣，乙縣入底江縣，仍存七縣。讀史方輿紀要卷一一二云：「在交州府西北九百里，」按即今宣光省，南國地輿曰：「東高平太原，西老街，南山西興化，北雲南廣西，去河內一百六十七箕盧。」

太原府，元爲太原州，一云黃源，天下郡國利病書卷一一八云：「永樂五年六月改太原鎮爲太原州，直隸布政使。太原州領富良、司農、武禮、洞喜、永通、宣化、弄石、大慈、安定、感化、太原十一縣，…六年九月己卯升爲太原府。」至永樂十七年九月省太原府之司農縣入安定縣，洞喜縣入富良縣，大慈縣入宣化縣，尙存八縣。讀史方輿紀要云：「在交州府西北四百五十里，」今名太原省，南國地輿云：「去河內六十七箕盧。」

清化府　元爲淸化府路，元史安南郡縣附錄云：「漢九眞，隋唐爲愛州，其屬邑吏號曰江、曰場、曰甲、曰社。」明永樂五年六月改置，領州三，縣十九，本府親領古藤、古宏、東山、古雷、永寧、安定、梁江七縣，淸化州領俄樂、細江、安樂、磊江、四縣，愛州領河中、統寧、宋江、支俄四縣，九眞州領古平、結悅、緣覺、農貢四縣，永樂八年七月并愛州之支俄縣，九眞州之古平縣，淸化州之細江縣，各入本州。十三年八月丁亥并淸化府之古宏縣入古藤縣，愛州之河中統寧二縣，九眞州之緣覺結悅二縣各入本州。共省併八縣。十五年三月庚戌改前演州府之葵州隸淸化府，故明一統志謂淸化府領四州十一縣。十七年九月又以淸化府之安定縣入永寧縣，梁江縣入古雷縣，東山縣入古藤縣，淸化州之安樂縣入本州，磊江縣入俄樂縣，愛州之宋江縣，九眞州之農貢縣各入本州，仍存九眞、愛、清化、葵四州，及永寧、古藤、古雷、俄樂四縣。（天下郡國利病書卷一一八）讀史方輿紀要卷一一二云：「清化府在交州府西南八百里。」按南國地輿據郵路計算：「河內六站共一百四十五里，寧平二站共六十一里，清化五站共一百一十七里。」合計爲三百八十里　又云：「寧平省去河內九十五箕盧，」又寧平至清化　據地圖比例尺計之，約爲寧平河內距離之三分之二，故由河內至清化不過一百六十公里（箕盧）左右，合華里三百二十餘里，故方輿紀要所言里數不確。

乂安府　史安南郡縣附錄：「乂安府路．漢日南，隋唐爲驩州。」此謂漢日南實誤，謂隋唐爲驩州則是也。明永樂五年六月置。天下郡國利病書卷一一八云：「以南靖驩二州隸乂安府，本府統領衙儀、不祿、古杜、支羅、眞福、上油、偈江、土黃八縣，南靖州領可黃、砦石、河華、奇羅、四縣，驩州領石塘、東岸、路平、沙南四縣。」共領二州十六縣，十三年四月設乂安府之茶籠玉麻二州，八月省南靖州之河黃縣，驩州之沙南縣，各入本州，路平縣入衙儀縣，故明一統志云：「乂安府領四州，一十三縣。」永樂十七年九月併乂安府之友羅土油二縣入衙儀縣　土黃縣入古社縣，眞福縣入驩州，偈江縣入石塘縣，南靖縣之磐石縣入本州，奇羅縣入河華縣，驩州之東岸縣入本州，至是存四州五縣。明乂安府實領有今乂安河靜二省地，南靖州卽河靜省。馬伯樂占婆史第十章云：「明師攻取安南．在奇羅海口獲季犛父子。」注云：「奇羅海口，今河靜省奇英縣境．讀史方輿紀要卷一一二云：「乂安府在交州府八百里，」

與河內去清化之距離相若。按安南地圖，乂安省去河內之距離倍於清化，倘方輿紀要謂「清化府在交州西南八百里，」則乂安當云在交州南一千六百里，可見方輿紀要所言里程之錯誤。南國地輿云：清化省去承天（順化省）五十五萬西尺（粎），乂安省去承天四十萬西尺（粎），兩數相減餘十五萬粎，卽爲清化去乂安之距離，合一百五十公里，相等於三百華里。加上清化至河內之三百八十里，共爲六百八十里，卽乂安去河內之里程。南國地輿又云：由河內至乂安灣水鐵路共三百二十七箕盧蔑，（公里）合華里六百五十四里，與上述之數相差不多。鐵路較直，里程當較普通路線爲短。更南至河靜省，計郵路六站，共二百三十里，故由河內至河靜省南境，亦不過八百八十餘里。

新平府　永樂五年六月改明靈州爲南靈州，以政平南靈二州隸新平府　本府親領福康、衙儀、知見三縣，政平州領政和、古鄧、從質三縣，南靈州領丹裔、左平、夜度三縣，計領二州九縣。十三年八月以新平府之知見縣隸衙儀福康二縣，政平州之古鄧、從質、政和三縣，南靈州之丹裔縣各入本州，夜度縣入左平縣，故明一統志云：「新平府領政平南靈二州，衙儀福康左平三縣。」永樂十七年九月復併福康入衙儀縣，南靈州之左平縣入本州，於是僅存二州一縣。（天下郡國利病書卷一一八）按在河靜南萬嶺橫立，有海靈河橫截其中，又作靈江，大抵以明靈州在靈江之南，故名南靈州。吳承志唐賈耽記邊州入四夷道里考實卷五云：「明靈舊屬廣平，今入廣治省。」然則新平卽今廣平省矣。又占婆史第十章云：「占城王制蓬峩死，潘孟以新平順化降越。」注云：「新平今廣平。」又第六章云：「律陀羅跋摩三世割地里、麻令、布政三州地以求釋。」注云：「地里今臨平州，麻令後改明靈州，今廣治省北部，布政今廣平省。平政、明政、布澤三縣地。」故新平府實領有今廣治廣平二省地。讀史方輿紀要云：「新平府在交州府西南七百里，」甚誤。南國地輿云：廣平去承天（順化）十八萬西尺（粎）廣治去承天五萬八千西尺（粎），故廣平在乂安南二十二萬粎，合二百二十公里，四百四十華里，廣治又在廣平南十二萬二千粎，即一百二十二公里，二百四十四華里，加上乂安去河內之六百八十里，則廣平距河內爲一千一百二十里，而廣治去河內則爲一千三百六十四里。

順化府　永樂五年六月置，天下郡國利病書卷一一八云：「以順化二州隸順化府，順州領巴閬、利調、安仁三縣，化州領利蓬、士榮、乍令、茶偈、思容、蒲苔、蒲浪七縣，」共計領州二，縣十。但明一統志載順化府領縣十一，多一石蘭縣，何時增置，則未明說。永樂十七年九月丙辰併交趾化州之利蓬、思容二縣入士榮縣，乍令、蒲浪、蒲苔三縣入化州，順州之利調、安仁、石蘭、巴閬四縣入順州。（天下郡國利病書）但存順、化二州，茶偈士榮二縣。讀史方輿紀要卷一一二云：「順化府在交州府西南九百里。」按此所云里數亦誤。順化城即後來阮氏國都富春。徐延旭越南輯略地名篇，謂明之順化即今之河靜更誤，蓋順化在新平之南，新平即廣平，則順化當爲承天府富春所在。又據越南輯略道路篇云：「自河內之文亭起程，至富春國都，吉行十八日，共三十六宮程，三十萬四千六百九十九尋。」又謂：「其一百五十尋，視中國爲一里，由河內至國都只得二千零三十里。」以十八日行二千餘里，未免太吃力，吳承志唐賈耽記邊州入四夷道里考實卷五謂一百九十尋合步數三百六十，若依此計算，由河內至順化爲一千六百餘里。南國地輿云：淸化去承天五十五萬四百尺（粎），合五百五十公里，一千一百華里，加上淸化去河內三百八十里，共一千四百八十里，應以此數爲確。越南輯略地名篇又云：「順化承政司卽順化升華地，領府三：曰順化、英都、昇華，卽今之河靜省也。」此亦大誤。前面曾引占婆史第十章云：「制蓬峨死，潘孟以新平順化降越。」注云：「新平今廣平，順化今廣治及承天。」制蓬峨卽明史古壘王阿答阿者，於洪武二十三年（一三九〇）侵越敗死，是其地於此時爲越所有也。

升華府　天下郡國利病書卷一一八云：「永樂十二年三月庚子設交阯升華思義四州，俱隸升華府，在化州以南，統黎江等十一縣，蓋黎賊所取占城之地，而以元帥胡具、鄧景儀、鄧鎔爲守。及帥等叛，占城仍遣人守之，至是叛賊既擒，總兵官英國公張輔同黔國公沐晟計議，復建四州。……十三年四月定升華府之升華思義四州所隸縣，升州領黎江、都和、安備三縣，華州領萬安、眞熙、儻悌三縣，思州領持羊、白烏二縣，義州領義純、鵝杯、溪錦三縣。」共領四州十一縣。明一統志相同。按占婆史第十章云：「一四〇二年（建文四年）秋，越兵又討古城，占城王遣制叱難御之，歿于陣。占婆王懼，命其舅布田厚將以止越師，幷許割古洞以求和，此地蓋爲占婆古都因陀羅補羅所在之地。季犛又索古壘，以爲思義二州。」注云：「古洞今廣南升平府，古壘今廣義省。」故升華二州卽今廣南省，思義二州卽今廣義省。所謂古婆古都者，蓋卽古林邑國都城象林是也。讀史方輿紀要卷一一二謂：「升華府在交州府西南千一百里，」實不止此數，又云：「永樂二年置，」則更爲錯誤。吳承志唐賈耽記邊州入四夷道里考實卷五云：「千一百里當作二千一百里，」庶爲近之。

廣威州　昔爲廣威鎭，永樂五年改爲州，直隸布政使。天下郡國利病書卷一一八云：「廣威州領麻籠美良二縣，十七年以美良縣入本州。」其地今仍名廣威，據南國地輿，廣威府領福壽等四縣，隸山西省。

嘉興州　昔爲嘉興鎭，永樂五年改爲嘉興州，直隸布政使，天下郡國利病書云：「嘉興州領籠、蒙、四忙三縣，」明一統志相同。永樂十七年省嘉興州之蒙籠二縣入本州。讀史方輿紀要云：「在交州西南六百五十里，」似在今黑河流域山羅省境內。

歸化州　昔爲鎭，永樂五年改爲歸化州，天下郡國利病書云：「歸化州領安立、文盤、文振、水尾四縣，」明一統志相同。讀史方輿紀要云：「在交州府西九百里。」按南國地輿，老街省所屬有水尾州及文盤州，安沛省內有文振州，安沛或卽昔之安立縣地，故歸化州實領有今老街安沛兩省地。

寧化州　天下郡國利病書卷一一八云：「永樂九年十一月己巳設交趾寧化州，領赤土車來二縣，直隸布政司。」又永樂十二年「十二月庚寅，設交趾寧化州瑰縣巡檢司，」則寧化州尙有瑰縣。明一統志誤作宣化州，謂「宣化州領赤土、車來、瑰」三縣。按宣化州已於永樂六年九月改為宣化府，即今宣光省境，此寧化州當即寧化縣地，今名安化縣，隸寧平省。永樂十七年九月省赤土瑰二縣入本州。據法文印度支那圖中在寧平省 Yen—Hoa（安化）北有 Cho—Dao 一地名，或即赤土縣所在。

演州　天下郡國利病書云：永樂五年六月置演州府，以演州來隸，演州領千冬芙蓉芙蓄瓊林四縣，十三年四月壬申增設葵州，同年八月以千冬縣入演州，幷芙蓉縣入瓊林縣。是時演州府領有演葵二州，及芙蓄瓊林二縣。十五年三月以葵州改隸清化府，改演州府為演州。據明一統志：演州領瓊林茶清芙蓄三縣，茶清於何時增置，未明說。至永樂十七年又省茶清縣入本州。演州在清化省南，乂安省北，即今演府地，其前所領之葵州，又在其北，即今葵府地。

以上十七府及五直隸州，皆明永樂五年至宣德二年間之建置也。及黎利叛亂，宣德三年復棄交趾，命黎利權署安南國事。黎利遂僭號稱尊，以交州府為東都，清化府為西都，分全國為十三道，每道設承政按察及總兵使三司管領之，仿中國都指揮布政按察三司之制。後黎莫二氏相爭，由明廷處理，命取消國號，改稱都統使，但百官皆由彼自行署置，仍自成一國。直至清乾隆間，阮光平篡立，嘉慶七年（一八〇二）阮福映滅之，建越南國，復仿中國行省制度，分通國為四圻三十省，以富春省為國都，廣平廣治二省為左圻，廣南廣義二省為右圻，河內、興安、北甯、南定、山西、海陽、乂安、甯平、清化、河靜、宣光、興化、太原、諒山、高平、廣安、十六省爲北圻，富安、平順、廣和、邊和、嘉安、安江、河仙、永隆、定祥九省爲南圻。其北圻及左右兩圻皆安南舊領地，南圻則阮氏滅占城及攻取眞臘一部分土地所置者也。自明宣德以後，安南既自立爲一國，不受中國之統制，而中國亦以藩屬視之，故安南爲中國郡縣之時代，即以明宣德二年爲終止。

綜論

秦漢間，政治思想最顯著之趨勢，在求天下之統一，所謂「天無二日，土無二王」，（禮坊記）「今天下車同軌，書同文，行同倫，」（禮中庸）欲使「舟車所至，人迹所及，跂行喙息，咸得其宜。」（前漢書卷五八公孫弘傳）此本儒家之思想，至秦皇漢武而實行之。於是北伐匈奴，南平南越，作海上之探險，（史記卷六，秦始皇遣徐市等入海，欲於三神山求僊人，論者謂其動機與哥倫布之探求新大陸無異。又史記卷一一五，漢武帝遣樓船將軍楊僕從齊浮渤海，討朝鮮，亦向海外發展也。）通西域與西南夷，使邊夷之地咸歸一統，荒徼之外同被華風。故南越交趾之經營，即此大一統思想所促成者也。

然苟非有英明之君主，及忠勇智謀之將才，亦不能從事邊疆之開拓，宣威德於四夷，故南越交趾之內屬，又適足以表現秦皇漢武之偉大也。秦屠睢最先殉忠於疆場，終軍弱冠死於南土，路博德與楊僕二將軍合力討叛逆，中國之南境以定，後漢馬援與妻子生訣，遠征交趾，建立銅柱，以爲國界，並立殊勳，千古烱然。

惟開拓者已竣其功，惜守成者未盡厥職，後之帝王既無高超之政治理想，又乏遠大之目光，以地屬邊裔，不加重視，詣選求官者，例多貪利之徒。蓋自漢迄唐，皆視南海交趾爲寶貨積聚之所，後漢書卷六一賈琮傳云：

舊交趾土多珍產，…… 前後刺史率多無清行，上承權貴，下積私賂，財計盈給，輒復求見遷代。

又卷九四吳祐傳載，祐父恢爲南海太守，欲殺青簡，以寫經書，祐諫曰：

今大人踰越五嶺，遠在海濱，其俗誠陋，然舊多珍怪，上爲國家所疑，下爲權戚所望。

可見漢人自平定南越後，多貪羨其地之財富。官其地者，欲「上承權貴」，則必「下積私賂」，邊政之腐敗，可不言而喻。故吏民怨憤，屢起叛亂。漢末占婆族之建林邑國，實爲此種貪污政治之反響。

自林邑獨立後，漸爲交州南境之患。交趾叛民失敗，逃亡有所，以林邑叛離成功，故交人之思獨立者起而效之。林邑爲增厚其反抗漢族之勢力，又從而陰助之，因此亂事滋多。故林邑國之獨立，對於漢人在交趾之統治權影響甚大。

漢末中原喪亂，交州僻處南陲，限山隔海，遂爲野心者所爭。劉表孫權皆欲伸其勢力至此，奪爲己有。士燮在交趾威尊無上，雖未宣佈獨立，已具獨霸一方之勢，士王之稱，載諸越史。然則安南立國之趨向，於此時已孕育其根矣，況後漢初，徵側嘗自立爲王乎？

三國之於交州，魏限長江，山川遠隔，勢力不達，蜀之建寧郡雖與交州爲鄰，而道途阻塞，西南夷未盡降服，祇能遙領而已。惟吳佔地理之便，水陸皆可直達，故自漢末至魏亡，吳國始終領有交州，而專其利。惜蜀先滅，三國均勢之局頓破，司馬氏幷魏蜀之人才物力以壓吳，吳雖有江南之麗，交州之富，而不能抗拒，卒至滅亡。

當司馬氏初興，勢力隆盛，又能任用將吏，故能收統一之功，邊疆輯睦，陶璜吳彥皆能吏，且皆曾仕吳，而晉仍任用之，蓋吳人經營交趾已久，富有經驗，不可驟易也。陶璜吳彥皆在治二三十年，終老於任，政績卓著，故交趾境內乂安。惟其後選吏不精，多貪汚壞事。且自永嘉之亂，復有內顧之憂，北方異族，乘機蠢動，而南夷桀黠，亦難制馭。迨交趾人杜慧度父子先後爲刺史，以夷治夷，成效顯著，然自此已促成本土人自治之自覺矣。

南朝自公元四二〇年東晉亡後　至公元五八九年隋統一中國，共一百六十九年，中間歷宋齊梁陳四代之變革，因國偏安，國勢不振，交州邊鄙遂難收統馭之效。

惟宋代初期，不乏能吏，若杜慧度父子及檀和之等皆是也，故境內無事。雖林邑頑強，屢爲邊患，但得忠勇之將帥，如宗愨等，卒征服之。以後歷齊梁陳之世近百年，林邑朝貢不絕，受中國之封爵，交州南境安靖，未始非宋文帝之遠計也。然宋末苛政又使交士人心叛離，齊時州政腐敗，故至梁代時起叛亂，而蕭諮又以刻暴失衆心，交州益陷於混亂，後得陳霸先之勇略方克平之。

自李賁稱越帝後，越人求獨立之心愈切，是則歷代郡吏貪虐有以激成之也　南齊書卷三二王琨傳有云：

南土沃實，在任者常致巨富。

又卷五八南蠻傳贊云：

至於南夷雜種，分嶼建國，四方珍怪，莫此爲先，藏山隱海，瓌寶溢目，商舶遠屆，委輸南州，故交廣富實，牣積王府。

蓋當時海上貿易已盛，交廣中是富庶，爲官吏所羨，而涖任者，例多貪墨，過海舶則苛暴取利，故王僧孺嘆曰：

昔人爲蜀部長史，終身無蜀物，吾欲遺子孫者，不在越裝，並無所取。（梁書卷三三王僧孺傳）

此種情狀，終南朝之世皆相似，陳書卷三四阮卓傳有云：

交趾通日南象郡，多金翠珠貝珍怪之產，前後使者皆致之。惟卓挺身而還，衣裝無他，時論咸服其廉

又卷十七王勱傳云：

越中饒沃，前後守宰例多貪縱。

蓋廉吏不可多得，貪汚之官必不賢明，以此等人治州郡，則交土政治之黑暗可知矣。

隋初南北統一，國勢復興，宇內無事，乃措意於南疆。以林邑國本漢時中國之領土，自獨立後，屢爲邊患。故仁壽末，遣劉方平之，復置郡縣。劉方兵所至，遠在馬援銅柱之南。及隋

末喪亂，復淪於夷，迄未收復。

有唐以後，交州南界惟在廣平之北，漢日南郡地全沒於蠻。太宗時以交州久不得人，嘗物色賢臣鎮撫其地。厥後終因守臣貪暴，叛亂相繼，至懿宗時又以疏於防守，爲南詔所陷，雖經高駢收復，然元氣大喪，蠻風漸盛，而唐末國勢日益衰弱，無力控制，遂令土豪得有割據一方之機，安南獨立之根苗由是長發矣。

五季之亂，中原糜爛，不暇南顧，交州土豪遂乘機叛離，據地自立，建國稱王。

歷宋朝三百餘年，漸以外藩視交趾，凡事輒加優容，待以恩禮，對其統治者初封郡王，進封南平王，卒贈南越王，至孝宗時，更封安南國王，所賜爵位優於前代，而未能收統馭之效，安南稱國，遂不可復改。

宋太祖鑒於唐代藩鎮之跋扈，悉收兵權集於中央，成內重外輕之勢，一有外患，邊區兵力，每不足以禦侮。西夏常爲西北之患，遼金先後從東北侵襲，交趾亦數入寇，粵邊人民深受其禍，宋之國力既不足以守土，對於交趾取和輯政策，誠有所不得已。王安石時，嘗圖交趾，雖擊敗之，維持五十餘年邊境之和平，然終未能克復失土。元世祖忽必烈嘗問其丞相火魯火孫曰：「大宋舊政既得民心，胡爲又失國？」火魯火孫曰：「大宋愛民之道有餘，用兵之政不足。」（鄭思肖鐵函心史大義略）此可謂中肯之批評矣。

有元一代，初尚待以屬國之禮，至元十八年（一二八一）以後，乃積極圖之，故有交趾及占城行省之設，而卒未成功者，蓋北人不習南方水土氣候，蒙古騎兵在此亦不能施其技，此外因宋亡後，宋人多流寓其地。或仕占城，或婿交趾，與安南人民聯合策動抗元。元史安南傳載：至元二十二年（一二八五）征交趾，「於安演州清化長安獲亡宋陳尙書婿，交趾梁奉御及趙孟信，葉郎將等四百餘人。」又云：「亡宋官曾參政，蘇少保子蘇寶章，陳尙書子陳丁孫，相繼率衆來降。」由此可證宋人加入安南軍作戰者之衆，以宋人之精神配合猓獠之強勁，宜其不易克服也。

自明太祖領導民族革命，北逐韃靼，光復漢族，中原統一，國勢強盛，四夷嚮慕。安南本中國地，故明太祖馭之以恩威。及黎季犛勃逆，明成祖目光遠大，興師征討，收歸版圖，一如內郡。此蓋踵秦皇漢武之跡，恢復五代以前之統治權，實愛國保民之偉舉也。惜後之繼承大業者，性多庸懦，宣宗時任命將吏多不稱職，遂使前皇開創之業棄而不守。復誤解祖訓，及先賢敎言，仍視安南爲夷，置而不問。世宗雖欲有爲，乃因臣下議論不一而止。嘉靖以後，國內漸積弱，而蠻夷入寇，亦無力制止矣。

交趾之地兩度淪亡，前後共計九百餘年，本爲衣冠文物之鄉，因此文教漸弛，遂不克與內郡相比，固屬其民之不幸，但念前人經營之辛勞，後人守護之疏忽，殊堪興嘆，邱濬大學衍義補卷一五三已慨乎言之，茲錄其文如此：

嗚乎，自秦幷百郡，交趾之地已與南海桂林同入中國，漢武立嶺南九郡，而九眞日南交趾與焉。在唐中葉，江南之人仕中國顯者猶少，而愛州人姜公輔已仕中朝爲學士宰相，與中州之士相頡頏矣。奈何世歷五代，爲土豪所據，宋興不能討之，遂使茲地淪於夷狄之域，而爲侏㒧藍縷之俗，三百餘年而不得與南海桂林等六郡，班班然衣冠禮樂，以爲聲明文物之鄉，一何不幸哉？其間宋人雖一泛其王，元人雖再入其國，而終不能有。我太祖皇帝開國之初，陳氏首先納款，太祖著之祖訓，不許後人伐其國。陳氏爲賊犛所戕，太宗皇帝體高皇之意，不絕陳氏之詞，遣使送還其國，賊犛乃殺之，并及使者，不得已興師平之。求陳氏後不可得，乃用漢唐故事，復立郡縣，而守臣不謹，遂至夷獠復肆。而黎利者以求得陳氏後爲詞，宣宗皇帝體文皇之心，俾復繼陳氏之絕，不逆黎利之詐，遂爲所蔽，羣臣屢請興兵討之，章皇帝念聖祖之垂訓，因置不問。而九眞日南之域，秦漢以來之遺民，旣得見天日，而又淪於幽谷之中，何其重不幸哉？竊惟今日疆域，遠過有宋，並於唐而不及漢者，以失嶺外此三郡也。幸而得之，而又失之，似若可惜，然守祖宗之訓，而不愆不忘，此繼述之大孝，守成之大體也。所可惜者，一方之民重不幸耳。

邱濬爲明人，對於當代皇帝之措施，無論如何不敢加以貶責，然其認安南之失爲一方人民之不幸，則顯然以棄安南之舉爲非矣。嗚乎，此一州之地直隸吾國版圖，建置郡縣者，千有餘年，此一方之民幾皆爲漢族子孫，受中華文化薰陶者，亦達二千年。翹首南望，斯士斯民何時方能重見天日，使中華燦爛河山恢復舊觀，中華民族所居之地，皆得享自由之幸福乎？

倘將來有一日，安南重歸到祖國之懷抱，則考諸已往，其地之所以失者，宜求所以矯正之之方。據吾考察，昔日交趾叛離之原因蓋有四：

一、地屬邊郡，不爲朝廷所重，每視爲無益之地，故任命長吏多不精選。一旦中原有事，邊郡即被遺棄。守臣賢明尙能保境安民，與中央維持聯絡之關係，若漢末之士燮，與隋末之邱和是也。否則土豪乘之，據地自立，故官長吏被驅逐出境，若徵側之亂，與梁碩之跋扈是也。

二、鎭撫其地者苟不得其人，則必無善政，貪利侵侮，苛暴酷虐，於無形中別異其族，致民心怨憤，咸思爲亂，若晉夏侯覽之侵刻，與明中官馬騏之恣虐，造禍激變，可爲顯例。

三、歷來視邊區之民爲蠻夷，此種歧異之心理，直至近世方漸漸改革，對於中華民族之團結，大有影響。在秦漢之際，以其地初闢，視爲不毛，以其民無文教，視爲蠻夷，猶可說也。然自秦漢辛苦經營之後，置州郡邑，漢民移殖，教化所被，既與內郡無別，胡可再視爲夷？安南之地，在秦漢之際，與廣東廣西二省同稱南越，同時開發，後又同屬交州，至三國時行政區域始劃分，然猶交廣並稱，同被視爲饒沃之區。後代不以兩粵爲夷，而獨以交趾爲夷，殊可怪矣。中國以夷視交趾，則交趾亦自以爲外夷，而不願歸隸中國，故安南之稱藩，實此種錯誤心理促成之也。

四、前漢路博德等征討南越，後漢馬援，三國呂岱，梁陳霸先，隋劉方，及明張輔等之平

結論

交趾，皆以將帥智勇，士卒用命，進兵神速，故克奏膚功。將帥智勇，則指揮統一，作戰有方。士卒用命，則以一當十，直前無畏。進兵神速，則使叛徒措手不及，每戰必敗，旣敗之後，無暇復集，呂岱之晨夜浮海，陳霸先之乘流先進，皆用兵神速之例也。故能以少勝多，擒斬其渠魁。宋元討叛逆，一以統帥不得其人，二以進兵遲延，三以將帥不協，未能合作。宋侯仁寶敗歿，即以劉澄孫全興兵遲延故也，王安石圖交趾不成，以郭逵趙卨二將意見相左故也。元數攻入安南，而不能守，則以勇而寡謀，且糧食不濟，費用之竭故也。明宣德以後，安南棄守，則以將帥庸怯，行軍遲滯，坐失時機故也。

安南之失，或尙有其他原因與背景，然以上四點實爲其主要原因，爰特標舉之，以爲將來有事於安南，及今日從事邊政者之借鑑焉。

附錄

安南國王陳日煚考（載於東方雜誌第三十九卷第六期）

陳日煚爲安南國承繼李朝與開建陳朝之王，宋史及元史載其事均甚簡略，越史所載則多自相衝突之處，而宋人筆記有謂陳日煚爲福建人者，然則其爲安南王與鄭昭爲暹羅王可以先後媲美，此亦爲國史上所值得注意之事歟？爰考之於後：

宋史卷四八八交趾傳云：安南國王「昊旵卒，無子，以女昭聖主國事，遂爲其婿陳日煚所有。李氏有國自公蘊至昊旵凡八傳，二百餘年而國亡。」

元史卷二〇九安南傳云：「宋封丁部領爲交趾郡王，傳三世爲李公蘊所奪，即封公蘊爲主。李氏傳八世，至昊旵，陳日煚爲昊旵婿，遂有其國。」

宋元二史皆謂陳日煚之得國，是因其爲昊旵之婿，而宋史且謂昊旵已卒無子，與越史所載大異。越史略卷三云：

乙酉，建嘉十五年，（一二二五）六月，王（昊旵）遜位於第二昭聖公主，號昭王，尊王爲太上王，改元天彰有道。己卯盟國人於龍墀。冬十二月上王以女王而幼，召舊佐爲謀曰：「朕以不德，獲戾於天，絕無繼嗣，傳位於女。以一陰而御羣陽，衆所不與，必致悔亡。以吾觀之，莫若遠法唐堯，近體仁祖，擇其賢者而授之。今所見太尉仲子某，年雖幼沖，相貌非常，必能濟世安民，欲以爲子，而主神器，仍以昭王配之，卿等爲朕言於太尉。」……冬十二月，命內侍判首馮佐周，內行遣左司郎中陳智宏，將內外文武臣僚，領龍州，備法駕，赴星罡府，迎我太祖。以是年十二月初 日受禪，即位於天安殿，尊順貞王后爲太后，降昭王爲昭聖王后，改元建中。太上王與其母譚太后，出居扶列寺，號惠光禪師，以建中二年八月丙戌薨於善教寺，廟號惠宗，在位十五年有奇。

據此，可知昊旵於禪位後之次年方卒，先傳位於其女 匿女幼乃贅陳日煚爲婿。陳日煚爲太尉之仲子，年尚幼沖。大越史記全書卷七亦謂：惠宗（昊旵）禪位於女佛金，（號昭聖）時年七歲，納其臣陳守度之姪煚爲婿，時年八歲也。次年煚承帝位。是又僅言陳日煚受禪時爲一九歲之兒童。然歟否歟？若翻閱越史略前面所述，立可發見其衝突之點。

按越史略所稱太祖即指陳日煚，亦即當時之太尉。「建嘉十三年（一二二三）……十二月己卯輔國太尉陳嗣慶卒於扶列第，王與太后臨其喪，哭之盡哀，諡建國王……建嘉十四年（一二二四）春正月丁未葬建國王於美縣。是春以太祖爲輔國太尉，馮佐周爲內侍判首。」（惠宗紀）是陳日煚於受禪前一年已官至太尉，並非太尉之仲子，其年齡亦非幼沖。蓋太祖之稱，早已見於建嘉元年，（一二一一）「阮麻邏以蘇忠嗣之死，往說我太祖，請進兵，安輯快諸邑。」昊旵於庚午年（一二一〇）十月即位，次年（辛未）改元建嘉元年，至建嘉十五年（一二二五）六月禪位於其女，十二月復遜位於陳日煚，（越史略稱太祖而不名）。陳日煚於建嘉元年即能統率軍隊，其年齡當已不小，至十五年後受禪，則其年齡至少在三十以上，可證前所引謂陳日煚年尙幼冲及九歲受禪之說，與事實不符矣。

又元史卷二〇九安南傳云：「憲宗八年（一二五八）二月陳日煚傳國於長子光昺，光昺遣婿與其國人以方物來見兀良合台，遂詣行在所。」倘如大越史記全書所云：陳日煚受禪時年九歲，至憲宗八年禪位止，在位三十三年，此時應爲四十二歲，則其長子光昺最多不過二十餘歲。但據元史光昺此時已有婿，而其婿又能奉使至元庭，則年齡亦當不小，由此觀之，光昺卽位之年齡斷不止二十餘歲，則此時陳日煚亦決不止四十二歲，可證陳日煚受李朝禪時，亦決非九歲之冲齡幼童也。且越史略卷三建嘉六年（一二一六）云：「冬十二月進我太祖爵列侯……太祖長子柳爲關內侯。」是陳日煚於受禪前九年已有長子名柳矣，何得謂其爲幼冲？然則越史略所載何其前後矛盾一至於此耶？

余疑李朝之亡與陳日煚之受禪，其中必有爲史家所不能直書之事，越史略作者雖未署名，然其稱陳日煚爲太祖，稱陳朝末年爲今上，可知作者爲陳朝末年之人，其對於陳朝太祖用如何手段取得帝位，固不敢直書，而有所忌諱也。至於昭聖遜位時年七歲當可相信，因其父王昊旵於次年卒，享年僅三十三也。越史略卷三先亦曾言：建嘉九年（一二一九）冬十二月阮嫩已死，「庚午，嫩將費探送太后及王子公主等於太尉，（陳嗣慶）以降。」是又可證昊旵並非無嗣也。又建嘉十五年「王遜位於第二昭聖公主。」昭聖排行第二，則居長者殆即爲王子其矣。昊旵何以不傳位於子而傳女？其中當有政治原因在，此時王子若非已病故，則必爲人所謀害矣。

陳日煚受禪，當時人已有目之爲篡逆者，故其左輔仕正定諫曰：「阮氏之有國也，（越史略將李氏盡改爲阮氏）賢君六七作，其餘德遺澤入人也深，一旦遽以異姓爲嗣，意其試之，以觀我何如耳。苟因而受之，天下必謂太尉實有篡逆之志。」太尉本秦官，掌武事，其尊與丞相等，漢武帝時更名大司馬，光武中興，復名太尉，唐宋代猶因之，位居三公之首。安南自獨立爲國後，其官制多倣自中國。時陳日煚已爲太尉，早存司馬昭之心，恐國人不附，故以入贅昊旵爲辭。但昭聖公主方七歲，陳日煚已爲其夫，年齡必不相當，故有八歲之說。越史略作者雖明知其事，而飾言之，謂其年幼沖，爲太尉仲子，遂致書中所記前後矛盾耳。

陳日煚於建嘉六年已有子封侯，然則其初婚之妻爲誰？此亦可由越史略書中考出，按其原配即陳嗣慶之長女，亦爲入贅性質。越史雖未明言，但由陳日煚與陳嗣慶二人間之親密關係，可以推知。越史略稱陳嗣慶爲元祖，稱陳日煚爲太祖，並未言太祖爲陳嗣慶之子，而其親屬關係一若父子，是必爲贅婿無疑矣。

附錄

己巳治平應龍五年（一二〇九）七月，范秉彝范猷二氏相攻，「壬寅，我元祖大帥舟師詣京師，逆王子旵幷母元妃譚氏，及同母妹二人歸於海邑段氏家，遂於其家奉王子忱即位，時旵家臣劉紹就元祖及遙濠人范愚言曰：忱雖長子，庶也。旵雖少，嫡也。唯二公圖之，元祖遂與愚逆旵歸茫仁即位，徽稱勝王，降忱爲王。頃之，旵復歸於海邑，寓劉家村館，以我元祖仲女爲元妃，以譚以蒙爲太尉，阮正吏爲參知政事，元祖爲明字，愚爲上品奉御，蘇忠嗣爲殿前指揮使。」（越史略卷三高宗紀）

第二年冬十月龍幹（高宗）死，昊旵正式稱帝。己酉，順流（地名）明字（官名）陳嗣慶帥舟師次細步江，請其舅蘇忠嗣同赴高宗之喪，忠嗣亦相疑貳，嗣慶乃回軍。是月王使迎陳仲女，嗣慶不應。（惠宗紀）

觀高宗紀所言：「以我元祖仲女爲元妃」，「元祖爲明字」，惠宗紀言：「明字陳嗣慶，」「王使迎陳仲女，嗣慶不應」，可證越史略所稱元祖即指陳嗣慶。昊旵以陳嗣慶第二女爲妃，嗣慶原不答應，蓋彼本有陰謀，故率兵赴高祖之喪，後因其舅父蘇忠嗣疑貳不贊成，始回軍。迨昊旵之帝位已定，於建嘉元年（一二一一）正月王復使迎陳氏仲女，嗣慶仍不答應。至癸酉日復迎陳女，嗣慶始「使內殿直馮佐周與其裨將潘鄰阮硬送仲女於京師。」庚寅遂立陳氏仲女爲元妃。陳嗣慶之次女既爲王妃，故陳日煚之妻當爲陳氏之長女。

是年三月以蘇忠嗣爲太尉，蓋與陳嗣慶大有關係。前任太尉譚以蒙爲昊旵之母舅，今已立陳嗣慶女爲王后，則當任用陳家人握大權，蘇忠嗣爲嗣慶之舅父，卽爲王后之舅祖，遂代譚以蒙爲太尉。同年六月忠嗣被殺，其婿「阮廍邏以忠嗣之死，往說我太祖，請進兵安輯快諸邑。廍邏與其妻蘇氏登舟，欲如順流，道遇忠嗣將阮貞，爲所殺，遂虜蘇氏以歸。蘇氏他人訴於太祖，太祖怒貞非義，遂謀圖貞。嗣慶葬忠嗣於稷鄉。太祖次海邑，使召貞，貞不至，乃使蘇氏誘以殺之。」（惠宗紀）太祖卽指陳日煚，前已說明，此其事跡首見於越史略者，細讀之，可知陳日煚當時在陳嗣慶部下甚見寵任。蘇氏於陳嗣慶爲表妹，阮廍邏以蘇忠嗣之死，往告陳日煚，蘇氏有難，亦往訴陳日煚，可見陳日煚能代陳嗣慶主持一切事，若非有親密關係，必不至是。

建嘉四年（一二一四）「夏四月甘蔗將軍潘其反，嗣慶因之於美祿，甘蔗將軍杜備反，嗣慶使潘鄰捕之，爲其所敗，復使賴璽往救之，又敗。太祖以二軍之敗，乃自將擊之，不克而退。」（惠宗紀）二軍皆由陳嗣慶所遣，今云：「太祖自將擊之」，其語氣彷彿說嗣慶卽太祖，然太祖乃指陳日煚，而其號令嗣慶之軍隊，一如自己之軍隊，是證陳日煚與陳嗣慶爲一家人，其關係既非父子，則必爲贅婿可知矣。

建嘉六年（一二一六）「冬十二月進我太祖爵列侯，調佐周賴璽進關內侯，以嗣慶爲太尉，贊拜不名，太祖長子柳爲關內侯，嗣慶長子海爲王，又以太祖爲內侍判首，每大宴禮，賜坐局天安殿。」此時陳嗣慶以王之岳丈而爲太尉，總握政權，其子海封爲王，陳日煚及其子柳習封侯爵，故陳日煚非嗣慶之子，乃其婿。日煚之妻當爲陳氏之長女，嗣慶長子海在排行上當較二女爲小，因其至建嘉十二年（一二二二）始結婚，其年「孟多王與太后御天安殿，觀太尉子顯道王海昏禮。」故知陳嗣慶至少有二女一男，長女贅日煚，次女爲昊旵妃，子海爲顯道王。此子尚未生時，嗣慶恐無後，乃贅日煚爲婿。

據越史略所載，陳嗣慶已有篡逆之跡。建嘉二年昊旵以嗣慶權勢盛，即欲遜位，「嗣慶及羣臣皆叩頭流涕乃止。」建嘉三年「尹信翊言，嗣慶有篡逆之心，王與太后益忌之，」命諸軍攻嗣慶。四年嗣慶攻京師，迎英宗（天祚）子惠文王而立之，焚掠京城及宮室，五年五月昊旵復欲遜位而未果，六年五月甲辰「與夫人陳氏夜如順流，歸嗣慶。」換言之，即昊旵向嗣慶投降，雖結果受歡迎，未被廢立，然自此以後，實權操於陳氏，昊旵已無異成爲陳氏之傀儡矣。至建嘉十三年（一二二三）十二月太尉陳嗣慶卒，十四年（一二二四）正月，以陳日煚爲輔國太尉，遂以承嗣爲名，受昊旵父女之禪，爲安南國王，陳朝之太祖。時昊旵年僅三十二歲，正在壯年時期，尚有生育之希望，何至遽云無嗣而禪位乎？且陳日煚之年齡，並不比昊旵小，至少二人之年歲當相若，此可依越史所載其事跡而推測得之，可證昊旵之禪位，乃被逼而出此，非自願也。

陳日煚原爲陳嗣慶之贅婿，至是納昭聖爲后，又稱爲昊旵之婿，宋史及元史即根據後者而錄載之。陳日煚既非陳嗣慶之子，而爲其贅婿，則陳日煚之先本非姓陳，亦可推測而知也。案南宋末周密所撰齊東野語書中，載有一段關於陳日煚之事，可以補充此說，亦可以證實此說，特錄出如下：

安南國王陳日煚者，本福州長樂邑人，姓名爲謝升卿，少有大志，不屑爲舉子業，間爲歌詩，有云：「池魚便作鵾鵬化，燕雀安知鴻鵠心」，類多不羈語。好與博徒豪俠遊，屢竊其家所有，以資妄用，遂失愛於父。其叔乃特異之，每加囘護。會兄家有姻集，羅列器皿頗盛，至夜悉席卷而去，往依族人之仕於湘者。至半途呼渡，舟子所須未滿，毆之中其要害，舟遽離岸。謝立津頭以俟，聞人言舟子死，因變姓名逃去，至衡爲人所捕，適主者亦閩人，遂陰縱之。至永州，久而無聊，授受生徒自給。永守林岊亦同里，頗善里人。居無何，有邕州永平寨巡檢過永，一見奇之，遂挾以南，寨居邕宜間，與交趾鄰近。境有棄地數百里，每博易，則其國貴人皆出爲市，國相乃王之壻，有女，亦從而來，見謝美少年，悅之，因請以歸，令試舉人，謝居首選，因納爲壻。其王無子，以國事授相，相又昏老，遂以屬壻，以此得國焉。自後屢遣人至閩，訪其家，家以爲事不可料，不與之通，意以歲久，難以訪問返命焉。其事得、陳合惟善命僊云。（見卷十八）

據此、陳日煚固非八歲之幼童，亦非太尉之仲子，與余在前面所考得者相合，謂日煚爲國相之婿，國相爲王之婿，與余所述大同小異，蓋陳嗣慶官至太尉，即國相。日煚爲其婿，此皆相合也。惟嗣慶爲王之岳丈，非王之婿，明載於越史，是則齊東野語所錄或爲傳聞之訛矣。陳日煚既因贅婿而改姓名，則其爲閩人謝升卿之說，當亦可信。至於「國王無子」，顯係當時陳氏受禪後一種有作用之宣傳也。

齊東野語所記多爲南宋舊事，陳日煚爲安南國王，當宋理宗寶慶元年之時，以宋人記宋代事，當有事實之根據 又李朝太祖李公蘊亦爲福建人，沈括夢溪筆談卷二十五有云：「黎威死，安南大亂，久無酋長，其後國人共立閩人李公蘊爲主。」案沈括，爲北宋時人，學問博洽，熟悉掌故，湯修年跋其書，稱括目見耳聞，皆有補於世，非他雜志之比，則沈括所記李公蘊之事，亦必有所根據。故安南 王李朝八代及陳朝十代皆爲中國人，宋代對於安南之獨立，取懷柔政策，但欲其臣服，不欲以武力相加者，殆亦因此歟？

陳日煚對宋朝甚恭順，受册封，故理宗淳祐二年（ 一二四二）「詔安南國王陳日煚元賜效忠順化保節功臣增守義二字。」（宋史卷四四八交趾傳又見理宗本紀）及元軍入安南，陳日煚父子抗元不屈，常與南宋互通聲氣，可見其有民族觀念。大越史記全書載，宋末有趙忠者歸越，爲越王族之家將，元至元二十二年，蒙古兵侵入安南時，趙加入安南軍、衣宋衣，執矢以戰，大敗元軍、又元史卷一六七張庭珍傳有云；「（安南國）王猶與宋爲脣齒 妄自尊大。」倘陳氏非中國人，則其事宋與事元無異，何至於與弱宋聯合，以抗蒙古之強哉？是亦足證「齊東野語」所言陳日煚爲閩人之非虛也。

中華民國三十[illegible]七[illegible]重慶[illegible]
中華民國三十四[illegible]一月上[illegible]

[illegible]時代之安南一册

定價國幣叁元貳角
印刷地點外另加運費

版權所有　翻印必究

著作者　黎正甫
發行人　王雲五　重慶白象街
印刷所　商務印書館印刷廠
發行所　各地商務印書館